2011

国际农产品贸易统计资料

INTERNATIONAL AGRICULTURAL TRADE STATISTICAL REPORT

农业部农产品贸易办公室
农业部农业贸易促进中心
编

中国农业出版社

图书在版编目（CIP）数据

国际农产品贸易统计资料．2011/农业部农产品贸易办公室，农业部农业贸易促进中心编．—北京：中国农业出版社，2011.11

ISBN 978－7－109－16161－0

Ⅰ.①国…　Ⅱ.①农…②农　Ⅲ.①农产品－国际贸易－统计资料－2011　Ⅳ.①F746.2－66

中国版本图书馆 CIP 数据核字（2011）第 206939 号

中国农业出版社出版
（北京市朝阳区农展馆北路 2 号）
（邮政编码：100125）
责任编辑　汪子涵

中国农业出版社印刷厂印刷　　新华书店北京发行所发行
2011 年 11 月第 1 版　2011 年 11 月北京第 1 次印刷

开本：720mm×960mm　1/16　　印张：19.75
字数：347 千字
定价：50.00 元

《国际农产品贸易统计资料》

编 辑 委 员 会

编 者 说 明

一、《国际农产品贸易统计资料》是一本反映中国及世界重点国家的农产品贸易的统计资料工具书。

二、本书共分三篇。第一篇主要反映世界农产品进出口总体情况；第二篇分别从产品、贸易伙伴、地区反映我国农产品进出口情况；第三篇主要反映与我国贸易关系较为密切的重点国家农产品贸易情况。

三、世界贸易数据采自世界贸易组织数据库，中国农产品贸易数据来自中国海关统计数据库，各国农产品贸易数据采自联合国贸易统计数据库。

四、本书采集、收录了2000—2010年间贸易历史数据。重点对33类产品、32个国家或地区的数据进行了加工整理。

五、世界贸易统计口径直接采用世界贸易组织统计标准；中国农产品贸易统计口径依照农业部与海关总署共同确定的统计范围和分类标准；各国农产品贸易统计口径参照中国整理。各数据库统计方式存在差异，仅供参考。统计收录1 561个八位数编号的原始数据。

六、符号使用说明：“空格”表示该项统计指标数据不足本表最小单位数、数据不详或无该项数据。

本书为首次公开出版发行。

序　言

进入21世纪，我国农产品贸易持续快速发展，国际农产品贸易影响力不断提高。面对全球化程度不断提升的农产品贸易形势，我们不仅要十分清楚自身的情况，更要及时了解主要贸易伙伴的农产品贸易动态。只有这样，才能在日趋活跃的经贸活动、多双边贸易谈判中做到知己知彼，不断增强利用和驾驭“两个市场、两种资源”的能力。正是基于这样的考虑，我们组织力量编撰了这本《国际农产品贸易统计资料》。

国际农产品贸易统计是一项重要的基础性工作。它既可为国家农产品进出口宏观调控、农产品多双边贸易谈判提供决策依据，又可为农产品企业开拓国际市场、制定进出口战略提供微观指导。经过两年的积极探索，农业部农产品贸易办公室和农业贸易促进中心利用世界贸易组织、联合国统计署、中国海关等国内外贸易统计数据库，对2000年以来世界、中国以及主要国家的农产品贸易情况进行了系统整理，重点采集了33种农产品、1 561个产品税目、32个贸易伙伴的贸易数据，形成了这本《国际农产品贸易统计资料》。这本统计资料为有关职能部门和企业了解掌握中国及世界农产品贸易基本情况提供了较为翔实的数据资料，也为今后进一步做好国际农产品贸易统计工作奠定了良好的基础。

国际农产品贸易统计是一项细致的技术性工作。由于信息冗杂、难以梳理，现在国内尚缺乏系统的国际、国内农产品进出口贸易统计数据汇编资料。《国际农产品贸易统计资料》的编辑人员在这方面进行了有益的探索，经过多次调研和专家论证，逐步厘清了农产品分类系统，规范了统计项目，衔接了统计口径，初步做到了去繁就简、系统有序、明晰实用，使统计结果具备了良好的客观性、合理性和可比性。

希望本书的出版，对有关政府职能部门和研究人员能有所帮助，对农产品企业更好地参与国际农产品贸易能有所参考，对社会各界深化认识和理解全球乃至中国农产品贸易也能有所启示。受信息采集和研究能力所限，这本资料肯定还存在一些需要改进的地方，也希望编辑人员本着严谨务实的原则，精益求精，把农产品贸易统计做得更加准确、更加翔实、更加实用。

农业部 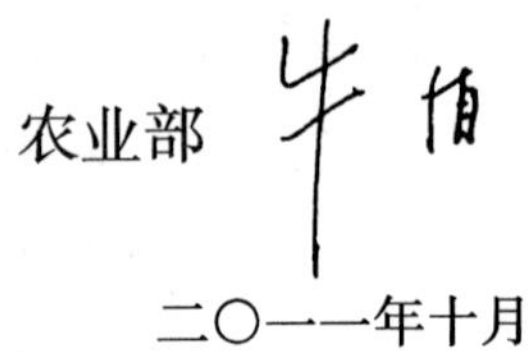

二〇一一年十月

目　　录

三、国际市场篇

大洋洲

非洲

一、综合篇

简要说明

一、本篇资料的主要内容

本篇资料综合反映世界农产品在世界商品贸易中地位，以及世界农产品进、出口大国的进出口排序。

二、本篇资料的资料来源

世界农产品在国际商品贸易中地位的数据来源于摘自世界贸易组织数据库。世界农产品出口前15位国家（地区）和世界农产品出口前15位国家（地区）数据摘自世界贸易组织编写的《2010年国际贸易统计年鉴》。中国商品数据来源于中国商务部发布的数据，中国农产品数据来源于中国海关数据库。

1-1 世界农产品在国际商品贸易中的地位

单位：亿美元,%

年份	世界商品进口额	世界商品出口额	世界农产品进口额	世界农产品出口额	世界农产品进口占世界商品进口总额的比重	世界农产品出口占世界商品出口总额的比重
2000	67 240.0	64 560.0	5 956.6	5 512.9	8.9	8.5
2001	64 830.0	61 910.0	5 953.6	5 522.6	9.2	8.9
2002	67 420.0	64 920.0	6 264.7	5 848.7	9.3	9.0
2003	78 670.0	75 860.0	7 277.0	6 819.7	9.3	9.0
2004	95 680.0	92 180.0	8 366.0	7 819.0	8.7	8.5
2005	108 550.0	104 890.0	8 991.2	8 469.2	8.3	8.1
2006	124 370.0	121 130.0	9 814.4	9 420.9	7.9	7.8
2007	143 000.0	140 000.0	11 756.1	11 328.8	8.2	8.1
2008	165 200.0	161 160.0	14 046.4	13 401.5	8.5	8.3
2009	127 180.0	125 220.0	11 966.7	11 688.5	9.4	9.3
2010	153 760.0	152 380.0				

注：数据来源于世界贸易组织统计数据库。

1-2 中国农产品在中国商品贸易中的地位

单位：亿美元,%

年份	中国商品进口额	中国商品出口额	中国农产品进口额	中国农产品出口额	中国农产品进口占中国商品进口总额的比重	中国农产品出口占中国商品出口总额的比重
2000	2 250.9	2 492.0	112.6	157.0	5.0	6.3
2001	2 435.5	2 661.0	118.5	160.7	4.9	6.0
2002	2 951.7	3 256.0	124.7	181.5	4.2	5.6
2003	4 128.4	4 383.7	189.7	214.4	4.6	4.9
2004	5 614.2	5 933.7	280.9	234.0	5.0	3.9
2005	6 601.2	7 620.0	287.9	275.8	4.4	3.6
2006	7 916.1	9 690.8	321.7	314.1	4.1	3.2
2007	9 558.0	12 180.0	412.0	370.1	4.3	3.0
2008	11 331.0	14 285.0	587.7	405.1	5.2	2.8
2009	10 056.0	12 017.0	527.0	395.9	5.2	3.3
2010	13 948.3	15 779.3	725.5	494.1	5.2	3.1

注：商品进出口额来源于商务部发布数据，农产品进出口额来源于国家海关统计数据库。

1-3 世界农产品贸易前15位国家（地区）
（2010年）

单位：亿美元,%

前15位主要进口国家或地区	进出口总额	在世界进出口总额中所占比重
欧盟27国	10 889.1	39.1
欧盟27国对外贸易	2 826.8	10.1
美国	2 590.2	9.3
中国	1 598.5	5.7
日本	876.2	3.1
加拿大	840.6	3.0
巴西	794.2	2.8
俄罗斯	575.6	2.1
印度尼西亚	516.0	1.9
泰国	471.2	1.7
马来西亚	449.2	1.6
墨西哥	423.2	1.5
印度	406.5	1.5
澳大利亚	381.3	1.4
阿根廷	366.7	1.3
韩国	360.2	1.3
总计	21 538.7	77.3

注：数据根据世界贸易组织数据库原始数据整理所得。

1-4 世界农产品出口前15位国家（地区）

（2010年）

单位：亿美元，%

前15位出口国家或地区	2010年出口额	在世界出口总额中所占比重			
		1980年	1990年	2000年	2010年
欧盟27国	5 322.9			41.8	39.1
欧盟27国对外出口	1 291.8			10.1	9.5
美国	1 425.6	17.0	14.3	12.9	10.5
巴西	686.6	3.4	2.4	2.8	5.0
加拿大	521.1	5.0	5.4	6.3	3.8
中国	516.2	1.5	2.4	3.0	3.8
印度尼西亚	359.6	1.6	1.0	1.4	2.6
泰国	351.4	1.2	1.9	2.2	2.6
阿根廷	345.5	1.9	1.8	2.2	2.5
马来西亚	288.7	2.0	1.8	1.5	2.1
澳大利亚	270.5	3.3	2.9	3.0	2.0
印度	232.0	1.0	0.8	1.1	1.7
俄罗斯	208.4			1.4	1.5
新西兰	195.6	1.3	1.4	1.4	1.4
墨西哥	187.9	0.8	0.8	1.7	1.4
智利	154.9	0.4	0.7	1.2	1.1
总计	11 066.9			83.7	81.3

注：数据来源于世界贸易组织《2011年国际贸易统计年鉴》。

1-5 世界农产品进口前15位国家（地区）

（2010年）

单位：亿美元,%

前15位进口国家或地区	2010年进口额	在世界进口总额中所占比重			
		1980年	1990年	2000年	2010年
欧盟27国	5 566.1			42.6	39.1
欧盟27国自外进口	1 535.0			13.3	10.8
美国	1 164.5	8.7	9.0	11.6	8.2
中国	1 082.3	2.1	1.8	3.3	7.6
日本	774.5	9.6	11.5	10.4	5.4
俄罗斯	367.3			1.6	2.6
加拿大	319.5	1.8	2.0	2.6	2.2
韩国	266.1	1.5	2.2	2.2	1.9
墨西哥	235.3	1.2	1.2	1.8	1.7
中国香港	206.2	1.0	1.0	1.1	0.9
印度	174.5	0.5	0.4	0.7	1.2
马来西亚	160.5	0.5	0.5	0.8	1.1
印度尼西亚	156.4	0.6	0.5	1.0	1.1
沙特阿拉伯	133.3	1.5	0.8	1.0	0.9
中国台湾	132.5	1.1	1.4	1.3	0.9
土耳其	128.8	0.1	0.6	0.7	0.9
总计	10 796.1			82.5	75.7

注：数据来源于世界贸易组织《2011年国际贸易统计年鉴》。

二、中国篇

简要说明

一、本篇资料的主要内容

本篇资料分别从产品、市场、省（自治区、直辖市）三个角度，全面反映了中国农产品贸易的主要情况。

二、本篇资料的统计范围

本篇资料依照农业部与海关总署共同商定的统计范围和分类标准进行统计。

三、本篇资料的资料来源

本篇资料是采集中国海关数据库的原始数据，加工整理而得。

主要进出口产品

2-1 中国主要农产品出口额（一）

单位：万美元

项 目	2000年	2001年	2002年	2003年	2004年
农产品	1 570 232.8	1 607 216.2	1 815 420.2	2 143 535.0	2 339 526.0
谷物	169 824.2	110 283.5	172 185.4	267 146.1	84 257.8
小麦产品	4 550.7	10 541.3	13 186.2	32 485.2	18 960.2
玉米产品	105 346.4	62 598.6	116 709.8	176 717.5	32 571.0
稻谷产品	56 436.1	33 300.9	38 500.5	50 178.1	23 946.1
棉花	30 727.4	8 204.8	17 242.7	13 466.7	1 756.5
食用油籽	54 539.3	59 359.0	62 730.0	78 245.4	83 378.6
大豆	6 662.9	8 331.0	8 848.2	9 902.9	15 262.4
花生	37 824.3	43 721.1	44 872.5	54 446.2	56 712.5
油菜子	40.3	2.1	65.7	92.5	8.4
食用植物油	6 708.7	6 957.7	5 846.3	6 041.7	6 511.7
豆油	1 705.4	2 310.0	2 162.7	648.5	1 330.3
菜子油	2 344.4	2 360.1	1 049.5	390.6	408.3
棕榈油	23.8	6.9	317.3	1.0	22.4
食糖	8 359.4	5 595.5	7 970.8	2 956.4	2 582.2
蔬菜	211 213.0	236 812.2	265 979.1	310 308.5	383 984.5
水果	72 318.3	79 410.2	98 367.3	137 313.2	164 822.0
苹果	9 656.0	10 066.5	14 942.3	20 977.5	27 446.0
柑橘	4 710.2	4 036.7	5 567.3	7 557.7	10 501.2
苹果汁	11 638.5	14 767.1	17 419.6	25 423.9	32 534.5
柑橘汁	306.6	391.6	365.7	368.0	336.7
水产品	382 425.6	417 488.1	467 902.8	547 174.0	695 154.2
畜产品	258 979.2	266 467.2	256 988.3	271 599.4	319 035.1
猪产品	40 746.7	47 674.1	55 856.0	65 482.7	96 559.2
牛产品	10 198.4	10 775.8	8 461.4	8 739.9	13 286.2
羊产品	612.2	486.5	794.9	2 084.1	4 686.3
家禽产品	98 621.5	106 318.1	94 837.8	85 179.1	64 963.1
蛋产品	3 317.2	3 626.9	4 060.6	5 094.8	6 724.4
乳品	5 007.4	3 961.7	5 524.4	4 620.2	5 627.9
动物生皮	615.8	671.0	748.7	456.7	120.3
动物生毛皮	512.1	415.3	487.8	462.9	774.8
羊毛	1 069.6	1 444.5	1 368.8	2 768.5	4 691.7
茶	35 696.7	35 242.9	33 998.5	37 601.5	45 186.4

中国主要农产品出口额（二）

单位：万美元

项 目	2005 年	2006 年	2007 年	2008 年	2009 年	2010 年
农产品	2 758 162. 3	3 140 941. 2	3 701 294. 7	4 050 712. 7	3 958 851. 3	4 940 966. 6
谷物	153 211. 5	117 289. 5	220 890. 6	78 390. 0	73 944. 4	69 331. 8
小麦产品	12 297. 3	25 830. 5	69 140. 5	10 789. 6	9 826. 6	11 771. 9
玉米产品	110 753. 4	42 170. 7	87 532. 5	7 942. 3	3 170. 8	3 334. 8
稻谷产品	23 233. 7	41 727. 4	48 787. 3	48 326. 4	52 506. 2	41 867. 9
棉花	942. 5	2 622. 8	3 800. 8	4 427. 8	1 988. 6	1 057. 3
食用油籽	96 087. 0	87 793. 3	108 743. 6	141 864. 1	113 100. 1	117 771. 5
大豆	17 812. 8	15 390. 9	20 679. 2	36 615. 3	24 497. 8	12 550. 8
花生	60 569. 4	57 639. 5	70 152. 6	77 493. 7	66 267. 3	77 487. 3
油菜子	5. 6	7. 0	27. 3	21. 1	56. 4	7. 3
食用植物油	17 646. 7	27 230. 1	17 214. 8	40 750. 1	15 644. 9	12 928. 9
豆油	4 009. 5	7 215. 0	5 735. 0	18 497. 0	7 587. 2	6 508. 1
菜子油	2 097. 6	9 048. 3	1 650. 7	1 128. 1	1 328. 1	520. 6
棕榈油	65. 1	45. 7	60. 2	172. 0	56. 0	166. 9
食糖	11 076. 9	6 080. 3	4 835. 1	2 845. 9	3 365. 2	6 385. 7
蔬菜	453 414. 4	548 014. 7	627 868. 7	652 004. 9	687 475. 8	998 344. 4
水果	203 529. 3	247 711. 3	375 018. 3	423 176. 0	383 597. 3	435 727. 7
苹果	30 631. 3	37 255. 2	51 260. 3	69 841. 3	71 212. 6	83 162. 7
柑橘	14 320. 3	16 151. 0	25 763. 1	43 736. 7	59 224. 5	61 578. 3
苹果汁	45 820. 0	59 484. 6	124 424. 1	113 047. 6	65 550. 6	74 708. 9
柑橘汁	420. 9	740. 2	1 052. 5	1 442. 7	1 421. 8	1 606. 4
水产品	790 328. 5	935 996. 5	975 346. 7	1 067 432. 1	1 079 543. 2	1 382 765. 7
畜产品	360 301. 6	372 556. 5	404 779. 1	439 304. 4	391 271. 7	475 029. 8
猪产品	94 665. 8	98 282. 6	90 813. 0	95 655. 6	89 592. 8	101 344. 5
牛产品	18 157. 0	18 250. 2	19 292. 4	20 291. 6	16 614. 9	21 969. 4
羊产品	5 978. 3	7 052. 0	5 463. 8	5 105. 5	4 314. 1	7 026. 1
家禽产品	91 433. 3	93 219. 4	105 922. 6	98 620. 2	102 205. 0	133 770. 2
蛋产品	7 510. 3	7 574. 4	9 154. 9	13 033. 5	12 071. 3	14 214. 7
乳品	8 177. 1	9 416. 3	24 225. 9	30 170. 3	5 689. 0	4 394. 2
动物生皮	229. 2	346. 8	172. 6	196. 0	338. 5	368. 8
动物生毛皮	902. 1	1 524. 0	2 238. 3	273. 2	49. 5	158. 4
羊毛	6 589. 7	6 746. 8	7 532. 8	5 320. 6	3 825. 3	6 905. 7
茶	50 104. 7	57 445. 7	63 822. 4	71 591. 8	73 981. 4	82 523. 4

2-2 中国主要农产品进口额（一）

单位：万美元

项 目	2000年	2001年	2002年	2003年	2004年
农产品	1 126 262.1	1 185 103.8	1 247 498.7	1 896 790.3	2 808 767.9
谷物	59 473.7	63 494.2	49 458.3	45 790.9	223 184.8
小麦产品	16 233.2	13 853.7	11 272.3	8 553.7	164 964.7
玉米产品	158.3	629.2	242.9	71.0	101.5
稻谷产品	11 593.9	10 677.1	8 031.0	9 717.6	25 464.1
棉花	13 719.7	11 660.9	19 951.2	121 832.0	324 212.7
食用油籽	294 314.0	319 456.5	263 763.4	551 673.2	719 896.2
大豆	227 048.5	280 988.2	248 317.6	541 687.6	697 945.9
花生	50.9	39.3	72.1	52.1	117.2
油菜子	65 762.2	37 359.0	14 657.4	4 669.3	13 441.7
食用植物油	66 316.4	48 692.6	132 060.9	258 523.2	367 091.4
豆油	12 585.4	2 354.1	40 809.6	101 505.5	154 898.3
菜子油	2 789.9	1 944.1	3 934.1	8 526.2	21 784.2
棕榈油	45 617.0	42 495.2	84 876.5	144 343.0	186 814.7
食糖	11 532.5	31 328.2	23 845.4	17 410.5	27 557.7
蔬菜	11 387.0	10 716.0	10 510.3	10 989.3	13 604.1
水果	36 863.4	34 497.8	38 220.6	50 304.6	59 037.8
苹果	1 167.9	1 707.0	2 242.6	2 375.6	2 941.7
柑橘	2 880.2	3 086.8	2 796.8	4 792.2	4 843.3
苹果汁	28.3	45.9	37.2	34.8	104.2
柑橘汁	1 013.2	1 698.6	4 608.3	6 565.0	5 044.3
水产品	184 753.5	187 400.6	227 644.3	249 459.3	324 076.1
畜产品	265 490.9	278 734.9	287 724.2	334 432.8	403 821.0
猪产品	11 195.5	10 052.3	13 170.3	19 721.5	23 965.6
牛产品	3 964.7	4 325.0	6 876.9	13 616.8	23 232.1
羊产品	1 823.6	2 197.6	3 109.7	5 059.4	4 570.7
家禽产品	49 191.6	45 446.4	43 931.6	47 839.3	16 667.0
蛋产品	58.5	47.3	37.4	38.6	7.1
乳品	21 470.0	21 610.5	26 818.3	34 650.2	44 436.3
动物生皮	56 425.1	77 535.0	71 097.8	90 320.6	124 756.6
动物生毛皮	6 384.4	6 767.6	6 222.3	8 970.9	14 445.4
羊毛	74 542.8	79 025.8	81 466.6	75 466.3	107 980.0
茶	461.8	359.3	303.2	477.5	687.0

中国主要农产品进口额（二）

单位：万美元

项　目	2005 年	2006 年	2007 年	2008 年	2009 年	2010 年
农产品	2 878 710.5	3 216 744.5	4 119 739.5	5 876 976.7	5 269 855.2	7 255 380.8
谷物	140 932.6	84 056.8	53 609.9	73 236.8	89 848.9	152 805.8
小麦产品	77 287.0	11 931.3	2 871.1	1 480.0	21 116.9	31 583.7
玉米产品	147.7	1 206.4	691.2	1 307.6	2 134.1	36 794.7
稻谷产品	19 944.6	29 368.1	22 804.3	20 840.7	21 557.8	27 135.9
棉花	324 650.5	497 505.6	358 104.5	356 469.0	221 136.8	584 657.5
食用油籽	799 485.7	793 697.4	1 203 370.9	2 286 714.4	2 067 581.0	2 652 824.4
大豆	777 912.5	748 896.8	1 147 223.2	2 181 408.9	1 878 743.7	2 508 095.4
花生	54.5	427.3	211.8	1 252.5	535.4	2 177.5
油菜子	8 409.5	20 797.3	35 172.8	75 419.6	139 123.7	77 781.5
食用植物油	281 721.7	315 836.2	624 644.1	898 869.5	666 648.7	715 863.4
豆油	90 776.9	79 979.3	214 639.1	333 382.4	184 245.9	120 326.9
菜子油	10 420.6	2 828.8	30 509.7	35 526.9	37 725.2	92 112.9
棕榈油	178 216.0	227 571.1	368 295.3	521 389.7	421 941.0	471 059.7
食糖	38 327.2	54 867.2	37 959.9	31 850.1	37 839.9	90 578.3
蔬菜	12 850.4	14 742.9	16 686.2	18 851.1	18 058.0	27 917.2
水果	66 511.7	77 034.6	96 916.4	120 690.5	165 107.0	203 007.0
苹果	2 542.8	2 527.7	3 442.0	4 463.9	5 358.0	7 593.0
柑橘	4 485.9	5 464.2	5 483.1	6 723.0	7 408.7	10 605.2
苹果汁	41.3	29.7	122.4	463.6	71.8	60.5
柑橘汁	6 291.0	8 583.0	12 264.6	9 780.9	10 635.4	10 903.9
水产品	412 103.3	430 078.7	472 075.2	540 588.5	526 447.9	653 624.6
畜产品	423 314.9	455 696.3	647 092.9	772 713.9	659 858.5	965 554.7
猪产品	17 896.1	16 020.0	46 959.0	110 123.2	52 711.8	99 882.3
牛产品	9 628.3	4 382.8	5 782.0	6 186.3	12 847.2	29 682.4
羊产品	5 666.3	5 040.6	7 857.6	10 591.1	13 932.3	15 821.5
家禽产品	35 432.4	48 051.2	96 455.8	111 781.8	101 479.4	99 589.4
蛋产品	4.0	119.1	13.9	117.0	59.3	132.9
乳品	45 877.1	55 820.4	74 401.3	86 165.0	102 799.2	196 952.4
动物生皮	132 391.9	143 845.0	162 062.4	184 704.6	144 060.5	203 270.6
动物生毛皮	15 940.3	16 654.2	20 125.5	21 972.8	26 065.9	38 256.9
羊毛	121 375.1	126 229.4	179 313.8	169 831.4	146 590.1	196 292.3
茶	920.6	1 124.8	1 878.2	2 653.3	2 442.8	5 722.6

2-3 中国主要农产品出口量（一）

单位：吨

项　目	2000 年	2001 年	2002 年	2003 年	2004 年
农产品					
谷物	13 797 598.4	8 769 408.0	14 837 278.6	22 003 788.1	4 795 073.3
小麦产品	188 390.3	713 190.5	976 679.3	2 514 255.7	1 089 321.4
玉米产品	10 479 082.7	6 000 293.7	11 674 785.6	16 391 013.8	2 323 568.0
稻谷产品	2 961 989.6	1 869 930.3	1 990 140.5	2 617 412.2	909 015.0
棉花	299 207.4	60 162.3	159 172.5	117 460.5	11 941.4
食用油籽	927 199.6	1 083 983.8	1 227 510.5	1 262 995.2	1 172 792.1
大豆	215 265.0	262 276.8	305 364.9	294 790.3	348 647.6
花生	559 567.8	706 856.6	770 037.6	761 638.3	689 407.4
油菜子	1 130.7	64.6	2 334.5	2 913.4	269.0
食用植物油	111 546.3	134 019.4	97 589.2	59 961.4	66 049.7
豆油	35 283.7	59 476.8	47 297.9	10 649.6	19 442.1
菜子油	54 146.8	54 326.3	18 349.4	5 419.3	5 455.2
棕榈油	333.6	132.1	10 395.2	15.8	20.1
食糖	414 799.2	195 636.9	325 824.6	103 164.9	85 191.4
蔬菜	3 211 086.2	3 945 247.7	4 667 871.3	5 538 342.0	6 033 148.9
水果					
苹果	297 650.8	303 578.2	438 738.3	609 045.1	774 188.8
柑橘	200 271.0	171 239.7	216 846.5	292 032.6	361 362.7
苹果汁	142 314.6	228 393.8	298 328.7	418 334.4	487 138.7
柑橘汁	2 920.4	3 685.8	3 716.5	4 214.0	3 302.4
水产品					
畜产品					
猪产品					
牛产品					
羊产品					
家禽产品					
蛋产品					
乳品	47 958.0	42 704.2	51 030.7	48 862.9	60 131.3
动物生皮	22 830.8	12 437.9	7 537.3	3 627.5	158.0
动物生毛皮	104.9	121.7	221.7	173.5	291.2
羊毛	7 573.0	8 173.8	7 563.4	20 756.1	31 955.6
茶	231 961.8	255 058.0	256 023.4	261 938.5	284 293.2

中国主要农产品出口量（二）

单位：吨

项　目	2005 年	2006 年	2007 年	2008 年	2009 年	2010 年
农产品						
谷物	10 174 864.6	6 098 837.6	9 911 677.8	1 861 067.1	1 370 961.6	1 243 305.7
小麦产品	604 659.9	1 509 733.6	3 072 683.4	309 836.3	245 027.2	277 224.9
玉米产品	8 642 047.5	3 099 197.2	4 918 492.2	273 418.7	129 583.9	127 319.8
稻谷产品	685 839.7	1 253 040.9	1 343 485.2	971 625.8	786 198.9	622 337.6
棉花	8 400.1	16 261.0	24 588.5	23 839.7	9 949.2	7 368.6
食用油籽	1 366 545.2	1 224 340.4	1 289 687.9	1 191 999.2	1 094 932.1	877 255.0
大豆	413 434.0	394 749.7	474 623.2	484 383.2	356 295.0	172 962.0
花生	774 272.7	661 188.2	637 523.0	513 609.5	565 655.8	516 243.6
油菜子	147.1	144.0	849.4	55.1	221.0	109.6
食用植物油	228 139.2	400 318.0	167 625.8	249 328.3	115 594.9	95 687.0
豆油	63 034.4	117 708.5	65 717.3	133 988.4	69 245.5	59 296.6
菜子油	30 636.6	144 763.4	21 692.5	7 103.9	9 134.9	3 804.0
棕榈油	1 203.3	757.8	601.2	1 129.7	473.0	1 548.0
食糖	358 290.3	154 389.5	110 529.0	62 402.5	63 886.2	94 348.4
蔬菜	6 813 772.2	7 338 412.1	8 188 468.6	8 207 857.0	8 040 339.8	8 446 130.1
水果						
苹果	824 049.8	804 226.0	1 019 234.6	1 153 370.4	1 171 804.7	1 122 952.7
柑橘	465 623.0	435 126.9	564 236.8	862 104.9	1 111 950.2	933 070.6
苹果汁	648 507.3	673 047.5	1 042 203.7	692 760.6	799 524.6	788 408.9
柑橘汁	4 055.1	8 983.8	11 940.8	16 894.9	20 220.0	22 563.1
水产品						
畜产品						
猪产品						
牛产品						
羊产品						
家禽产品						
蛋产品						
乳品	69 823.5	74 860.1	134 565.8	120 632.9	36 779.7	33 760.8
动物生皮	327.3	505.2	716.7	1 389.3	3 899.5	4 346.7
动物生毛皮	255.7	373.8	479.7	92.0	27.3	115.8
羊毛	33 368.4	31 293.3	28 128.1	15 086.5	10 808.6	18 394.9
茶	291 117.9	304 329.3	295 420.4	303 879.3	308 920.8	308 848.5

2-4 中国主要农产品进口量（一）

单位：吨

项　目	2000 年	2001 年	2002 年	2003 年	2004 年
农产品					
谷物	3 148 164.9	3 444 033.7	2 851 179.4	2 086 839.5	9 753 474.7
小麦产品	918 733.3	738 897.9	631 654.5	447 321.9	7 258 480.0
玉米产品	2 997.4	39 468.6	8 065.4	728.5	2 485.6
稻谷产品	248 570.5	293 405.1	238 016.6	258 674.2	766 255.8
棉花	250 906.0	197 097.7	245 061.4	1 075 192.3	2 114 132.7
食用油籽	13 403 596.3	15 676 059.6	11 944 683.1	20 984 164.1	20 768 289.0
大豆	10 419 368.1	13 939 933.4	11 315 348.0	20 741 110.7	20 229 939.6
花生	939.7	756.5	2 015.8	871.7	1 775.1
油菜子	2 968 936.3	1 724 251.0	618 170.4	166 714.0	424 014.4
食用植物油	1 870 910.5	1 675 404.0	3 211 937.4	5 417 534.6	6 764 315.4
豆油	307 619.2	69 888.0	870 274.7	1 884 355.7	2 516 508.0
菜子油	74 662.6	49 423.5	77 830.2	151 577.7	352 933.1
棕榈油	1 390 714.5	1 517 415.0	2 220 657.2	3 324 806.2	3 856 570.4
食糖	640 653.9	1 198 730.9	1 183 100.2	775 147.3	1 214 344.3
蔬菜	98 329.3	100 354.0	97 720.0	95 797.1	115 336.8
水果					
苹果	25 474.8	39 370.5	56 014.1	41 635.9	37 281.0
柑橘	61 860.8	67 860.3	58 194.8	76 636.7	66 889.3
苹果汁	531.3	801.6	570.0	477.6	1 344.0
柑橘汁	9 553.8	18 634.6	37 957.4	53 057.2	48 255.1
水产品					
畜产品					
猪产品					
牛产品					
羊产品					
家禽产品					
蛋产品					
乳品	218 838.7	195 571.3	263 826.6	315 043.7	347 183.5
动物生皮	496 278.1	611 223.3	580 783.4	690 422.6	828 207.6
动物生毛皮	3 691.1	3 564.7	3 825.0	13 277.7	21 643.3
羊毛	239 352.2	250 093.0	192 553.5	166 731.4	222 882.9
茶	2 640.9	1 849.2	1 783.5	2 965.7	2 508.2

中国主要农产品进口量（二）

单位：吨

项　目	2005年	2006年	2007年	2008年	2009年	2010年
农产品						
谷物	6 271 987.1	3 594 975.2	1 557 475.2	1 540 510.3	3 150 987.5	5 708 381.8
小麦产品	3 538 501.7	612 774.0	100 517.4	43 060.0	904 125.2	1 230 665.9
玉米产品	4 017.3	65 358.4	35 429.4	50 024.2	84 479.7	1 573 201.6
稻谷产品	521 731.9	729 915.3	487 487.0	329 697.6	356 810.4	388 160.9
棉花	2 745 491.9	3 980 047.7	2 741 164.6	2 263 716.3	1 758 926.2	3 127 751.3
食用油籽	27 042 335.8	29 316 979.1	31 914 727.0	39 004 912.5	46 331 475.7	57 046 007.7
大豆	26 590 648.5	28 269 968.3	30 821 448.6	37 435 601.9	42 551 686.7	54 797 293.7
花生	700.8	5 457.4	3 664.1	10 370.6	3 483.4	16 159.3
油菜子	296 235.9	737 996.8	833 104.7	1 302 572.8	3 285 852.1	1 599 847.8
食用植物油	6 213 230.4	6 715 351.6	8 396 627.8	8 171 139.7	9 502 489.8	8 261 662.2
豆油	1 694 326.7	1 542 635.2	2 822 908.5	2 585 669.7	2 391 222.3	1 340 908.7
菜子油	177 558.1	43 995.0	374 776.1	269 792.2	467 526.2	985 324.3
棕榈油	4 330 140.0	5 081 920.7	5 095 127.6	5 282 319.9	6 441 283.9	5 696 105.2
食糖	1 389 671.3	1 365 406.5	1 193 358.3	779 887.0	1 064 481.8	1 766 147.2
蔬菜	106 850.6	124 071.4	107 187.9	114 094.5	97 176.7	150 045.9
水果						
苹果	33 204.1	31 074.6	36 395.8	42 394.5	54 110.9	66 881.6
柑橘	61 530.3	78 931.3	74 421.3	79 946.4	91 635.3	105 275.3
苹果汁	461.5	348.5	1 027.9	2 271.2	467.1	464.1
柑橘汁	61 210.0	64 454.3	65 324.5	47 566.6	65 108.5	71 367.5
水产品						
畜产品						
猪产品						
牛产品						
羊产品						
家禽产品						
蛋产品						
乳品	320 034.8	347 826.2	298 580.7	350 691.1	596 999.2	745 293.5
动物生皮	899 127.5	957 050.9	996 399.0	1 092 806.0	1 279 627.4	1 230 537.6
动物生毛皮	29 146.5	32 553.3	31 386.2	32 980.5	32 757.0	34 769.4
羊毛	248 891.7	278 007.3	311 324.7	285 402.5	307 886.0	317 956.7
茶	3 090.2	3 784.6	5 984.3	6 230.5	4 713.8	13 531.5

主要进出口市场

2-5 中国对主要国家（地区）农产品出口额（一）

单位：万美元

项目	2000年	2001年	2002年	2003年	2004年
合计	1 570 232.8	1 607 216.2	1 815 420.2	2 143 535.0	2 339 526.0
亚洲	1 159 416.3	1 159 454.2	1 312 500.3	1 485 695.8	1 596 378.6
日本	542 788.8	573 152.1	572 928.1	605 531.8	740 689.0
东盟	152 106.5	130 399.9	198 472.1	236 085.9	213 031.5
泰国	15 652.6	11 039.5	16 866.1	22 324.7	24 847.3
马来西亚	44 770.1	37 451.2	57 040.3	67 040.9	53 096.0
印度尼西亚	41 163.0	28 629.6	53 289.6	54 066.8	45 079.6
韩国	168 190.7	164 552.8	204 895.8	256 812.9	213 020.3
中国香港	192 246.6	189 480.5	208 044.3	226 766.5	271 993.5
中国台湾	21 064.4	16 548.6	29 121.8	27 208.8	30 668.7
印度	20 087.3	18 561.6	23 384.1	20 128.8	21 895.1
蒙古	1 936.6	1 985.3	1 387.9	1 370.9	2 323.1
哈萨克斯坦	1 466.8	1 791.1	2 949.6	3 600.4	3 200.4
乌兹别克斯坦	1 081.2	1 194.9	1 197.1	1 063.4	1 550.9
吉尔吉斯斯坦	311.9	356.1	532.3	804.7	802.0
沙特阿拉伯	5 443.6	7 755.3	9 080.0	10 113.8	7 558.4
以色列	2 225.0	1 888.7	1 622.7	2 342.0	3 089.6
欧洲	204 597.8	232 461.6	232 520.6	306 133.8	341 820.6
欧盟	180 822.2	200 339.0	181 521.7	238 638.8	268 118.1
俄罗斯	17 925.7	24 651.7	44 237.2	56 869.8	59 720.9
白俄罗斯	63.5	33.1	128.1	181.5	235.7
乌克兰	758.9	1 157.3	2 522.3	4 231.8	5 404.9
北美洲	132 554.7	142 054.9	186 286.9	233 567.8	270 513.8
美国	118 437.5	125 960.1	167 973.1	210 294.1	239 579.2
加拿大	14 116.7	16 094.8	18 306.6	23 228.7	30 882.0
墨西哥	2 865.5	3 730.4	4 173.1	8 261.4	19 685.5
南美洲	17 490.4	18 189.7	22 958.1	27 104.0	40 653.9
巴西	1 695.5	1 850.8	3 120.5	2 822.2	3 820.6
阿根廷	639.0	443.4	155.9	760.3	632.1
智利	315.5	357.5	538.7	743.4	906.1
秘鲁	487.9	147.4	537.4	333.4	416.7
大洋洲	10 197.8	12 625.4	16 405.0	25 752.3	30 145.9
澳大利亚	8 657.8	10 551.0	13 924.7	19 307.0	24 418.0
新西兰	986.8	1 539.0	1 978.4	2 674.1	3 550.0
非洲	45 975.8	42 430.3	44 749.2	65 281.2	60 013.2
南非	4 545.1	4 361.7	6 724.1	12 691.0	8 036.0
埃及	4 429.1	5 224.6	3 331.3	5 445.2	11 061.3
津巴布韦	2.7	61.4	1 383.7	59.8	35.6
尼日利亚	1 463.1	1 331.7	1 099.4	1 830.9	2 078.1
阿尔及利亚	1 264.8	2 592.3	4 297.3	5 235.9	6 690.8
肯尼亚	238.0	46.6	116.7	999.8	381.5

中国对主要国家（地区）农产品出口额（二）

单位：万美元

项 目	2005年	2006年	2007年	2008年	2009年	2010年
合计	2 758 162.3	3 140 941.2	3 701 294.7	4 050 712.7	3 958 851.3	4 940 966.6
亚洲	1 815 680.1	1 932 076.3	2 232 098.6	2 275 891.1	2 349 903.5	2 956 039.4
日本	794 329.8	823 347.8	837 287.6	769 785.9	769 195.6	915 559.8
东盟	243 689.6	306 990.0	394 815.5	457 908.5	535 975.2	747 688.9
泰国	30 699.9	36 734.6	52 147.3	73 536.7	85 819.3	118 849.1
马来西亚	69 398.1	84 633.9	105 455.9	118 858.7	122 828.3	167 848.8
印度尼西亚	42 205.5	61 751.5	90 729.0	84 078.6	105 085.6	177 947.7
韩国	285 645.4	290 180.2	361 193.3	317 338.7	283 237.2	353 240.0
中国香港	276 865.8	278 995.3	322 946.0	362 762.2	372 203.7	450 646.9
中国台湾	36 297.1	41 798.2	61 233.1	73 693.6	80 049.5	116 269.9
印度	23 285.7	24 396.9	37 895.3	43 593.4	51 087.3	54 089.6
蒙古	2 903.0	3 474.6	4 557.1	5 551.5	4 283.1	5 579.5
哈萨克斯坦	5 528.7	5 765.8	9 336.5	13 920.8	13 764.5	14 212.5
乌兹别克斯坦	1 596.9	1 821.6	2 906.6	4 725.3	4 062.1	4 003.3
吉尔吉斯斯坦	2 253.2	6 206.6	7 830.3	9 349.1	9 625.4	12 744.7
沙特阿拉伯	8 925.9	12 732.7	18 173.1	21 467.8	20 120.5	25 557.5
以色列	3 610.8	5 829.3	9 345.7	12 673.3	10 724.3	13 891.0
欧洲	454 163.7	558 611.8	706 294.9	832 544.8	729 471.9	886 783.7
欧盟	356 585.6	446 680.5	551 457.6	645 085.7	579 088.7	690 854.4
俄罗斯	73 459.4	88 977.6	123 051.9	144 423.1	120 067.3	155 112.3
白俄罗斯	1 126.0	941.3	1 511.1	2 064.1	1 828.8	2 334.3
乌克兰	10 105.2	12 040.7	16 806.4	25 049.0	13 989.2	18 578.3
北美洲	334 273.3	430 143.5	498 282.8	579 246.5	540 074.5	665 302.6
美国	295 675.9	384 572.1	442 285.3	513 294.2	473 493.1	584 430.7
加拿大	38 537.2	45 527.4	55 984.5	65 935.3	66 576.7	80 824.2
墨西哥	21 704.1	28 297.1	30 937.0	39 582.3	34 834.5	45 354.8
南美洲	52 944.6	82 411.9	90 415.2	131 812.9	109 764.4	165 695.1
巴西	7 222.0	8 878.5	11 952.2	26 783.3	22 047.3	52 113.0
阿根廷	934.7	1 357.0	2 379.7	2 620.7	2 454.3	3 993.3
智利	1 376.5	2 030.3	4 151.5	6 726.7	5 679.0	8 793.2
秘鲁	566.1	1 005.8	2 006.8	2 954.4	3 276.1	4 138.9
大洋洲	34 490.2	48 195.1	60 377.2	75 856.1	70 934.7	86 914.3
澳大利亚	28 133.4	36 682.3	45 324.0	58 258.2	57 193.9	68 864.4
新西兰	4 719.1	6 332.0	8 292.5	9 726.9	8 191.3	10 630.5
非洲	66 610.3	89 502.7	113 825.8	155 361.4	158 702.3	180 231.5
南非	10 353.3	14 190.0	20 080.6	22 178.2	26 523.9	27 690.8
埃及	5 829.1	6 282.7	7 686.6	14 861.9	14 522.9	16 974.1
津巴布韦	65.6	3.0	10.3	350.3	19.4	85.4
尼日利亚	3 387.1	5 383.6	6 711.9	17 209.7	20 816.5	19 367.3
阿尔及利亚	7 960.5	8 395.1	11 369.2	13 624.3	13 436.4	14 405.9
肯尼亚	516.0	588.0	737.1	863.5	1 399.3	1 728.6

2-6 中国对主要国家（地区）农产品进口额（一）

单位：万美元

项 目	2000年	2001年	2002年	2003年	2004年
合计	1 126 262.1	1 185 103.8	1 247 498.7	1 896 790.3	2 808 767.9
亚洲	227 124.9	239 206.2	270 710.6	397 801.5	556 589.5
日本	30 017.1	27 816.5	26 337.7	29 737.0	30 156.2
东盟	130 728.4	149 063.5	183 074.5	264 850.0	373 372.3
泰国	33 489.9	52 644.0	43 495.7	53 297.0	98 181.3
马来西亚	42 896.0	40 582.6	71 929.8	114 516.2	143 800.9
印度尼西亚	30 370.7	26 201.3	33 172.9	54 193.5	87 764.3
韩国	14 300.9	12 546.8	12 698.3	15 463.2	20 076.1
中国香港	3 507.9	3 917.3	3 365.4	3 191.3	3 346.0
中国台湾	10 673.3	8 456.3	8 438.9	10 547.9	11 702.0
印度	17 055.4	12 691.7	7 916.3	13 216.5	27 230.1
蒙古	2 212.6	1 284.2	1 330.2	1 574.2	2 137.9
哈萨克斯坦	4 385.2	4 456.4	1 320.1	4 754.7	5 161.1
乌兹别克斯坦	1 000.8	299.2	2 465.0	16 277.8	33 927.1
吉尔吉斯斯坦	715.9	1 310.1	264.5	644.9	1 344.7
沙特阿拉伯	64.2	23.9	22.2	13.1	5.4
以色列	415.6	518.3	715.5	2 055.8	1 706.5
欧洲	167 616.1	159 816.9	164 721.0	211 495.5	258 182.7
欧盟	116 855.5	95 121.9	87 955.4	126 595.8	154 060.0
俄罗斯	43 832.3	55 371.1	67 710.9	71 498.0	85 192.6
白俄罗斯	32.2	0.0	10.9	71.7	30.8
乌克兰	9.1	73.8	319.3	275.1	694.6
北美洲	336 371.6	354 716.9	322 291.7	555 826.6	915 516.6
美国	259 095.6	279 305.6	272 283.6	501 478.9	769 375.8
加拿大	76 744.3	74 380.7	48 767.3	52 135.7	144 083.7
墨西哥	2 102.4	2 378.0	2 876.0	2 932.1	3 779.9
南美洲	205 984.9	240 731.3	278 043.1	503 133.5	662 636.9
巴西	58 547.8	78 296.2	114 914.5	212 364.7	285 709.1
阿根廷	77 452.8	104 785.8	89 151.8	225 948.8	270 279.8
智利	7 148.6	10 896.9	17 921.5	19 424.7	23 405.9
秘鲁	40 437.6	29 679.4	40 775.7	28 841.8	53 570.4
大洋洲	169 963.2	171 550.1	183 609.1	176 843.5	323 039.9
澳大利亚	136 997.9	135 651.4	144 889.2	122 683.8	243 706.1
新西兰	32 897.7	35 832.1	38 577.8	53 547.8	78 621.8
非洲	19 172.6	19 082.3	28 123.0	51 689.7	92 724.4
南非	1 875.0	2 530.5	2 082.0	1 969.5	2 196.2
埃及	1 320.7	1 242.0	2 174.0	3 230.0	2 716.3
津巴布韦	9 907.8	10 781.2	14 974.8	16 069.3	13 528.5
尼日利亚	53.4	22.6	16.4	51.8	703.2
阿尔及利亚	0.0	0.0	0.0	0.0	1.7
肯尼亚	351.1	447.2	457.8	730.4	1 354.2

中国对主要国家（地区）农产品进口额（二）

单位：万美元

项　目	2005 年	2006 年	2007 年	2008 年	2009 年	2010 年
合计	2 878 710.5	3 216 744.5	4 119 739.5	5 876 976.7	5 269 855.2	7 255 380.8
亚洲	572 053.4	801 445.1	1 021 136.0	1 269 763.4	1 151 636.2	1 662 476.2
日本	36 432.2	41 708.6	39 993.8	40 126.8	46 369.8	60 760.2
东盟	370 184.3	498 101.0	711 805.4	926 353.4	876 647.3	1 094 038.5
泰国	98 603.4	129 606.8	136 560.1	120 480.7	179 888.2	248 762.0
马来西亚	134 054.3	171 653.6	301 795.5	413 659.0	306 899.8	352 205.9
印度尼西亚	92 190.9	125 206.2	181 223.5	267 461.6	228 095.1	294 801.3
韩国	25 275.1	23 282.4	30 269.6	33 486.8	31 305.5	42 123.0
中国香港	4 726.6	6 144.4	8 463.3	8 293.4	8 920.9	11 202.8
中国台湾	14 522.8	15 231.0	18 722.0	18 319.6	18 535.3	24 878.9
印度	39 849.4	116 199.0	129 821.6	161 297.6	95 251.2	257 287.4
蒙古	2 568.8	3 429.5	1 780.5	2 782.9	4 910.8	5 960.9
哈萨克斯坦	4 285.1	6 120.3	3 493.8	2 668.7	1 919.0	3 423.2
乌兹别克斯坦	38 977.1	51 100.4	31 734.0	29 053.3	18 975.1	71 652.6
吉尔吉斯斯坦	1 727.4	2 877.7	3 417.0	4 276.2	1 050.1	1 407.2
沙特阿拉伯	26.8	7.1	38.5	54.2	221.3	397.1
以色列	2 163.1	4 112.8	5 200.5	1 979.4	3 195.5	5 023.2
欧洲	339 061.1	368 321.0	451 243.1	534 469.8	508 387.8	689 401.3
欧盟	201 272.1	214 989.3	281 046.8	372 757.4	341 651.4	494 057.1
俄罗斯	115 137.7	128 972.6	144 298.5	132 504.3	128 753.0	138 727.3
白俄罗斯	154.4	126.1	302.4	44.6	452.5	706.1
乌克兰	570.4	1 226.9	1 442.5	2 005.3	1 269.5	3 503.0
北美洲	789 954.3	843 130.1	1 041 555.2	1 622 082.5	1 672 922.5	2 169 691.6
美国	672 378.3	759 636.8	913 286.0	1 442 136.8	1 403 287.0	1 863 945.2
加拿大	114 642.2	80 489.3	124 473.8	176 314.9	265 214.0	300 345.9
墨西哥	6 967.3	7 269.0	7 722.8	10 193.0	7 249.4	10 488.6
南美洲	757 556.7	774 086.5	1 161 604.8	1 954 595.4	1 429 088.5	1 957 596.6
巴西	302 702.5	382 437.5	484 525.3	880 502.1	845 156.1	1 073 457.1
阿根廷	299 304.6	240 914.2	518 137.1	840 520.4	348 536.2	570 399.8
智利	35 307.4	35 420.6	45 386.6	61 302.9	80 280.5	82 469.1
秘鲁	74 709.7	63 036.9	61 343.9	100 377.2	80 738.0	112 057.8
大洋洲	312 129.0	308 600.4	349 741.3	397 422.2	386 930.2	615 776.1
澳大利亚	240 642.7	232 520.7	261 330.5	293 432.1	249 228.6	393 025.5
新西兰	70 604.6	73 363.3	83 223.9	102 114.6	135 024.5	220 747.3
非洲	107 907.4	121 155.9	94 382.3	98 634.5	120 888.6	160 313.6
南非	5 611.8	7 456.5	14 724.3	20 061.0	25 141.7	35 286.8
埃及	3 735.9	3 839.2	3 876.5	3 308.8	2 812.2	6 576.5
津巴布韦	14 411.7	10 939.6	10 566.7	13 008.4	9 876.7	13 026.8
尼日利亚	445.9	999.8	746.5	484.8	990.8	1 091.6
阿尔及利亚	3.7	0.1	0.0	5.3	0.0	9.9
肯尼亚	1 111.2	1 109.1	1 199.7	1 474.3	1 740.2	1 547.7

2-7 中国谷物进口量前15位国家（地区）

（2010年）

单位：吨，万美元,%

序号	国家（地区）	进口量	同比增长	进口额	同比增长
1	澳大利亚	2 251 813.4	88.0	52 288.1	81.2
2	美国	1 632 582.6	305.1	38 061.1	296.4
3	加拿大	768 225.7	25.3	19 439.5	27.2
4	欧盟	521 646.1	10.3	12 561.7	3.3
5	东盟	479 829.0	4.9	28 845.1	23.5
6	哈萨克斯坦	46 449.6	193 440.2	892.8	132 750.8
7	日本	3 046.1	-15.0	283.7	1.6
8	韩国	2 297.4	64.1	158.2	28.3
9	俄罗斯	1 392.0	213.4	63.0	369.0
10	巴基斯坦	426.2	17.1	41.1	21.3
11	秘鲁	190.9	-1.6	32.8	-6.4
12	中国台湾	137.6	115.5	41.0	156.6
13	乌克兰	123.2	516.1	6.0	935.5
14	朝鲜	109.5	82.5	3.6	170.5
15	印度	82.0	91.1	52.4	69.1
	小计	5 708 351.5		152 770.0	

2-8 中国棉花进口量前15位国家（地区）
（2010年）

单位：吨，万美元,%

序号	国家（地区）	进口量	同比增长	进口额	同比增长
1	美国	1 035 609.7	51.9	201 679.1	126.2
2	印度	914 429.2	169.2	177 487.8	287.5
3	乌兹别克斯坦	372 887.4	119.3	71 191.0	279.5
4	澳大利亚	204 918.1	99.9	41 579.2	179.4
5	巴西	93 529.1	48.3	18 126.4	143.4
6	布基纳法索	66 859.9	-21.4	11 669.9	1.4
7	东盟	44 843.4	357.9	2 110.5	417.7
8	土库曼斯坦	40 267.0	101.6	3 494.4	291.7
9	巴基斯坦	40 200.4	7.5	7 821.4	142.0
10	喀麦隆	35 048.9	16.8	6 437.4	56.6
11	贝宁	32 693.1	-36.3	5 638.1	-18.3
12	叙利亚	25 389.9	123.9	2 425.7	335.8
13	墨西哥	25 283.8	35.0	4 669.5	94.7
14	马里	23 448.1	37.7	4 361.1	84.0
15	土耳其	21 715.7	72.8	1 671.4	187.6
	小计	2 977 123.8		560 362.9	

2-9 中国食用油籽进口量前15位国家（地区）
（2010年）

单位：吨，万美元,%

序号	国家（地区）	进口量	同比增长	进口额	同比增长
1	美国	23 600 230.6	8.2	1 135 250.5	21.4
2	巴西	18 587 651.9	16.2	814 587.9	10.8
3	阿根廷	11 194 743.3	198.9	498 344.5	201.8
4	加拿大	1 891 088.8	-48.7	90 823.4	-42.0
5	乌拉圭	1 347 638.2	96.4	60 135.6	87.5
6	埃塞俄比亚	170 544.3	21.0	23 310.8	23.5
7	苏丹	44 045.4	116.4	6 216.0	123.3
8	东盟	39 334.9	-8.1	4 246.1	12.7
9	印度	38 030.8	115.7	4 354.4	116.7
10	坦桑尼亚	37 204.7	23.1	4 769.3	25.7
11	缅甸	35 311.0	-9.4	3 712.7	6.8
12	莫桑比克	17 775.8	-39.3	2 361.1	-36.3
13	马里	17 415.0	96.0	2 177.9	100.8
14	澳大利亚	14 576.7	-66.6	610.5	-68.9
15	孟加拉国	10 952.4	231.8	871.5	241.0
	小计	57 046 543.8		2 651 772.4	

2-10 中国食用植物油进口量前15位国家（地区）
（2010年）

单位：吨，万美元,%

序号	国家（地区）	进口量	同比增长	进口额	同比增长
1	东　　盟	5 682 385.6	-11.6	469 871.6	11.6
2	加 拿 大	913 079.2	107.0	85 435.6	140.1
3	巴　　西	904 194.0	81.2	81 148.0	107.2
4	阿 根 廷	304 948.3	-84.7	28 663.0	-81.3
5	美　　国	289 255.3	376.8	26 381.2	453.8
6	阿 联 酋	69 690.9	300.5	6 389.0	366.5
7	欧　　盟	25 544.3	62.8	8 944.9	79.7
8	乌 克 兰	21 708.4	6 285.6	2 002.5	6 640.2
9	塞内加尔	21 000.0	18.5	3 055.5	8.8
10	印　　度	10 890.6	-11.4	937.0	-1.2
11	土 耳 其	5 592.8	-28.8	761.4	-19.3
12	中国台湾	4 411.3	49.2	522.1	36.5
13	中国香港	1 865.4	93 268 900.0	216.3	9 013 245.8
14	韩　　国	1 801.2	53.6	217.4	61.3
15	南　　非	1 141.7	2 927 338.5	123.8	184 662.5
	小　　计	8 257 508.7		714 669.2	

2-11 中国食糖进口量前15位国家（地区）
（2010年）

单位：吨，万美元,%

序号	国家（地区）	进口量	同比增长	进口额	同比增长
1	巴　　西	1 089 464.4	361.7	50 357.8	668.0
2	古　　巴	370 000.0	-15.6	22 927.7	39.9
3	韩　　国	155 118.6	25.1	10 106.6	63.7
4	澳大利亚	64 000.2	1 566.6	3 311.5	1 786.9
5	危地马拉	46 400.0	-7.2	2 085.3	34.0
6	东　　盟	21 743.5	-85.3	997.5	-79.8
7	欧　　盟	15 441.0	15 520.9	551.1	1 881.8
8	哥伦比亚	2 109.1		66.4	
9	新 西 兰	682.2	516 688.6	56.7	104 043.4
10	毛里求斯	399.6	790.8	30.8	625.1
11	阿 根 廷	220.0	-99.4	17.8	-97.8
12	南　　非	201.5	-99.3	7.7	-99.3
13	日　　本	167.7	-52.8	27.6	-14.7
14	阿 联 酋	100.4	-0.1	8.4	67.3
15	印　　度	52.0	34 568.0	4.2	3 011.6
	小　　计	1 766 100.2		90 557.0	

2-12 中国蔬菜进口额前15位国家（地区）

（2010年）

单位：万美元,%

序号	国家（地区）	进口额	同比增长
1	美　国	9 991.9	54.9
2	东　盟	4 272.2	75.0
3	欧　盟	3 898.1	23.1
4	日　本	3 127.3	46.9
5	印　度	999.7	249.8
6	韩　国	943.2	17.9
7	中国台湾	679.3	39.0
8	智　利	666.0	44.9
9	新西兰	627.2	327.6
10	以色列	569.7	70.4
11	加拿大	361.3	8.1
12	朝　鲜	297.3	75.6
13	澳大利亚	182.9	28.2
14	秘　鲁	145.0	-33.0
15	南　非	105.4	210.1
	小　计	26 866.3	

2-13 中国水果进口额前15位国家（地区）
（2010年）

单位：万美元，%

序号	国家（地区）	进口额	同比增长
1	东　　盟	106 305.6	14.3
2	美　　国	33 985.7	30.9
3	智　　利	25 368.8	41.2
4	巴　　西	11 048.6	55.1
5	欧　　盟	7 939.7	25.9
6	新 西 兰	3 696.8	28.8
7	以 色 列	2 375.6	1.5
8	中国台湾	2 043.2	70.7
9	秘　　鲁	1 931.9	52.7
10	南　　非	1 648.3	45.4
11	哥斯达黎加	1 030.6	133.1
12	阿 根 廷	924.7	-9.8
13	韩　　国	645.3	22.5
14	加 拿 大	638.0	11.3
15	乌 克 兰	486.2	16.1
	小　　计	20 0068.9	

2-14 中国水产品进口额前15位国家（地区）
（2010年）

单位：万美元,%

序号	国家（地区）	进口额	同比增长
1	俄罗斯	136 096.0	9.4
2	秘鲁	109 033.3	38.8
3	美国	85 006.6	27.5
4	东盟	59 448.4	55.9
5	智利	41 750.3	-19.6
6	挪威	41 296.3	45.9
7	日本	31 885.1	44.9
8	欧盟	24 527.3	21.0
9	加拿大	21 875.8	33.8
10	韩国	16 130.8	30.7
11	印度	16 029.9	28.6
12	新西兰	12 869.5	26.7
13	南非	6 181.6	322.9
14	朝鲜	6 092.7	4.2
15	巴基斯坦	5 842.8	30.3
	小计	614 066.3	

2-15 中国畜产品进口额前15位国家（地区）
（2010年）

单位：万美元,%

序号	国家（地区）	进口额	同比增长
1	澳大利亚	249 044.1	44.4
2	欧盟	186 509.2	50.8
3	新西兰	176 531.3	88.7
4	美国	159 561.4	-11.0
5	巴西	56 370.4	1 119.2
6	加拿大	41 451.4	58.4
7	阿根廷	30 119.9	148.1
8	南非	21 349.9	26.2
9	乌拉圭	16 635.8	80.0
10	蒙古	5 774.4	28.6
11	智利	4 904.2	57.4
12	东盟	3 471.2	34.9
13	中国台湾	2 851.7	38.7
14	日本	1 562.2	-28.0
15	吉尔吉斯斯坦	1 206.2	37.3
	小计	957 343.3	

2-16 中国蔬菜出口额前15位国家（地区）
（2010年）

单位：万美元,%

序号	国家（地区）	出口额	同比增长
1	东　　盟	246 076.4	81.8
2	日　　本	192 825.1	28.7
3	欧　　盟	119 800.4	24.1
4	美　　国	74 731.9	32.5
5	韩　　国	71 347.7	72.1
6	俄 罗 斯	40 517.0	30.4
7	中国香港	30 073.9	51.1
8	巴　　西	22 060.2	108.1
9	阿 联 酋	14 981.1	65.9
10	巴基斯坦	13 448.3	44.7
11	加 拿 大	12 163.1	36.4
12	沙特阿拉伯	11 218.6	43.3
13	孟加拉国	10 008.7	18.9
14	澳大利亚	8 835.5	15.5
15	中国台湾	8 617.6	16.1
	小　　计	876 705.4	

2－17 中国水果出口额前15位国家（地区）
（2010年）

单位：万美元,%

序号	国家（地区）	出口额	同比增长
1	东　　盟	127 588.7	17.6
2	美　　国	78 132.4	10.8
3	欧　　盟	52 353.1	5.2
4	日　　本	43 895.8	14.3
5	俄 罗 斯	36 802.9	23.8
6	加 拿 大	12 712.7	3.9
7	孟 加 拉 国	8 930.4	49.4
8	中 国 香 港	8 210.0	6.7
9	澳 大 利 亚	7 301.6	18.9
10	印　　度	6 965.8	62.2
11	哈萨克斯坦	6 827.0	7.3
12	韩　　国	6 337.5	25.2
13	阿 联 酋	5 449.9	7.7
14	沙特阿拉伯	4 183.8	－8.6
15	吉尔吉斯斯坦	3 124.6	23.0
	小　　计	408 816.2	

2-18 中国水产品出口额前15位国家（地区）
（2010年）

单位：万美元,%

序号	国家（地区）	出口额	同比增长
1	日　本	323 232. 8	20. 6
2	美　国	260 200. 4	26. 2
3	欧　盟	208 590. 1	18. 1
4	韩　国	133 377. 5	31. 6
5	东　盟	103 114. 1	33. 7
6	中国香港	97 615. 7	32. 4
7	中国台湾	63 100. 9	64. 0
8	俄罗斯	39 222. 8	33. 7
9	加拿大	35 017. 3	23. 6
10	墨西哥	25 567. 8	51. 2
11	澳大利亚	17 363. 5	44. 9
12	巴　西	14 018. 8	369. 6
13	乌克兰	7 011. 6	49. 5
14	以色列	4 629. 3	17. 5
15	波多黎各	3 063. 2	4. 2
	小　计	1 335 125. 8	

2-19 中国畜产品出口额前15位国家（地区）

（2010年）

单位：万美元,%

序号	国家（地区）	出口额	同比增长
1	中国香港	136 540.9	14.8
2	日本	131 026.9	24.7
3	欧盟	82 038.3	15.4
4	美国	29 802.0	26.3
5	东盟	24 971.2	35.9
6	中国台湾	9 474.6	23.5
7	韩国	8 549.3	39.5
8	中国澳门	8 226.0	3.5
9	吉尔吉斯斯坦	7 441.4	46.0
10	南非	4 556.6	24.7
11	约旦	4 004.9	95.4
12	巴西	3 081.6	96.1
13	科威特	2 120.1	12.8
14	阿联酋	1 340.6	187.9
15	巴林	1 308.7	39.0
	小计	454 483.2	

主要进出口地区

2-20 中国各地区农产品出口额（一）

单位：万美元

地区	2000年	2001年	2002年	2003年	2004年
全国合计	1 570 232.8	1 607 216.2	1 815 420.2	2 143 535.0	2 339 526.0
北京	46 207.7	42 386.1	38 622.9	40 393.3	38 673.2
天津	31 656.0	35 786.9	34 271.0	48 376.8	45 224.7
河北	47 434.6	45 473.9	54 110.8	59 752.1	75 531.1
山西	4 344.8	5 243.3	7 315.2	6 335.9	5 662.5
内蒙古	42 233.5	10 512.4	22 944.6	31 566.5	19 849.5
辽宁	116 835.4	123 968.3	143 638.5	171 703.2	184 337.5
吉林	62 937.3	78 881.7	111 032.4	148 592.9	62 230.0
黑龙江	40 199.5	39 920.3	46 153.3	78 922.1	62 526.6
上海	56 316.3	55 642.2	59 737.4	61 171.9	70 715.5
江苏	67 720.1	65 797.3	74 255.4	86 949.9	91 082.3
浙江	149 829.6	151 161.5	159 278.4	182 416.0	228 175.4
安徽	26 095.9	21 765.5	23 748.1	26 168.4	24 061.1
福建	136 130.6	129 144.0	134 479.1	137 417.1	187 300.5
江西	21 016.5	15 371.5	10 756.9	10 073.2	14 318.7
山东	302 140.5	373 062.8	412 121.1	508 203.7	591 943.7
河南	17 732.4	19 146.0	22 981.7	46 012.2	35 631.8
湖北	16 024.1	15 816.7	16 936.7	24 229.5	28 450.2
湖南	16 492.0	15 508.3	16 148.4	19 028.6	23 436.3
广东	237 418.0	234 060.4	264 189.3	280 601.1	340 507.7
广西	14 448.5	13 990.7	19 245.0	21 721.9	23 907.1
海南	6 696.8	9 142.4	10 763.8	10 538.9	12 788.5
重庆		4 498.1	9 534.1	9 693.0	11 645.0
四川	32 329.5	32 775.1	29 322.7	32 625.2	43 612.4
贵州	3 083.2	3 896.5	5 270.0	5 806.1	7 212.9
云南	21 886.8	28 021.8	29 010.3	36 662.8	45 410.1
西藏	710.8	509.2	598.7	1 117.1	2 951.8
陕西	10 139.3	10 418.9	13 227.8	15 811.1	20 245.1
甘肃	4 905.9	4 319.5	6 138.3	7 986.8	12 659.8
青海	1 571.7	452.7	497.6	675.8	507.1
宁夏	1 254.9	1 050.8	1 256.7	999.9	1 171.2
新疆	34 440.7	19 491.4	37 834.1	31 981.7	27 756.6

中国各地区农产品出口额（二）

单位：万美元

地 区	2005 年	2006 年	2007 年	2008 年	2009 年	2010 年
全国合计	2 758 162.3	3 140 941.2	3 701 294.7	4 050 712.7	3 958 851.3	4 940 966.6
北 京	42 072.3	43 249.1	49 377.0	45 802.4	44 102.5	47 991.1
天 津	48 581.3	55 894.2	59 823.9	74 034.9	71 438.0	81 959.4
河 北	86 972.5	94 799.8	109 283.3	112 329.7	115 866.6	137 641.2
山 西	7 507.8	11 781.5	24 651.1	21 683.0	14 194.0	16 133.1
内蒙古	32 529.8	29 859.2	42 913.8	33 460.7	32 979.8	48 344.2
辽 宁	223 924.3	238 666.5	301 759.1	313 594.6	290 699.3	339 881.9
吉 林	109 760.7	99 193.8	121 316.5	126 651.5	113 955.3	124 314.7
黑龙江	82 175.0	99 650.9	137 186.7	153 965.7	116 264.9	123 217.1
上 海	78 550.9	93 812.3	105 163.6	107 517.9	95 991.3	114 455.1
江 苏	108 678.1	139 883.7	172 932.1	199 363.9	195 819.8	250 065.3
浙 江	249 544.6	268 950.0	300 946.2	343 799.8	313 208.0	376 264.0
安 徽	33 649.1	41 169.6	50 295.8	50 253.5	53 171.1	68 863.3
福 建	202 022.1	234 378.8	265 486.8	295 375.3	328 153.2	468 859.7
江 西	15 488.0	24 842.9	24 860.4	33 466.0	35 041.7	42 095.4
山 东	723 593.6	855 171.5	990 467.1	1 034 982.6	1 018 012.6	1 339 186.0
河 南	40 711.0	48 809.4	52 909.4	53 912.5	56 156.4	81 031.8
湖 北	32 880.8	41 988.4	49 915.6	65 552.1	71 514.3	106 508.2
湖 南	27 316.0	31 049.3	35 372.6	42 637.9	42 703.8	57 467.8
广 东	358 235.8	391 154.6	410 051.7	456 016.3	482 183.5	570 308.2
广 西	27 463.2	33 596.5	40 030.4	65 759.4	66 274.9	79 582.9
海 南	15 802.9	26 939.6	35 433.5	46 360.7	40 222.6	45 430.6
重 庆	13 402.8	13 565.0	14 689.9	17 965.7	16 931.6	18 269.6
四 川	45 552.8	51 586.1	58 560.1	65 614.9	54 980.4	67 049.2
贵 州	7 193.3	6 816.5	8 130.6	11 185.2	15 021.0	17 519.4
云 南	51 436.3	57 631.3	70 134.0	85 121.9	102 359.1	135 280.7
西 藏	3 312.7	4 435.7	5 723.3	3 201.4	3 770.3	5 867.6
陕 西	28 734.8	37 591.9	69 378.2	68 735.9	54 097.7	58 224.3
甘 肃	17 807.3	18 271.8	26 399.0	35 833.8	32 432.3	35 902.2
青 海	768.9	915.5	969.1	954.8	1 297.9	1 607.3
宁 夏	1 827.1	2 722.2	4 265.0	4 388.7	4 021.6	7 446.7
新 疆	40 666.7	42 563.6	62 868.9	81 190.1	75 985.9	74 198.7

2-21 中国各地区农产品进口额（一）

单位：万美元

地 区	2000年	2001年	2002年	2003年	2004年
全国合计	1 126 262.1	1 185 103.8	1 247 498.7	1 896 790.3	2 808 767.9
北 京	104 918.2	105 542.0	88 613.2	113 378.3	270 209.2
天 津	36 458.7	32 003.4	45 748.8	73 489.2	107 730.0
河 北	44 020.3	45 416.4	46 145.5	74 288.1	90 341.6
山 西	1 305.0	1 061.2	1 196.1	3 449.8	3 135.0
内蒙古	4 802.7	3 286.1	2 796.7	4 859.2	10 758.5
辽 宁	89 768.1	97 717.2	80 543.6	122 250.9	165 413.1
吉 林	9 494.1	4 797.9	4 899.6	9 049.6	14 084.4
黑龙江	9 452.9	8 864.7	7 800.0	13 130.3	15 983.5
上 海	76 546.6	81 403.1	90 478.4	139 041.5	169 052.4
江 苏	103 411.5	120 392.6	147 839.0	247 166.3	434 740.3
浙 江	82 006.4	78 798.8	80 172.8	105 194.0	171 756.6
安 徽	4 356.8	5 340.8	6 304.4	7 480.1	12 618.5
福 建	34 653.7	33 834.5	48 086.7	73 137.5	116 194.4
江 西	1 289.8	1 398.3	2 006.3	1 913.8	1 650.3
山 东	186 769.4	212 197.6	200 068.7	348 151.6	507 123.1
河 南	15 889.6	20 850.3	26 040.4	42 852.3	53 891.5
湖 北	3 835.9	3 919.0	3 979.4	8 423.3	15 134.3
湖 南	3 962.7	4 916.3	3 782.3	7 655.7	8 347.6
广 东	274 376.6	278 388.0	303 517.2	409 718.7	509 554.3
广 西	6 513.3	15 546.4	35 181.3	43 862.9	71 331.9
海 南	3 689.8	5 711.6	3 939.4	5 959.4	7 447.6
重 庆		229.8	660.6	1 303.9	4 678.5
四 川	8 452.3	6 367.7	5 927.6	14 222.5	17 502.0
贵 州	1 673.2	999.1	508.8	1 045.2	850.6
云 南	4 597.8	4 350.2	4 048.5	8 605.3	7 077.2
西 藏	911.9	494.2	539.1	670.0	323.1
陕 西	2 073.5	1 171.6	1 339.4	5 862.8	7 543.4
甘 肃	1 816.1	1 393.1	1 258.9	1 388.2	329.4
青 海	438.5	348.2	379.6	799.1	515.6
宁 夏	741.3	384.7	355.4	961.5	1 377.7
新 疆	8 035.6	7 978.6	3 341.2	7 479.3	12 072.3

中国各地区农产品进口额（二）

单位：万美元

地区	2005 年	2006 年	2007 年	2008 年	2009 年	2010 年
全国合计	2 878 710.5	3 216 744.5	4 119 739.5	5 876 976.7	5 269 855.2	7 255 380.8
北　京	218 596.1	182 982.6	183 676.8	182 604.9	157 857.2	224 737.0
天　津	135 198.5	156 276.0	226 188.3	398 749.8	334 883.7	453 818.4
河　北	99 933.7	119 682.1	145 937.1	252 631.1	193 623.7	250 120.9
山　西	4 001.0	1 199.4	782.3	648.7	5 965.0	10 674.7
内蒙古	6 505.5	4 829.2	4 489.1	5 475.5	9 087.4	18 856.2
辽　宁	174 536.3	163 258.2	184 507.6	295 682.0	292 583.2	445 624.4
吉　林	8 188.5	17 235.1	20 863.4	20 938.4	36 812.5	52 057.2
黑龙江	13 713.2	12 004.9	13 899.4	17 233.7	15 830.0	22 146.0
上　海	197 935.5	245 235.7	321 832.2	379 093.8	373 087.6	518 127.2
江　苏	449 978.2	526 115.5	786 622.3	1 084 372.8	967 781.6	1 240 918.6
浙　江	174 613.4	199 916.5	251 142.9	322 047.9	237 752.5	369 074.2
安　徽	17 157.5	16 051.2	21 413.2	21 556.6	26 817.3	34 844.4
福　建	142 576.7	145 215.9	178 155.9	269 089.2	246 858.4	329 861.1
江　西	2 601.3	3 415.2	3 613.2	3 254.0	2 361.4	7 099.4
山　东	565 632.6	641 422.8	713 964.5	1 048 491.1	875 487.3	1 277 317.8
河　南	46 354.5	46 472.7	59 548.0	100 943.2	75 641.6	113 273.3
湖　北	12 455.6	15 512.9	15 611.4	18 242.8	13 904.1	31 251.1
湖　南	11 272.0	12 197.2	11 536.9	21 186.0	29 282.2	28 909.6
广　东	457 341.0	542 821.8	763 227.0	1 099 768.0	1 021 482.9	1 344 974.4
广　西	77 297.9	95 068.4	128 417.5	207 233.3	218 195.0	252 742.2
海　南	5 213.7	5 805.7	5 807.9	7 312.5	8 189.2	10 261.9
重　庆	12 651.4	9 167.5	18 567.3	35 358.5	27 820.6	27 906.6
四　川	12 542.0	11 853.2	17 925.7	22 439.4	22 261.3	33 016.3
贵　州	1 315.3	1 294.1	1 656.5	2 201.0	1 633.7	2 038.9
云　南	11 763.5	15 935.8	18 927.4	36 610.8	49 944.2	97 591.5
西　藏	702.2	229.3	99.0	52.6	57.9	46.4
陕　西	6 925.8	8 165.2	9 965.6	11 712.9	12 535.6	17 496.4
甘　肃	927.7	677.2	693.4	1 005.8	1 200.7	2 151.6
青　海	54.2	85.6	97.8	22.7	34.9	203.1
宁　夏	1 069.0	447.6	182.7	1 092.4	234.0	280.1
新　疆	9 656.8	16 170.1	10 387.2	9 925.2	10 648.4	37 959.9

2－22 中国谷物进口量前15位地区
（2010年）

单位：吨，万美元，%

序号	地区	进口量	同比增长	进口额	同比增长
1	广　东	2 684 378.0	98.6	79760.2	87.5
2	江　苏	682 389.2	115.2	15 046.6	96.2
3	山　东	578 055.3	109.0	13 830.5	91.7
4	辽　宁	399 326.7	8.0	9 222.0	-3.0
5	北　京	369 022.9	86.3	8 649.6	59.4
6	浙　江	361 094.7	19.2	8 833.5	19.6
7	福　建	168 361.6	137.7	5 542.2	96.6
8	河　北	146 860.0	49.2	3 412.9	18.9
9	云　南	102 111.1	-5.6	2 095.1	-0.7
10	四　川	60 024.5	101 361.2	1 435.5	82 796.4
11	甘　肃	45 301.7	1 433 498.4	875.4	66 496.9
12	上　海	32 335.9	15.9	1 358.5	36.1
13	天　津	30 185.0	335.7	1 027.1	130.9
14	海　南	16 600.0	47 428 471.4	373.1	702 444.3
15	广　西	15 374.2	28.2	420.0	27.4
	小　计	5 691 420.8		151 882.3	

2-23 中国棉花进口量前15位地区

（2010年）

单位：吨，万美元，%

序号	地区	进口量	同比增长	进口额	同比增长
1	山东	1 154 714.8	35.2	218 248.7	94.3
2	江苏	609 135.2	125.5	119 182.8	229.8
3	上海	255 202.7	85.1	47 616.0	167.4
4	广东	188 347.2	74.6	27 318.2	155.0
5	浙江	181 888.0	218.5	35 366.6	384.4
6	新疆	172 588.8	161.0	31 449.1	774.4
7	河北	119 312.7	346.8	21 791.2	599.5
8	北京	83 800.4	10.6	14 732.1	54.7
9	天津	78 684.1	125.1	13 613.1	208.0
10	湖北	75 958.4	159.2	14 739.1	277.1
11	河南	56 262.9	59.1	9 568.1	125.4
12	安徽	33 447.1	190.6	7 344.9	370.3
13	辽宁	28 638.4	81.1	5 379.5	143.9
14	福建	19 536.7	414.7	4 222.6	755.3
15	广西	15 702.6	55.9	2 620.4	256.7
	小计	3 073 220.2		573 192.4	

2-24 中国食用油籽进口量前15位地区

（2010年）

单位：吨，万美元,%

序号	地区	进口量	同比增长	进口额	同比增长
1	山　东	11 902 598.8	36.0	550 077.0	42.9
2	江　苏	9 783 038.3	-7.9	452 424.9	-2.9
3	广　东	8 291 515.9	23.3	388 586.6	27.9
4	辽　宁	4 935 363.0	92.6	222 929.8	96.4
5	广　西	4 503 351.1	9.3	207 339.5	13.0
6	福　建	3 989 421.4	50.2	183 036.5	53.2
7	河　北	3 392 497.2	5.9	154 198.0	9.3
8	天　津	3 240 609.8	38.6	157 880.5	40.1
9	浙　江	2 227 227.9	36.5	102 392.7	40.5
10	河　南	1 382 243.9	34.5	62 795.3	39.1
11	吉　林	829 380.7	81.9	37 587.0	101.5
12	上　海	746 316.5	23.8	35 937.7	35.6
13	重　庆	477 656.9	-18.7	22 243.1	-14.3
14	四　川	365 979.1	34.1	17 084.9	41.2
15	陕　西	279 706.5	72.9	12 207.8	60.4
	小　计	56 346 907.0		2 606 721.2	

2-25 中国食用植物油进口量前15位地区

（2010年）

单位：吨，万美元,%

序号	地区	进口量	同比增长	进口额	同比增长
1	江　苏	3 363 356.7	4.5	292 999.5	30.0
2	广　东	1 507 123.8	-22.8	128 210.6	-3.4
3	天　津	1 416 414.0	-18.7	119 807.3	-3.2
4	山　东	541 580.8	-9.2	47 105.7	9.6
5	云　南	315 211.4	68.9	26 611.5	107.4
6	福　建	248 917.3	-39.9	21 081.0	-27.5
7	上　海	238 614.1	-52.6	23 486.9	-35.2
8	浙　江	215 704.9	-16.0	18 821.9	5.6
9	广　西	190 277.1	-18.2	16 151.3	-0.3
10	河　北	87 714.3	-28.5	7 322.7	-11.6
11	北　京	59 894.4	-54.1	6 524.8	-39.5
12	辽　宁	23 178.1	-64.4	2 289.4	-51.3
13	湖　北	16 102.7	-22.8	1 478.3	-9.9
14	海　南	14 998.4	-40.7	1 302.1	-23.7
15	河　南	8 939.1	-31.2	1 088.1	11.6
	小　计	8 248 027.0		714 281.0	

2-26 中国食糖进口量前15位地区

（2010年）

单位：吨，万美元,%

序号	地区	进口量	同比增长	进口额	同比增长
1	山　东	634 736.0	71.3	31 869.5	176.4
2	辽　宁	241 779.7	111.7	13 011.7	216.2
3	广　东	230 454.8	44.5	11 658.7	101.7
4	江　苏	172 300.9	268.8	9 018.4	429.6
5	天　津	167 174.6	1 142.4	8 116.3	1 174.2
6	北　京	153 479.0	-38.1	9 234.4	-6.7
7	福　建	98 631.7	7 732.5	4 489.2	7 367.1
8	广　西	35 200.0	68.7	1 451.7	78.1
9	云　南	12 245.8	-8.6	379.8	21.3
10	上　海	9 333.1	345.6	640.7	330.7
11	河　北	3 583.3	101.5	236.9	161.2
12	浙　江	3 454.2	119.4	256.0	185.2
13	湖　南	1 509.4	10.8	85.7	27.6
14	山　西	1 000.0	-4.8	40.6	18.6
15	安　徽	706.0	-98.1	42.4	-96.9
	小　计	1 765 588.3		90 531.9	

2-27 中国蔬菜进口额前15位地区

（2010年）

单位：万美元，%

序号	地 区	进口额	同比增长
1	广 东	8 863.1	46.1
2	上 海	5 509.3	100.4
3	福 建	3 061.7	22.4
4	北 京	2 930.7	106.5
5	山 东	2 497.0	3.2
6	天 津	1 457.2	36.7
7	河 北	791.3	2 539.3
8	辽 宁	653.4	8.1
9	浙 江	582.9	73.4
10	黑龙江	419.5	33.2
11	河 南	317.2	693.6
12	吉 林	202.0	102.7
13	云 南	188.0	74.1
14	江 苏	176.3	24.9
15	四 川	84.8	74.2
	小 计	27 734.5	

2-28 中国水果进口额前15位地区
(2010年)

单位：万美元,%

序号	地 区	进口额	同比增长
1	广 东	102 123.1	18.7
2	上 海	31 973.4	42.1
3	辽 宁	14 508.6	24.0
4	北 京	12 786.7	131.1
5	天 津	6 534.0	27.1
6	山 东	6 498.6	17.6
7	浙 江	6 101.8	-11.8
8	福 建	5 431.1	-0.8
9	云 南	4 823.4	54.5
10	广 西	2 749.7	-10.1
11	海 南	2 623.7	22.7
12	河 北	1 338.3	-48.8
13	江 苏	1 039.0	15.3
14	吉 林	957.5	154.7
15	河 南	806.1	-39.8
	小 计	200 295.1	

2-29 中国水产品进口额前15位地区
（2010年）

单位：万美元，%

序号	地　区	进口额	同比增长
1	山　东	237 353.0	23.5
2	辽　宁	118 056.7	10.3
3	广　东	81 161.1	18.8
4	上　海	51 061.0	75.1
5	福　建	46 728.3	2.5
6	云　南	27 131.5	247.6
7	北　京	25 443.4	80.1
8	浙　江	20 011.2	28.4
9	天　津	18 555.5	3.9
10	江　苏	7 092.8	7.7
11	吉　林	7 014.7	-20.2
12	安　徽	3 204.0	-3.4
13	四　川	3 123.5	-23.2
14	海　南	2 085.5	22.9
15	广　西	1 365.0	51.3
	小　计	649 387.3	

2-30 中国畜产品进口额前15位地区

(2010年)

单位：万美元,%

序号	地 区	进口额	同比增长
1	广 东	223 857.2	37.9
2	江 苏	159 060.9	41.0
3	浙 江	124 875.2	64.0
4	天 津	89 501.4	83.3
5	上 海	78 038.2	35.7
6	山 东	73 052.9	36.5
7	北 京	43 558.1	38.7
8	河 北	38 264.9	78.9
9	辽 宁	31 193.9	41.1
10	河 南	27 548.3	67.3
11	福 建	16 949.5	7.7
12	内蒙古	15 425.5	139.4
13	黑龙江	15 331.6	69.5
14	湖 南	7 916.0	7.5
15	安 徽	5 511.2	-18.7
	小 计	950 084.8	

2-31 中国蔬菜出口额前15位地区

（2010年）

单位：万美元,%

序号	地　区	出口额	同比增长
1	山　东	406 283.6	69.7
2	福　建	108 224.9	27.4
3	江　苏	67 414.1	63.8
4	湖　北	55 223.3	108.2
5	云　南	46 916.9	53.5
6	新　疆	42 137.6	1.9
7	浙　江	40 384.2	17.1
8	河　南	32 832.7	92.0
9	广　东	28 948.8	18.4
10	辽　宁	21 487.9	24.9
11	天　津	21 292.4	23.0
12	河　北	17 887.2	6.5
13	内蒙古	14 082.7	-8.9
14	黑龙江	12 689.6	34.0
15	甘　肃	11 984.2	-4.5
	小　计	927 790.1	

2-32 中国水果出口额前15位地区
(2010年)

单位：万美元,%

序号	地 区	出口额	同比增长
1	山 东	134 810.9	22.3
2	陕 西	47 903.3	7.7
3	福 建	45 152.0	6.8
4	浙 江	29 528.6	4.5
5	广 东	21 948.4	14.8
6	河 北	17 611.2	25.9
7	新 疆	17 159.7	6.8
8	辽 宁	16 805.6	14.7
9	广 西	11 497.5	-15.9
10	黑龙江	11 101.0	-1.6
11	云 南	10 802.5	44.6
12	安 徽	8 602.1	10.9
13	江 苏	8 371.8	13.3
14	甘 肃	8 037.7	12.8
15	江 西	6 948.5	51.0
	小 计	396 280.9	

2-33 中国水产品出口额前15位地区

（2010年）

单位：万美元，%

序号	地　区	出口额	同比增长
1	山　东	398 760.8	18.2
2	福　建	253 752.4	66.0
3	广　东	217 842.2	28.5
4	辽　宁	188 537.5	18.9
5	浙　江	159 169.3	24.8
6	海　南	40 280.5	11.9
7	江　苏	27 111.3	13.3
8	广　西	24 263.7	59.4
9	江　西	18 265.6	41.7
10	河　北	14 569.2	39.9
11	湖　北	14 510.2	13.9
12	上　海	9 028.8	-2.2
13	吉　林	6 889.7	37.5
14	天　津	3 349.7	-8.3
15	安　徽	2 762.8	57.4
	小　计	1 379 093.6	

2-34 中国畜产品出口额前15位地区

(2010年)

单位：万美元,%

序号	地 区	出口额	同比增长
1	山 东	90 160.2	31.4
2	广 东	70 138.6	1.9
3	江 苏	38 153.1	13.4
4	浙 江	38 066.3	37.9
5	湖 南	27 937.2	45.7
6	河 北	23 261.8	27.2
7	辽 宁	21 944.1	56.4
8	上 海	21 028.0	12.7
9	河 南	17 454.0	30.1
10	四 川	17 157.4	7.4
11	北 京	13 239.3	14.6
12	吉 林	12 244.7	15.6
13	重 庆	12 184.1	14.0
14	湖 北	11 103.8	-0.1
15	黑龙江	10 887.0	20.8
	小 计	424 959.5	

三、国际市场篇

简要说明

一、本篇资料的主要内容

本篇资料主要反映与我国贸易关系较为密切的重点国家的农产品贸易情况。

二、本篇资料的统计范围

各国农产品贸易统计口径参照我国的统计范围和分类进行整理，以便同我国进行比较。

三、本篇资料的资料来源

本篇资料是采集联合国统计局商品贸易数据库（ComTrade）的原始数据，加工整理而得。

四、特别说明

欧盟27进出口数据是指欧盟对外贸易，不含成员间贸易。

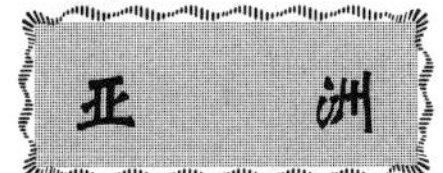

3-1 日本主要农产品贸易情况

3-1-1 日本主要农产品出口额（一）

单位：万美元

项　目	2000 年	2001 年	2002 年	2003 年	2004 年
农产品	299 085.7	375 459.4	287 096.0	300 706.8	339 241.6
谷物	9 662.6	102 103.9	9 108.3	8 723.0	9 095.3
小麦产品	8 258.6	8 534.6	8 452.8	8 024.0	7 726.8
玉米产品	16.5	15.2	23.2	12.8	24.9
稻谷产品	1 376.4	93 545.7	625.0	672.3	1 332.2
棉花	377.9	288.2	259.9	291.5	390.7
食用油籽	172.9	207.9	157.3	231.4	230.7
大豆	28.7	39.7	54.2	100.5	123.2
花生	113.8	111.6	56.3	42.9	49.7
油菜子				36.1	
食用植物油	2 069.0	1 785.9	1 851.1	2 080.5	2 167.9
豆油	70.1	113.2	31.3	32.4	47.9
菜子油			43.8	34.3	39.0
棕榈油	56.2	60.8	99.5	58.3	33.7
食糖	143.0	119.1	129.7	145.2	165.4
蔬菜	10 679.2	9 977.7	10 346.6	10 961.8	12 179.0
水果	3 415.6	2 884.1	4 444.8	5 942.9	5 298.3
苹果	565.1	505.1	2 125.3	3 693.9	2 712.9
柑橘	450.6	448.4	436.8	464.2	483.0
苹果汁			10.3	11.9	11.9
柑橘汁	575.7	389.6	188.8	201.5	438.6
水产品	135 944.8	118 890.8	116 128.5	124 059.1	144 157.9
畜产品	7 713.9	10 730.9	11 398.6	10 694.7	10 790.4
猪产品	178.6	225.3	77.8	120.7	99.6
牛产品	602.8	446.4	115.5	277.2	524.7
羊产品					
家禽产品	396.2	280.3	364.4	459.3	296.2
蛋产品	44.9	125.8	122.0	116.2	147.9
乳品	587.6	441.7	379.7	504.0	596.9
动物生皮	3 318.2	5 603.3	6 248.8	6 949.8	7 029.0
动物生毛皮	34.9	9.5	1.8	19.7	12.0
羊毛	33.9	37.7	27.2	24.7	22.8
茶	1 400.8	1 253.8	1 571.9	1 852.8	2 273.6

日本主要农产品出口额（二）

单位：万美元

项 目	2005 年	2006 年	2007 年	2008 年	2009 年	2010 年
农产品	369 116.1	391 378.5	444 146.3	486 585.5	479 106.0	561 863.7
谷物	8 096.4	7 933.1	7 665.5	10 146.3	7 377.6	9 630.3
小麦产品	7 292.7	6 785.8	6 575.6	8 036.9	5 838.0	6 692.8
玉米产品	142.9	68.5	17.5	26.6	8.6	11.1
稻谷产品	650.6	1 067.1	1 065.1	2 069.6	1 514.6	2 906.4
棉花	270.7	263.4	261.6	229.3	296.5	407.3
食用油籽	185.5	193.2	809.4	416.2	353.7	316.4
大豆	52.7	26.0	493.6	39.4	71.8	44.9
花生	38.5	85.3	101.7	106.5	85.6	95.3
油菜子		0.6		29.1		
食用植物油	2 353.8	2 985.5	2 677.4	3 448.0	4 269.2	4 508.7
豆油	39.6	31.5	37.2	53.7	53.3	271.3
菜子油	54.5	78.2	67.8	109.2	395.5	306.6
棕榈油	83.6	27.1	52.5	105.0	73.6	88.3
食糖	181.9	181.3	389.4	191.3	201.5	226.5
蔬菜	12 247.1	13 233.8	14 061.9	15 699.6	15 196.3	16 608.0
水果	8 224.1	7 741.5	10 425.9	10 759.4	9 334.9	10 913.2
苹果	4 847.6	4 896.6	6 803.9	7 114.9	5 806.6	7 320.1
柑橘	474.3	343.9	547.3	482.8	405.2	442.0
苹果汁	36.3	21.3	60.1	72.8	75.3	108.4
柑橘汁	587.2	291.0	304.7	377.4	341.2	544.1
水产品	165 988.0	182 587.9	210 156.0	209 524.8	195 616.6	233 301.9
畜产品	13 343.7	13 507.3	17 264.8	24 885.9	22 430.3	26 279.3
猪产品	110.1	159.7	240.6	446.7	531.9	475.0
牛产品	437.9	564.8	1 740.8	3 930.0	4 061.2	3 895.0
羊产品						
家禽产品	291.1	281.9	791.5	1 048.5	1 240.4	1 674.4
蛋产品	157.1	124.8	136.9	200.7	276.7	336.9
乳品	802.0	1 107.6	1 856.2	1 986.4	4 248.0	4 324.2
动物生皮	8 668.3	8 144.0	8 119.5	11 928.7	8 547.0	9 301.4
动物生毛皮	13.1	4.5	2.5	1.5	1.2	
羊毛	18.2	21.4	7.1	20.5	32.6	29.4
茶	3 036.0	3 479.2	3 658.5	4 502.4	5 259.7	6 487.0

3-1-2 日本主要农产品进口额（一）

单位：万美元

项　目	2000年	2001年	2002年	2003年	2004年
农产品	5 239 331.4	4 913 757.7	4 793 773.1	5 056 913.2	5 657 525.5
谷物	374 982.1	370 981.8	384 200.6	431 477.0	517 991.9
小麦产品	103 117.4	103 835.1	112 515.8	109 168.8	127 926.8
玉米产品	189 004.2	195 647.8	199 899.6	240 527.5	294 012.0
大米产品	26 538.4	19 679.7	22 298.0	25 099.6	34 478.3
棉花	37 379.8	34 325.3	26 600.9	27 880.4	29 629.6
食用油籽	152 431.7	144 516.5	204 914.3	249 276.5	295 478.1
大豆	122 346.9	117 099.3	122 611.0	151 859.8	177 975.5
花生	12 363.8	11 901.3	10 772.2	11 854.8	12 335.8
油菜子			57 741.2	68 878.5	84 393.3
食用植物油	30 213.3	27 826.0	34 491.5	42 511.0	52 255.0
豆油	113.0	171.7	468.3	2 265.6	2 945.6
菜子油			989.4	1 365.4	3 852.5
棕榈油	14 434.5	12 863.4	17 086.0	20 458.9	24 779.9
食糖	30 557.7	36 407.3	27 277.7	29 074.7	29 422.2
蔬菜	317 939.9	312 078.5	275 321.6	291 031.1	329 346.0
水果	276 287.8	250 765.7	231 274.7	239 444.3	268 394.0
苹果	85.9	243.2	22.8	22.6	3.5
柑橘	50 422.4	46 992.5	46 105.8	44 598.0	47 957.4
苹果汁			7 588.8	7 698.2	10 306.7
柑橘汁	13 135.8	13 056.8	21 754.8	20 014.2	21 739.0
水产品	1 607 012.1	1 417 647.1	1 407 415.5	1 355 036.5	1 512 302.7
畜产品	1 073 761.9	1 042 264.0	955 728.9	1 048 777.3	1 122 940.1
猪产品	344 202.2	361 200.4	398 074.3	411 135.5	511 324.8
牛产品	348 412.0	308 250.9	189 108.8	275 812.9	217 920.5
羊产品	6 828.9	7 164.5	8 302.4	8 905.6	13 227.1
家禽产品	142 355.3	150 431.7	166 967.7	155 693.9	154 767.6
蛋产品	4 630.5	4 827.5	5 668.3	5 625.2	5 833.8
乳品	69 800.4	74 068.6	72 709.4	73 459.0	86 438.3
动物生皮	22 190.2	22 581.7	15 727.0	18 555.6	18 538.1
动物生毛皮	1 295.1	1 677.4	1 290.2	933.5	898.4
羊毛	9 374.8	7 553.6	7 721.6	7 745.1	7 874.9
茶	22 705.9	22 914.6	19 713.4	18 951.9	23 552.2

日本主要农产品进口额（二）

单位：万美元

项　目	2005 年	2006 年	2007 年	2008 年	2009 年	2010 年
农产品	5 762 662.8	5 622 319.2	5 953 603.3	7 065 459.7	6 173 402.2	6 852 328.6
谷物	472 790.0	474 663.7	666 914.1	1 034 560.1	660 626.7	699 081.2
小麦产品	122 942.2	128 195.1	163 674.0	327 962.0	145 006.1	166 971.0
玉米产品	258 584.3	258 975.8	384 712.2	558 143.0	377 319.4	396 305.4
大米产品	32 199.2	30 361.8	37 040.5	41 675.9	63 024.3	51 881.6
棉花	24 176.2	21 594.3	21 701.7	25 331.0	12 570.5	17 851.1
食用油籽	246 576.8	231 661.7	296 166.4	453 822.7	307 737.1	345 593.2
大豆	142 307.8	128 234.4	166 359.0	236 401.5	175 054.9	183 422.0
花生	11 526.0	12 232.1	12 099.3	16 191.6	14 041.1	17 118.2
油菜子	72 283.4	71 699.4	95 731.0	156 983.9	94 600.9	116 400.0
食用植物油	55 495.3	55 365.0	67 897.1	100 664.1	73 457.2	82 555.7
豆油	4 976.0	5 250.0	4 431.3	8 261.5	4 785.6	2 604.5
菜子油	4 606.3	1 377.2	1 789.8	3 915.1	1 899.8	1 345.6
棕榈油	22 175.9	24 568.8	38 911.3	61 286.9	42 131.1	51 409.3
食糖	36 891.9	49 329.4	44 153.7	47 654.0	50 992.5	70 382.7
蔬菜	333 252.9	336 836.3	325 811.8	321 702.7	327 087.2	389 076.9
水果	268 957.3	269 463.5	290 284.0	305 214.0	306 429.7	313 017.2
苹果	29.4			8.2	15.9	34.0
柑橘	41 046.4	41 888.6	43 408.4	40 584.5	37 165.7	41 545.1
苹果汁	11 521.9	11 740.0	15 760.2	21 345.3	11 621.4	9 868.5
柑橘汁	23 509.0	25 778.9	31 567.9	25 856.6	21 982.2	24 502.1
水产品	1 505 592.3	1 462 643.2	1 387 582.6	1 511 789.8	1 385 456.7	1 555 245.3
畜产品	1 190 813.5	1 055 525.2	1 113 460.5	1 300 796.2	1 162 537.8	1 342 271.9
猪产品	484 442.0	383 794.6	402 183.1	475 691.4	455 492.6	517 636.1
牛产品	254 603.6	233 291.0	248 221.8	259 490.2	239 241.4	272 832.6
羊产品	15 649.8	14 967.2	10 910.5	11 775.7	12 062.2	12 943.4
家禽产品	203 547.9	191 150.5	194 858.9	270 772.4	229 207.8	276 039.6
蛋产品	8 861.7	5 564.3	4 947.2	7 213.9	6 003.8	6 333.4
乳品	91 533.0	90 106.1	114 235.8	133 927.7	100 469.5	116 506.2
动物生皮	14 564.0	15 528.1	16 535.0	12 959.5	9 690.1	12 248.4
动物生毛皮	819.9	1 188.3	848.1	564.3	466.4	493.8
羊毛	6 850.4	6 468.6	7 639.0	6 450.4	3 376.1	4 957.9
茶	21 040.5	20 161.9	20 643.7	21 067.4	19 694.3	22 824.0

3-1-3 日本主要农产品出口量（一）

单位：吨

项 目	2000 年	2001 年	2002 年	2003 年	2004 年
农产品					
谷物					
小麦产品	309 601.0				305 580.1
玉米产品	61.2	13.2			63.8
大米产品	42 268.3				
棉花	4 483.9	5 958.8	5 383.2	6 124.2	5 753.3
食用油籽	498.1				
大豆	84.2		109.4	88.2	200.3
花生	312.9	811.2	328.4	199.5	160.5
油菜子					
食用植物油	12 596.3	9 667.6	7 266.6	7 308.5	6 002.1
豆油	543.7	2 357.1	113.1	151.5	154.5
菜子油			313.5	176.9	154.4
棕榈油	248.7	340.2	1 067.0	388.7	146.9
食糖	3 055.8	2 017.7	2 219.7	2 165.4	1 959.7
蔬菜	12 055.6				
水果					
苹果	2 615.7	2 174.8	10 210.0	16 790.9	10 089.3
柑橘	4 765.0	5 493.2	5 234.6	5 402.4	5 068.5
苹果汁					
柑橘汁	5 159.4				
水产品					
畜产品					
猪产品					
牛产品					
羊产品					
家禽产品					
蛋产品					
乳品	2 888.5				
动物生皮	41 728.6		66 938.6	69 943.2	71 691.8
动物生毛皮	1.2			8.6	
羊毛	188.5	154.8	89.9	72.7	52.7
茶	1 069.4	1 232.9	1 572.1	2 340.3	2 426.0

日本主要农产品出口量（二）

单位：吨

项　目	2005 年	2006 年	2007 年	2008 年	2009 年	2010 年
农产品						
谷物	308 572.0	317 588.1		228 484.3		235 270.9
小麦产品	289 921.4	290 033.0	255 437.3	187 117.4	185 410.0	196 183.0
玉米产品	5 627.7	3 518.6	408.7	71.8	138.9	65.4
大米产品	12 897.0	23 618.0	19 375.3	41 161.1	17 663.1	38 898.0
棉花	4 404.8	3 484.7	3 698.8	2 709.3	1 993.7	2 359.2
食用油籽	678.8	880.0	13 696.4	1 377.1	767.5	958.9
大豆	116.5	330.1	11 656.6	100.2	89.2	159.9
花生	158.1	271.7	227.8	157.4	145.3	166.7
油菜子		21.3		4.1		
食用植物油	7 649.7	13 812.8	8 312.6	7 067.2	13 740.4	11 142.3
豆油	199.8	164.7	197.1	202.1	116.0	2 967.0
菜子油	336.0	487.9	396.7	343.2	2 791.5	1 034.4
棕榈油	1 119.2	140.2	437.3	569.9	435.6	357.4
食糖	1 912.9	1 490.0	9 427.1	1 200.3	1 337.1	1 226.5
蔬菜	17 288.3	20 637.2	23 174.9	20 912.0	16 032.0	13 588.2
水果						
苹果	17 098.9	18 760.9	25 727.9	25 162.7	20 929.1	21 074.9
柑橘	4 999.7	2 793.6	4 691.8	3 441.1	2 669.9	2 284.7
苹果汁	142.7	80.5	163.3	350.3	283.6	280.5
柑橘汁	3 365.7	522.8	583.6	600.7	530.1	903.0
水产品						
畜产品						
猪产品						
牛产品						
羊产品						
家禽产品						
蛋产品						
乳品	2 425.3	3 110.0	4 363.5	2 829.2	5 020.6	4 959.2
动物生皮	73 683.2	73 681.7	72 886.4	74 984.8	88 693.6	83 169.1
动物生毛皮	1.1	1.6	2.4			
羊毛	85.3	61.5	24.4	58.0	92.0	50.5
茶	3 253.9	2 704.6	2 898.4	2 877.0	3 191.9	3 499.0

3-1-4 日本主要农产品进口量（一）

单位：吨

项　目	2000 年	2001 年	2002 年	2003 年	2004 年
农产品					
谷物		26 268 983.5	26 639 121.9	26 573 637.1	25 984 435.3
小麦产品	5 854 745.4	5 522 146.0	5 863 949.5	5 247 279.4	5 491 697.7
玉米产品	16 124 053.4	16 236 706.4	16 432 835.3	17 074 961.1	16 488 501.9
大米产品	657 703.0	647 318.7	652 848.8	708 377.6	663 999.8
棉花	299 917.2	263 140.4	248 986.9	216 660.6	193 271.8
食用油籽	5 339 678.5	5 314 287.0	7 586 554.4	7 705 439.3	7 163 422.8
大豆	4 829 737.0	4 833 986.0	5 039 280.0	5 172 760.2	4 407 422.0
花生	108 756.1	109 953.5	105 643.7	109 959.4	103 207.3
油菜子			2 083 638.0	2 083 879.3	2 312 627.0
食用植物油	475 251.6	499 682.2	527 409.0	557 464.2	633 465.7
豆油	1 337.0	2 804.5	3 541.4	17 405.5	28 269.3
菜子油			16 966.5	17 076.1	48 477.1
棕榈油	373 351.9	393 465.2	415 301.9	427 769.1	465 982.7
食糖	1 565 712.8	1 533 873.2	1 477 614.8	1 478 933.5	1 406 221.9
蔬菜	2 592 683.3				
水果					
苹果	594.1	2 339.2	120.4	107.8	17.6
柑橘	512 781.7	493 677.0	489 086.8	491 434.5	498 002.9
苹果汁					
柑橘汁	101 082.4				
水产品					
畜产品					
猪产品					
牛产品					
羊产品					
家禽产品					
蛋产品					
乳品	307 342.5				
动物生皮	84 438.2	78 714.1	60 951.5	68 682.2	64 666.3
动物生毛皮	137.9	174.6	105.3	76.9	63.0
羊毛	30 308.2	26 207.3	24 056.5	19 498.0	19 032.4
茶	59 886.8	62 581.9	53 586.4	49 702.7	59 574.8

日本主要农产品进口量（二）

单位：吨

项　目	2005 年	2006 年	2007 年	2008 年	2009 年	2010 年
农产品						
谷物	26 234 701.1	26 029 738.8		25 497 513.4		25 644 742.4
小麦产品	5 474 303.5	5 339 027.8	5 277 204.9	5 782 599.7	4 704 561.5	5 477 519.2
玉米产品	16 665 263.7	16 893 088.3	16 635 960.0	16 465 616.0	16 299 280.1	16 197 779.5
大米产品	789 149.5	608 156.7	644 705.7	598 425.7	672 063.9	665 896.0
棉花	194 260.1	164 042.4	160 411.0	162 522.9	88 198.7	106 587.7
食用油籽	6 942 977.9	6 785 523.4	6 741 848.8	6 444 025.8	5 800 056.2	6 183 472.8
大豆	4 182 572.1	4 042 396.8	4 160 950.7	3 711 131.5	3 390 148.0	3 455 674.6
花生	101 316.9	105 916.3	91 539.0	81 760.7	84 000.4	93 487.6
油菜子	2 304 208.4	2 292 622.6	2 154 086.1	2 312 543.6	2 072 408.6	2 344 304.0
食用植物油	691 734.8	661 685.4	676 494.9	702 549.1	676 268.4	682 904.1
豆油	51 643.1	59 673.6	42 250.4	50 781.1	35 596.8	18 314.4
菜子油	63 226.8	17 074.7	17 852.5	22 084.6	14 310.2	9 047.7
棕榈油	478 979.4	498 924.8	532 209.0	546 444.1	551 416.0	569 443.7
食糖	1 352 931.1	1 314 737.0	1 527 807.7	1 401 572.0	1 299 692.5	1 220 093.7
蔬菜	2 883 095.5	2 755 061.4	2 474 021.4	2 217 698.3	2 154 673.2	2 476 130.0
水果						
苹果	123.9			37.0	63.5	133.8
柑橘	411 348.2	377 819.8	366 312.9	351 472.8	335 684.4	350 059.8
苹果汁	109 593.0	105 770.0	123 196.4	106 506.3	80 665.9	78 526.9
柑橘汁	171 659.6	152 637.0	146 490.4	128 942.2	123 449.5	132 192.4
水产品						
畜产品						
猪产品						
牛产品						
羊产品						
家禽产品						
蛋产品						
乳品	308 666.0	300 750.4	336 667.0	292 095.1	276 550.4	293 261.8
动物生皮	49 211.1	49 057.9	47 685.9	34 880.0	28 001.3	27 373.8
动物生毛皮	62.4	114.1	79.4	44.5	41.6	33.1
羊毛	17 652.4	16 650.9	16 473.1	12 786.9	8 554.6	9 758.1
茶	54 060.7	50 527.8	49 822.9	45 592.5	42 731.4	45 762.8

3-2 泰国主要农产品贸易情况

3-2-1 泰国主要农产品出口额（一）

单位：万美元

项目	2000年	2001年	2002年	2003年	2004年
农产品	1 042 445.4	1 053 426.6	1 048 286.7	1 197 044.5	1 315 507.1
谷物	169 515.4	168 632.0	171 673.3	192 626.0	290 144.8
小麦产品	440.7	337.6	297.9	297.9	376.0
玉米产品	935.8	5 826.2	2 831.2	3 667.4	14 604.3
稻谷产品	167 448.5	161 699.9	167 742.8	187 493.4	274 324.2
棉花	199.7	258.3	526.7	951.5	661.0
食用油籽	986.7	945.2	1 058.7	1 290.6	2 104.2
大豆	26.3	16.9	45.4	46.9	69.2
花生	264.8	242.0	306.3	285.6	402.3
油菜子					
食用植物油	2 374.9	5 826.9	4 591.2	7 844.6	8 842.1
豆油	971.9	1 443.8	1 367.9	1 645.2	1 246.7
菜子油			4.4	3.8	9.0
棕榈油	1 244.6	4 276.5	3 112.0	6 090.8	7 511.9
食糖	64 017.8	68 847.6	68 425.2	92 817.6	80 617.4
蔬菜	29 208.4	29 265.2	31 123.3	35 410.9	42 833.2
水果	69 911.7	68 442.1	71 045.7	81 091.5	91 104.7
苹果	1.4	3.1		9.7	7.0
柑橘	329.8	320.7	358.1	340.2	446.2
苹果汁			19.2	30.7	57.6
柑橘汁	117.8	145.0	534.1	359.5	290.6
水产品	435 197.5	405 710.0	367 653.7	393 836.2	406 399.7
畜产品	87 181.1	113 512.6	124 089.7	131 669.8	85 814.4
猪产品	1 595.2	2 349.0	2 584.4	2 075.4	1 943.3
牛产品	562.8	494.4	382.2	301.3	205.8
羊产品			2.7		1.7
家禽产品	75 269.4	96 058.6	101 146.6	114 533.2	67 398.2
蛋产品	886.3	610.3	688.3	1 423.2	594.4
乳品	3 604.2	8 966.1	13 972.3	9 020.8	11 801.7
动物生皮	149.2	121.3	350.5	261.3	290.3
动物生毛皮					
羊毛	97.0	98.9	146.6	142.0	190.3
茶	157.7	286.6	348.8	266.5	360.1

泰国主要农产品出口额（二）

单位：万美元

项　目	2005 年	2006 年	2007 年	2008 年	2009 年	2010 年
农产品	1 357 240.4	1 560 425.1	1 879 579.1	2 450 617.2	2 332 061.1	2 668 515.9
谷物	241 865.5	272 307.9	366 965.2	644 073.8	540 315.7	561 557.0
小麦产品	404.8	450.6	746.0	877.2	804.3	884.1
玉米产品	2 792.9	6 929.1	10 413.6	21 728.3	24 374.6	14 197.0
稻谷产品	237 728.6	263 974.6	353 964.0	619 636.5	513 717.7	545 029.7
棉花	583.0	527.4	549.3	372.5	683.2	803.0
食用油籽	2 182.6	1 472.7	2 058.7	2 611.1	2 398.9	2 356.8
大豆	96.1	109.8	167.7	115.7	132.0	155.0
花生	452.2	566.1	1 083.0	1 624.6	1 297.6	1 547.3
油菜子				2.3	3.8	1.8
食用植物油	5 279.9	9 065.2	20 682.1	36 198.9	9 546.3	13 947.1
豆油	681.3	307.3	417.9	684.3	331.3	2 097.8
菜子油	15.0	12.0	10.5	15.0	10.6	16.3
棕榈油	4 503.0	8 667.5	19 860.6	35 083.0	8 884.0	11 400.0
食糖	70 299.7	73 446.9	125 890.8	143 170.5	180 340.3	215 239.4
蔬菜	45 564.2	52 664.6	56 174.5	58 364.7	57 412.5	61 608.8
水果	104 640.0	119 008.8	137 765.0	159 555.2	154 185.3	172 952.6
苹果	10.3	80.9	88.2	127.2	101.4	116.5
柑橘	621.8	1 285.5	1 425.3	1 410.6	841.0	686.6
苹果汁	50.0	47.0	116.3	162.4	108.1	122.4
柑橘汁	314.1	341.4	756.2	865.8	904.8	1 381.8
水产品	448 782.6	526 807.3	571 034.1	652 457.9	624 470.3	716 767.2
畜产品	108 208.6	119 031.2	145 586.5	214 753.0	204 645.7	226 915.1
猪产品	2 613.0	3 005.7	3 212.6	9 504.5	10 374.7	9 767.9
牛产品	139.6	185.3	193.1	2 578.6	5 305.3	5 481.9
羊产品	8.5		1.9	3.7		0.3
家禽产品	86 902.7	98 234.7	119 625.1	178 539.4	163 868.8	182 932.7
蛋产品	953.3	1 303.0	2 841.2	3 526.8	3 465.8	2 111.9
乳品	12 622.0	10 917.8	13 062.2	13 527.8	12 763.7	13 980.8
动物生皮	402.2	474.3	721.1	763.5	391.7	513.3
动物生毛皮			1.9			0.2
羊毛	173.2	131.0	107.4	86.2	58.8	139.4
茶	521.6	536.5	870.3	1 215.5	1 432.4	1 628.9

3-2-2 泰国主要农产品进口额（一）

单位：万美元

项　目	2000 年	2001 年	2002 年	2003 年	2004 年
农产品	354 506.6	401 297.3	411 509.9	474 688.1	521 164.6
谷物	15 890.4	15 819.7	17 683.2	17 686.8	23 681.0
小麦产品	11 577.9	14 806.3	16 623.5	16 408.5	21 790.7
玉米产品	3 880.1	512.5	471.6	382.7	1 067.8
稻谷产品	49.6	52.8	100.1	237.8	65.9
棉花	47 255.4	49 281.2	47 017.7	53 453.8	56 193.8
食用油籽	29 984.3	29 751.5	34 346.6	46 123.0	49 431.4
大豆	28 532.3	27 942.7	32 529.9	44 331.8	47 232.9
花生	978.7	1 472.9	1 404.1	1 294.7	1 144.9
油菜子					
食用植物油	708.1	1 038.1	1 598.1	2 283.6	5 514.0
豆油	8.2				1.1
菜子油			15.5	39.0	87.2
棕榈油	46.0	4.5	122.4	505.7	3 931.6
食糖	1.1	1.7	3.6	13.2	2.2
蔬菜	5 430.3	5 102.5	6 021.6	8 205.7	10 859.0
水果	6 890.6	8 421.6	9 260.1	12 453.3	15 266.5
苹果	4 119.0	4 453.0	3 990.1	5 711.1	5 036.6
柑橘	83.0	62.3	45.4	93.3	103.2
苹果汁			81.9	98.7	113.2
柑橘汁	218.7	300.8	385.2	470.7	587.4
水产品	83 997.6	105 185.5	107 286.8	116 123.1	127 781.8
畜产品	50 419.2	59 661.7	53 216.5	55 682.2	62 385.1
猪产品	65.0	85.4	89.4	140.8	193.2
牛产品	1 809.7	2 321.3	2 059.6	1 409.5	1 946.1
羊产品	24.6	43.2	39.2	68.9	223.4
家禽产品	286.9	126.8	160.8	1 257.6	2 025.8
蛋产品	116.3	155.9	159.5	101.5	190.9
乳品	24 871.3	29 009.9	24 296.3	25 591.9	30 324.3
动物生皮	14 503.2	19 157.1	16 281.1	16 458.2	16 312.4
动物生毛皮	2.2				1.4
羊毛	4 568.1	4 478.6	5 733.6	6 076.2	6 424.0
茶	205.9	396.6	515.9	604.0	926.6

泰国主要农产品进口额（二）

单位：万美元

项　目	2005年	2006年	2007年	2008年	2009年	2010年
农产品	579 923.2	600 534.9	704 950.6	988 299.7	811 879.7	1 003 837.5
谷物	28 419.5	27 561.6	34 726.8	47 982.7	44 302.2	58 676.9
小麦产品	26 434.6	25 048.0	31 717.2	40 601.9	36 078.7	51 453.9
玉米产品	981.7	1 816.7	2 131.5	5 364.0	4 423.0	5 750.6
稻谷产品	103.1	106.5	224.1	1 084.6	2 828.1	615.6
棉花	62 131.0	57 504.6	54 459.6	73 034.1	49 140.3	74 273.6
食用油籽	48 853.2	39 524.7	58 151.6	99 976.1	72 485.0	87 812.3
大豆	46 447.4	37 651.2	56 030.3	96 979.4	69 354.5	81 205.8
花生	1 317.4	1 175.3	1 388.1	2 147.9	1 784.1	4 995.4
油菜子						
食用植物油	3 807.3	2 813.1	2 351.2	7 575.2	2 625.1	3 181.8
豆油	1.3	76.2	59.7	140.7	2.5	6.0
菜子油	97.6	30.0	49.8	87.0	40.2	57.1
棕榈油	886.4	95.9	119.0	3 254.0	85.2	128.7
食糖	132.0	430.1	7.0	146.0	60.6	829.1
蔬菜	11 865.8	14 679.7	18 195.2	20 943.9	23 513.5	28 807.0
水果	17 936.3	22 190.5	29 331.8	36 103.7	35 576.2	41 810.8
苹果	5 062.6	5 961.5	7 018.6	9 093.1	9 945.7	12 268.6
柑橘	257.4	568.8	1 206.8	1 748.0	3 007.5	2 997.1
苹果汁	173.4	248.2	337.0	467.7	253.6	354.1
柑橘汁	714.5	1 108.3	1 295.0	1 555.2	1 438.8	1 951.1
水产品	147 887.3	158 573.5	175 212.3	246 640.7	200 786.7	219 064.7
畜产品	65 720.7	65 746.7	85 029.0	97 834.7	64 500.5	99 496.4
猪产品	311.0	385.1	622.7	770.4	592.0	541.1
牛产品	2 086.7	1 687.7	1 550.9	1 935.0	1 794.2	2 926.3
羊产品	143.5	171.6	288.4	431.5	407.6	697.5
家禽产品	2 074.7	1 610.8	1 577.9	1 852.6	2 079.5	2 418.0
蛋产品	351.9	346.3	515.9	399.2	275.5	246.4
乳品	33 933.0	34 360.1	46 703.1	53 781.7	28 119.3	48 414.3
动物生皮	15 516.4	14 483.4	20 058.8	20 827.5	11 886.5	18 227.2
动物生毛皮						0.3
羊毛	5 451.0	3 795.7	3 356.8	2 684.3	1 671.0	3 614.8
茶	686.5	737.1	922.8	1 231.9	1 496.6	1 824.0

3-2-3 泰国主要农产品出口量（一）

单位：吨

项目	2000年	2001年	2002年	2003年	2004年
农产品					
谷物	6 351 456.4	8 316 707.9	7 621 859.3	7 705 005.2	11 126 246.1
小麦产品	15 213.9	11 235.5	9 280.8	7 512.9	9 399.2
玉米产品	28 151.1	504 642.1	154 807.7	199 465.7	995 642.3
稻谷产品	6 287 286.5	7 773 230.0	7 422 920.9	7 443 176.5	10 088 672.9
棉花	3 194.0	3 096.6	5 855.5	11 576.1	7 931.3
食用油籽	15 433.0	18 367.7	21 555.0	19 596.9	33 226.5
大豆	618.3	337.3	914.2	724.4	1 302.0
花生	2 258.5	2 850.9	2 571.7	1 761.4	2 859.6
油菜子					
食用植物油	65 596.2	222 060.9	113 750.2	168 333.6	140 990.2
豆油	27 477.5	41 303.8	31 195.7	29 897.5	19 620.8
菜子油			74.0	59.2	119.5
棕榈油	37 147.3	180 092.0	81 950.7	137 837.6	120 892.2
食糖	4 090 339.7	3 257 765.5	4 032 002.3	5 126 017.9	4 587 199.9
蔬菜	339 088.5	357 515.5	393 173.1	424 572.2	502 635.4
水果					
苹果	11.0	45.9	5.0	134.5	158.7
柑橘	8 585.1	12 478.2	14 430.2	9 743.7	12 033.2
苹果汁			255.3	397.8	677.0
柑橘汁	2 350.5	2 961.6	11 031.0	9 393.4	7 104.1
水产品					
畜产品					
猪产品					
牛产品					
羊产品					
家禽产品					
蛋产品					
乳品	43 830.8	118 251.6	214 338.6	118 098.3	147 122.9
动物生皮	1 487.4	854.7	1 917.2	2 008.2	1 138.0
动物生毛皮					
羊毛	984.0	1 089.4	1 303.3	1 149.9	1 186.8
茶	859.8	1 751.5	2 093.4	1 191.2	1 747.2

泰国主要农产品出口量（二）

单位：吨

项　目	2005年	2006年	2007年	2008年	2009年	2010年
农产品						
谷物	7 766 537.2	7 880 703.4	9 735 023.0	11 051 223.9	9 876 639.5	9 589 293.0
小麦产品	8 650.0	8 837.0	13 106.2	9 998.5	9 941.2	14 018.3
玉米产品	71 611.3	307 690.1	377 615.5	674 929.8	1 082 796.0	481 937.5
稻谷产品	7 656 775.7	7 543 951.8	9 307 197.0	10 329 070.4	8 746 166.0	9 063 760.0
棉花	7 412.0	8 049.0	7 712.1	4 384.2	7 760.4	9 017.1
食用油籽	29 125.7	15 455.3	18 945.3	14 219.6	17 249.7	12 148.5
大豆	1 225.3	1 312.7	2 715.3	1 295.9	1 330.7	953.9
花生	2 364.5	2 266.6	5 021.6	4 735.1	4 181.3	3 792.1
油菜子	…	…		3.4	1.9	62.3
食用植物油	93 048.6	210 611.5	291 536.4	367 594.1	118 992.0	143 579.1
豆油	11 455.8	5 049.1	4 156.7	4 934.4	3 105.8	19 899.2
菜子油	180.0	148.3	118.8	98.4	89.6	125.1
棕榈油	81 056.8	205 080.4	283 064.9	360 341.5	113 842.5	121 328.5
食糖	3 041 414.3	2 238 700.2	4 408 343.2	5 011 802.6	5 052 570.4	4 500 719.2
蔬菜	484 618.7	529 564.2	542 132.8	533 451.1	521 351.4	516 146.9
水果						
苹果	123.2	1 247.8	1 242.3	1 803.4	1 205.6	1 434.7
柑橘	13 045.3	22 812.2	32 278.6	31 015.2	19 205.5	16 437.6
苹果汁	617.4	565.2	1 915.8	2 884.0	1 692.0	1 290.2
柑橘汁	6 639.3	6 728.6	11 583.5	12 415.8	13 086.3	19 445.4
水产品						
畜产品						
猪产品						
牛产品						
羊产品						
家禽产品						
蛋产品						
乳品	145 297.0	114 270.5	110 210.2	99 530.0	100 275.7	95 067.3
动物生皮	1 146.3	451.5		793.9	680.6	1 265.9
动物生毛皮						
羊毛	873.0	642.5	565.2	376.4	237.3	408.5
茶	4 354.6	3 467.3	5 396.9	6 582.0	10 492.5	10 794.2

3-2-4 泰国主要农产品进口量（一）

单位：吨

项 目	2000年	2001年	2002年	2003年	2004年
农产品					
谷物	1 087 244.8	891 036.1		879 916.9	1 131 667.7
小麦产品	729 273.6	863 794.0		830 290.5	1 008 104.0
玉米产品	343 215.0	11 566.1	10 234.0	14 268.7	87 044.1
稻谷产品	607.2	643.6	1 493.8	8 043.8	1 360.3
棉花	391 313.4	410 692.9	444 061.0	419 920.7	370 641.3
食用油籽	1 349 603.0	1 406 186.2	1 572 257.0	1 731 043.7	1 488 263.9
大豆	1 321 154.6	1 364 264.5	1 529 751.8	1 690 798.2	1 438 442.4
花生	23 341.4	34 223.6	34 469.9	31 558.5	29 806.6
油菜子				8.0	
食用植物油	8 917.2	14 363.4	19 748.4	28 105.7	87 487.3
豆油	148.3	2.0	4.0	1.4	3.1
菜子油			149.4	365.4	835.5
棕榈油	1 105.7	117.3	2 589.4	9 715.8	74 763.9
食糖	4.5	8.0	6.3	300.8	27.7
蔬菜	56 029.9	58 171.6	101 722.9	198 714.0	244 341.1
水果					
苹果	42 811.0	53 118.9	49 813.1	84 229.3	88 086.2
柑橘	1 333.6	947.5	827.7	1 879.8	2 420.7
苹果汁			862.3	900.5	944.4
柑橘汁	2 019.8	3 280.3	3 566.5	3 865.1	4 378.3
水产品					
畜产品					
猪产品					
牛产品					
羊产品					
家禽产品					
蛋产品					
乳品	161 423.2	162 275.3	180 917.8	185 066.8	184 121.6
动物生皮	112 163.2	120 535.7	112 292.8	102 607.5	97 482.4
动物生毛皮					
羊毛	10 778.2	10 479.5	10 357.3	9 249.3	10 645.4
茶	514.8	866.9	1 457.4	5 463.7	8 111.5

泰国主要农产品进口量（二）

单位：吨

项　目	2005 年	2006 年	2007 年	2008 年	2009 年	2010 年
农产品						
谷物	1 371 898.1	1 314 538.0	1 230 577.4	1 316 759.2	1 645 343.4	2 328 435.2
小麦产品	1 249 535.1	1 126 703.6	1 035 799.2	839 472.0	1 221 787.4	1 877 074.0
玉米产品	74 241.9	162 684.0	171 077.9	437 762.4	306 862.7	421 545.4
稻谷产品	2 509.2	1 718.7	3 644.0	13 979.7	77 337.1	5 565.9
棉花	514 935.1	428 071.2	402 422.2	452 586.1	356 679.1	395 507.7
食用油籽	1 665 163.2	1 438 731.4	1 588 126.5	1 789 534.6	1 597 774.8	1 895 104.7
大豆	1 610 207.8	1 396 819.4	1 542 905.8	1 724 983.5	1 536 024.4	1 820 130.6
花生	35 135.7	31 291.3	33 528.2	49 372.6	45 883.6	56 653.4
油菜子			22.7	50.1		0.1
食用植物油	44 541.7	19 271.0	16 693.2	46 346.5	15 502.3	17 230.0
豆油	4.4	1 106.5	702.8	822.0	13.2	19.1
菜子油	1 075.0	233.4	309.8	410.4	163.8	256.1
棕榈油	18 929.6	1 313.9	1 407.3	29 684.9	1 291.7	1 098.2
食糖	4 428.9	14 811.5	81.5	3 285.4	543.8	12 165.6
蔬菜	253 954.6	266 891.5	264 487.2	328 432.0	360 038.5	422 193.6
水果						
苹果	93 231.5	87 385.9	93 628.7	105 660.4	121 057.9	128 981.5
柑橘	4 072.0	8 859.7	15 244.9	23 117.9	48 000.1	39 152.8
苹果汁	1 555.4	2 148.0	2 558.2	2 597.3	2 196.8	3 176.9
柑橘汁	5 196.6	6 961.8	6 513.2	6 992.9	6 224.3	8 218.0
水产品						
畜产品						
猪产品						
牛产品						
羊产品						
家禽产品						
蛋产品						
乳品	179 724.7	182 281.5	162 638.2	161 949.5	149 520.9	178 732.0
动物生皮	93 941.9	83 163.9		111 540.0	108 305.1	107 212.5
动物生毛皮						
羊毛	9 267.5	6 403.2	4 304.2	3 537.5	2 739.5	4 284.2
茶	2 371.4	2 463.8	2 483.9	2 844.2	2 497.1	3 218.1

3-3 马来西亚主要农产品贸易情况

3-3-1 马来西亚主要农产品出口额（一）

单位：万美元

项目	2000年	2001年	2002年	2003年	2004年
农产品	533 515.6	527 125.4	688 346.4	879 489.3	974 769.4
谷物	3 909.6	3 869.6	3 950.5	3 607.4	3 405.0
小麦产品	2 653.1	2 639.4	2 542.1	2 128.4	1 882.0
玉米产品	473.2	423.7	470.6	333.7	221.7
稻谷产品	142.9	194.7	183.3	294.9	297.3
棉花	592.1	545.7	531.6	528.8	651.7
食用油籽	1 111.9	709.2	1 085.3	1 233.1	1 181.0
大豆	859.7	499.5	756.1	770.8	675.8
花生	246.2	203.7	322.0	421.8	460.1
油菜子					
食用植物油	246 944.1	242 973.2	353 477.4	471 847.4	490 447.7
豆油	8 102.8	7 395.6	6 772.0	6 171.6	8 723.5
菜子油			484.0	754.6	2 159.8
棕榈油	236 669.2	233 485.5	344 309.7	462 235.3	476 000.9
食糖	6 444.0	7 654.4	9 926.9	9 643.7	8 945.3
蔬菜	17 116.8	13 277.3	13 358.3	13 418.3	15 461.8
水果	12 916.2	12 742.4	12 803.4	12 548.3	11 624.5
苹果	37.1	45.5	84.0	90.0	110.2
柑橘	129.3	135.1	165.3	159.3	273.5
苹果汁			61.8	72.5	157.3
柑橘汁	327.2	259.9	509.3	500.5	342.5
水产品	35 459.9	35 795.0	38 346.0	44 175.1	59 292.2
畜产品	23 220.9	23 362.0	24 517.4	27 905.1	27 579.5
猪产品	182.4	72.5	83.2	123.8	185.1
牛产品	276.6	279.1	354.0	382.0	382.8
羊产品		10.6	1.2		1.8
家禽产品	10 436.0	11 856.1	12 489.5	12 961.2	10 422.3
蛋产品	4 822.0	3 632.9	4 305.9	4 318.2	4 446.8
乳品	5 439.7	5 774.8	5 496.2	7 780.0	9 998.1
动物生皮	937.5	362.1	390.9	490.2	708.2
动物生毛皮					14.3
羊毛	47.9	48.3	64.1	90.4	75.3
茶	285.8	402.0	675.6	592.1	1 103.4

马来西亚主要农产品出口额（二）

单位：万美元

项　目	2005 年	2006 年	2007 年	2008 年	2009 年	2010 年
农产品	957 498.2	1 074 336.8	1 566 142.0	2 233 137.2	1 723 861.0	2 317 327.3
谷物	2 819.8	3 522.6	4 190.9	5 054.8	3 894.2	4 625.5
小麦产品	1 789.0	1 622.8	2 176.3	3 008.4	2 185.3	2 299.6
玉米产品	157.0	282.0	164.8	174.1	135.4	304.3
稻谷产品	236.2	263.9	165.5	304.8	238.5	258.9
棉花	591.1	686.5	647.0	2 184.7	5 961.6	8 261.7
食用油籽	1 323.1	1 337.0	2 065.4	3 317.7	2 576.0	3 218.9
大豆	804.4	877.8	1 599.3	2 032.0	1 811.8	1 674.8
花生	475.1	409.8	448.5	1 222.6	738.1	1 463.6
油菜子						
食用植物油	442 870.7	536 817.8	845 529.3	1 300 206.7	946 785.9	1 264 526.7
豆油	7 185.0	8 377.3	12 521.2	16 609.3	12 068.3	15 100.0
菜子油	2 058.7	2 255.4	3 201.3	4 141.8	3 185.0	3 700.4
棕榈油	429 450.1	520 326.0	824 812.5	1 274 092.9	926 283.8	1 240 540.2
食糖	9 079.7	10 273.3	15 098.5	8 266.7	8 171.7	17 158.8
蔬菜	16 868.5	17 936.6	20 823.7	24 737.4	22 362.4	27 574.1
水果	10 887.2	11 152.5	11 440.4	11 657.3	12 091.2	14 289.1
苹果	86.8	96.3	108.8	120.1	138.9	201.3
柑橘	290.8	270.1	334.5	337.3	306.0	388.1
苹果汁	131.9	142.4	125.5	286.9	387.3	448.8
柑橘汁	441.2	596.6	841.5	915.7	737.0	1 009.7
水产品	64 261.0	64 740.0	76 222.1	78 646.6	65 377.1	83 570.0
畜产品	30 989.9	33 415.6	49 260.2	65 750.4	48 770.6	56 503.5
猪产品	240.7	410.7	590.5	350.5	900.8	968.6
牛产品	753.6	491.9	464.3	955.5	1 096.4	1 700.6
羊产品	8.0	4.6	5.8	10.8	3.5	45.3
家禽产品	11 857.1	11 830.5	15 560.6	17 806.2	18 394.6	21 527.6
蛋产品	5 389.9	5 261.2	6 973.3	9 144.9	8 891.9	10 378.6
乳品	10 490.0	12 568.5	23 096.1	31 370.9	15 528.3	15 709.8
动物生皮	701.7	701.4	723.8	784.5	547.5	738.7
动物生毛皮						1.5
羊毛	343.8	97.4	142.2	109.5	47.0	492.2
茶	884.1	679.0	873.5	1 419.6	1 403.4	1 503.2

3-3-2 马来西亚主要农产品进口额（一）

单位：万美元

项　目	2000年	2001年	2002年	2003年	2004年
农产品	380 998.2	413 067.4	431 852.8	442 187.7	606 880.0
谷物	68 808.1	62 306.2	64 656.7	60 254.2	84 161.8
小麦产品	19 702.0	20 974.9	20 611.0	17 624.6	29 559.3
玉米产品	26 333.8	22 965.6	27 090.3	29 001.4	37 102.1
稻谷产品	18 964.7	14 761.7	14 148.8	11 322.5	15 474.0
棉花	11 064.2	8 938.7	5 543.7	5 727.2	9 666.2
食用油籽	16 962.5	18 063.0	20 263.7	20 323.1	27 483.9
大豆	14 013.0	15 140.8	17 169.8	17 107.2	24 191.0
花生	2 170.9	2 315.4	2 333.7	2 545.2	2 530.7
油菜子			284.8		76.2
食用植物油	5 913.0	10 841.5	20 311.8	21 426.6	47 235.0
豆油	2 997.2	4 808.8	4 026.8	3 045.1	5 150.5
菜子油			636.5	417.4	2 453.8
棕榈油	959.4	3 797.4	12 422.1	14 801.6	35 640.4
食糖	25 363.0	28 658.9	25 780.8	24 008.6	25 986.2
蔬菜	28 581.1	30 549.9	32 858.1	31 475.7	42 272.7
水果	14 392.5	14 607.4	14 549.8	14 079.1	14 868.8
苹果	1 687.3	1 915.2	1 933.2	1 749.0	1 819.3
柑橘	3 064.8	3 179.1	3 129.1	3 153.0	3 132.3
苹果汁			190.9	176.6	196.8
柑橘汁	358.9	401.0	397.0	350.0	439.6
水产品	30 660.1	33 313.9	34 013.5	37 262.2	53 492.5
畜产品	60 431.0	70 406.1	65 512.1	61 933.3	75 064.1
猪产品	332.6	430.8	506.9	239.3	341.3
牛产品	15 704.9	16 556.0	16 213.1	16 646.0	20 974.2
羊产品	2 376.9	2 913.9	3 126.8	3 065.2	4 191.3
家禽产品	5 358.1	6 535.0	8 004.2	6 329.4	3 750.6
蛋产品	183.3	192.4	224.6	220.2	234.8
乳品	30 032.0	36 789.5	30 494.3	30 217.4	39 361.8
动物生皮	964.7	1 146.5	857.0	310.6	758.7
动物生毛皮	2.1	1.5			
羊毛	1 930.9	2 062.3	1 778.3	1 050.8	1 760.9
茶	1 168.1	1 295.1	1 364.5	1 486.9	1 922.9

马来西亚主要农产品进口额（二）

单位：万美元

项　目	2005年	2006年	2007年	2008年	2009年	2010年
农产品	619 367.2	715 366.4	894 504.1	1 144 652.5	1 041 468.7	1 337 661.3
谷物	90 376.7	101 369.4	137 623.1	208 095.2	157 758.5	173 804.7
小麦产品	31 165.4	28 891.7	38 725.3	51 844.2	38 986.6	39 891.5
玉米产品	38 235.9	41 523.3	63 166.3	70 643.0	59 295.2	79 498.2
稻谷产品	19 192.1	29 600.2	32 556.0	82 379.2	56 714.8	51 690.8
棉花	8 278.3	4 814.4	5 666.1	9 494.3	15 641.4	12 736.7
食用油籽	21 180.0	19 776.1	27 613.4	37 277.1	28 878.6	37 717.6
大豆	17 962.4	16 468.6	23 929.9	32 633.2	24 799.0	32 251.9
花生	2 486.8	2 554.5	2 945.2	3 802.7	3 249.0	4 426.1
油菜子		3.2		1.3	1.8	2.9
食用植物油	26 134.3	41 856.3	42 643.5	81 142.4	87 065.7	125 136.7
豆油	3 898.2	4 769.6	5 156.5	7 584.9	6 447.1	7 024.4
菜子油	2 019.0	1 843.6	3 438.4	4 823.0	3 378.6	3 735.2
棕榈油	15 787.2	28 604.4	29 384.6	63 424.9	70 734.2	108 444.8
食糖	29 785.2	39 379.0	44 752.8	41 696.7	59 925.9	79 759.0
蔬菜	45 217.2	53 246.6	61 598.1	57 442.3	67 710.7	90 777.8
水果	15 656.6	17 520.4	22 282.8	29 195.9	31 307.8	37 962.8
苹果	2 027.6	2 208.8	2 762.2	4 322.7	4 765.8	5 589.0
柑橘	3 452.2	3 742.2	4 596.8	7 301.0	7 170.2	8 392.4
苹果汁	248.7	208.0	279.4	387.9	261.1	328.8
柑橘汁	575.6	582.2	764.8	853.5	849.6	1 333.6
水产品	52 948.5	58 006.6	64 721.7	59 557.8	68 430.9	79 342.3
畜产品	82 045.3	84 514.8	117 071.0	130 524.9	97 742.5	131 085.8
猪产品	490.4	592.2	816.9	1 178.9	1 592.9	3 122.5
牛产品	22 206.2	22 419.4	24 255.1	29 214.2	32 130.4	36 714.0
羊产品	4 744.0	5 435.8	6 730.8	7 310.7	7 228.5	11 549.0
家禽产品	3 895.0	3 634.8	7 407.0	8 355.6	6 845.7	8 971.4
蛋产品	266.6	90.6	129.6	155.2	93.3	113.8
乳品	43 677.0	44 376.1	69 714.7	74 540.4	42 224.1	60 144.1
动物生皮	1 025.3	947.1	984.3	927.3	817.1	742.0
动物生毛皮		2.6	2.7	1.4	176.5	682.2
羊毛	2 330.9	3 402.7	3 901.6	3 585.3	1 218.9	2 081.8
茶	2 189.1	2 339.5	2 751.0	2 980.6	3 508.0	4 566.6

3-3-3 马来西亚主要农产品出口量（一）

单位：吨

项 目	2000年	2001年	2002年	2003年	2004年
农产品					
谷物	121 494.9	425 676.4	255 105.5	107 622.3	92 373.5
小麦产品	87 554.6	96 467.4	99 989.5	76 288.3	64 424.4
玉米产品	26 303.3	89 199.9	141 331.1	12 727.5	7 291.8
稻谷产品	2 120.4	2 659.0	4 543.4	10 276.7	10 443.6
棉花	9 692.1	8 196.1	7 431.8	8 844.5	8 563.2
食用油籽	44 026.3	22 031.7	39 307.9	34 743.8	24 676.3
大豆	41 531.7	19 333.4	36 215.2	26 979.2	17 326.7
花生	2 451.9	2 629.1	2 976.1	7 216.5	6 807.1
油菜子					
食用植物油	7 848 139.5	9 633 291.1	9 445 064.2	10 661 760.6	10 237 980.2
豆油	176 231.2	565 426.3	142 405.0	97 470.5	120 758.8
菜子油			7 779.6	9 563.3	26 410.2
棕榈油	7 637 446.2	9 032 206.4	9 268 064.9	10 518 017.1	10 047 892.5
食糖	262 882.7	287 982.1	392 128.7	382 574.9	356 588.5
蔬菜					396 565.2
水果					
苹果	673.3	999.5	1 407.4	1 695.2	2 639.7
柑橘	5 294.6	15 430.9	6 341.3	6 131.3	9 238.3
苹果汁					2 530.1
柑橘汁					4 575.8
水产品					
畜产品					
猪产品					
牛产品					
羊产品					
家禽产品					
蛋产品					
乳品					44 793.8
动物生皮	3 133.0	2 778.0	4 031.8	4 245.9	4 303.3
动物生毛皮		2.9	1.4		4.4
羊毛	365.3	377.1	357.6	221.2	357.7
茶	1 357.3	2 462.6	3 370.2	2 355.1	4 044.8

马来西亚主要农产品出口量（二）

单位：吨

项　目	2005 年	2006 年	2007 年	2008 年	2009 年	2010 年
农产品						
谷物	73 097.7	517 713.2	73 473.0	1 607 159.9	54 107.3	70 283.1
小麦产品	57 598.8	49 366.4	55 296.6	1 083 181.6	36 832.0	46 167.7
玉米产品	4 435.6	394 580.1	3 899.8	229 580.3	2 747.5	7 465.1
稻谷产品	4 704.7	18 435.0	2 038.4	96 750.5	2 608.7	2 426.8
棉花	9 204.0	9 297.6	8 554.1	15 978.7	65 565.4	53 645.8
食用油籽	34 252.1	35 150.9	42 528.6	43 675.5	45 608.7	43 607.7
大豆	25 226.8	29 106.4	38 527.2	34 373.2	41 148.3	32 984.9
花生	8 671.1	5 777.5	3 894.5	8 942.8	4 325.9	10 125.1
油菜子						
食用植物油	10 840 384.5	13 608 972.3	11 858 948.5	26 810 781.8	14 109 193.6	14 956 627.1
豆油	110 014.1	720 837.4	146 568.8	176 542.5	113 388.6	150 394.0
菜子油	25 470.4	29 226.7	32 622.2	25 875.1	26 391.7	28 623.5
棕榈油	10 653 421.0	12 785 984.8	11 628 977.1	26 579 356.8	13 924 402.6	14 732 713.0
食糖	286 610.8	482 158.6	381 390.1	79 363 545.0	179 636.3	266 102.3
蔬菜	404 223.3	361 124.3	338 447.7	833 383.1	355 504.3	358 947.8
水果						
苹果	1 255.7	1 567.3	1 646.3	1 637.3	1 393.2	2 159.4
柑橘	8 881.9	16 712.3	6 854.1	210 257.4	5 946.7	6 747.2
苹果汁	1 489.8	1 836.0	1 922.8	3 582.4	5 081.6	5 617.7
柑橘汁	5 789.5	6 862.9	9 081.2	9 918.3	8 472.4	10 144.1
水产品						
畜产品						
猪产品						
牛产品						
羊产品						
家禽产品						
蛋产品						
乳品	41 489.2	53 813.3	75 940.4	94 171.7	66 767.2	62 541.5
动物生皮	4 587.2	4 635.3	4 801.0	4 330.5	4 689.2	5 454.7
动物生毛皮						1.3
羊毛	717.9	560.7	700.8	564.7	282.6	924.7
茶	3 827.8	2 955.0	3 050.0	5 103.6	5 539.4	4 681.4

3-3-4 马来西亚主要农产品进口量（一）

单位：吨

项　目	2000年	2001年	2002年	2003年	2004年
农产品					
谷物	4 414 869.0	4 087 440.4	4 434 631.3	3 822 329.3	4 308 611.5
小麦产品	1 208 581.3	1 229 151.2	1 299 402.0	1 002 022.4	1 432 518.2
玉米产品	2 290 168.3	2 038 384.1	2 444 976.4	2 286 797.6	2 249 258.2
稻谷产品	615 838.3	545 539.8	518 788.4	387 758.5	536 224.4
棉花	90 291.4	71 589.7	53 612.0	48 212.8	58 337.0
食用油籽	673 208.5	728 761.1	827 110.9	701 936.3	758 463.5
大豆	617 105.5	671 598.5	761 594.1	646 800.7	701 030.7
花生	40 491.9	45 218.5	45 406.3	43 124.3	43 960.3
油菜子			10 859.4	3.3	2 196.0
食用植物油	151 064.3	285 606.7	493 808.1	443 621.4	942 943.8
豆油	80 917.5	97 205.8	89 512.5	51 205.7	77 673.1
菜子油			11 622.0	6 625.5	36 355.5
棕榈油	33 656.9	148 247.2	345 542.0	341 141.0	781 116.6
食糖	1 186 717.1	1 275 319.4	1 335 742.6	1 369 470.7	1 417 023.8
蔬菜					1 075 508.8
水果					
苹果	69 302.8	77 071.3	78 452.5	77 416.4	81 603.6
柑橘	116 072.1	129 299.5	129 443.1	133 576.5	134 804.5
苹果汁					2 268.4
柑橘汁					4 388.9
水产品					
畜产品					
猪产品					
牛产品					
羊产品					
家禽产品					
蛋产品					
乳品					254 266.2
动物生皮	2 168.8	4 640.9	1 124.8	278.0	682.3
动物生毛皮	20.7	4.6			
羊毛	4 088.0	4 511.6	2 884.0	1 524.6	2 520.4
茶	9 851.3	11 590.9	11 239.7	13 059.1	14 750.1

马来西亚主要农产品进口量（二）

单位：吨

项　目	2005年	2006年	2007年	2008年	2009年	2010年
农产品						
谷物	4 944 632.6	8 113 603.8	5 057 802.2	187 973 992.5	5 045 111.8	5 454 016.3
小麦产品	1 606 001.6	2 970 299.6	1 431 607.8	1 218 635.5	1 159 569.5	1 316 141.6
玉米产品	2 655 403.7	4 096 730.9	2 715 826.9	165 483 504.3	2 705 855.1	3 140 984.9
稻谷产品	603 882.9	860 340.0	817 144.6	21 054 479.7	1 108 161.2	949 244.4
棉花	57 625.9	34 744.6	41 198.9	60 215.8	129 359.5	74 000.8
食用油籽	616 250.7	456 562.2	673 703.8	605 847.8	554 638.8	708 077.4
大豆	558 432.3	392 299.1	612 456.6	543 228.2	493 109.6	639 345.5
花生	46 564.7	52 115.6	50 028.8	52 961.5	51 451.0	56 696.1
油菜子		83.4	10.9		23.0	511.2
食用植物油	576 334.7	921 492.4	556 378.0	13 894 268.8	1 274 236.4	1 507 740.3
豆油	72 242.1	87 711.0	69 460.5	64 834.9	76 813.6	125 812.5
菜子油	31 640.0	28 466.8	41 191.6	37 348.3	37 132.6	37 540.8
棕榈油	418 280.4	706 740.6	396 634.1	13 755 159.5	1 090 284.1	1 289 260.3
食糖	1 356 840.0	1 491 938.3	1 659 440.0	4 300 896.3	1 567 175.8	1 714 627.1
蔬菜	1 114 821.2	1 185 516.0	1 144 221.1	1 245 080.6	1 258 061.0	1 274 300.4
水果						
苹果	81 045.8	85 369.7	92 113.4	89 843.3	97 489.2	102 851.3
柑橘	151 161.1	159 606.2	170 699.3	219 375.9	160 229.0	166 115.8
苹果汁	3 156.5	2 803.4	3 358.5	3 814.8	3 079.5	4 582.1
柑橘汁	5 994.4	4 401.5	4 176.1	4 845.0	5 552.2	11 773.1
水产品						
畜产品						
猪产品						
牛产品						
羊产品						
家禽产品						
蛋产品						
乳品	252 665.1	251 508.5	241 474.9	219 216.0	212 017.4	218 798.4
动物生皮	911.4	819.6	709.3	818.7	881.6	650.8
动物生毛皮					8.8	41.5
羊毛	3 803.7	6 117.0	4 854.4	4 221.7	2 150.6	2 828.7
茶	15 649.5	15 524.8	16 416.7	14 490.1	17 433.1	19 891.0

3-4 印度尼西亚主要农产品贸易情况

3-4-1 印度尼西亚主要农产品出口额（一）

单位：万美元

项 目	2000 年	2001 年	2002 年	2003 年	2004 年
农产品	572 299.4	522 227.7	673 411.5	712 996.6	894 046.6
谷物	861.0	1 518.2	1 643.9	1 517.8	2 936.7
小麦产品	60.2	56.7	838.0	545.9	1 489.8
玉米产品	500.3	1 053.5	336.2	555.9	940.7
稻谷产品	287.8	373.5	425.5	329.1	393.4
棉花	2 492.4	2 040.7	2 246.0	2 952.5	3 505.2
食用油籽	645.0	831.3	650.5	805.6	741.3
大豆	15.1	34.5	15.3	30.0	53.8
花生	608.9	767.6	562.8	713.9	661.7
油菜子					
食用植物油	109 025.5	108 634.8	210 782.9	246 394.3	344 822.7
豆油	5.5	5.0	5.7		
菜子油					
棕榈油	108 727.8	108 090.6	209 240.4	245 462.6	344 177.6
食糖	197.7	133.2	50.3	56.1	192.2
蔬菜	29 136.1	16 422.8	14 766.1	15 317.6	11 777.5
水果	14 451.8	15 193.4	19 940.8	17 347.8	16 499.1
苹果	16.5	3.9	3.1	6.3	27.5
柑橘	38.4	43.5	45.2	30.5	120.2
苹果汁					
柑橘汁	6.1	15.4	12.8	23.5	70.5
水产品	164 640.3	160 126.2	153 953.6	160 862.5	175 113.1
畜产品	16 965.4	22 171.3	16 166.6	16 325.1	16 414.3
猪产品	3 384.1	3 724.7	3 028.0	2 500.6	2 182.4
牛产品	10.2	25.2	59.8	54.8	16.4
羊产品	13.9	24.2	30.9	5.5	12.1
家禽产品	407.0	494.1	790.4	787.6	21.6
蛋产品	26.4	2 257.4	77.4	127.4	32.4
乳品	7 464.3	9 263.5	5 483.9	6 201.3	6 874.9
动物生皮	212.6	166.9	173.9	135.8	87.8
动物生毛皮	2.9	7.4	20.1	6.2	2.1
羊毛	31.4	15.0	36.6	12.3	5.0
茶	11 222.4	10 148.1	10 746.6	9 938.9	12 045.6

印度尼西亚主要农产品出口额（二）

单位：万美元

项　目	2005年	2006年	2007年	2008年	2009年	2010年
农产品	1 021 616.2	1 192 339.7	1 689 971.5	2 435 015.1	2 024 236.3	2 586 444.6
谷物	4 271.1	2 209.3	4 069.9	6 173.1	3 312.1	3 993.2
小麦产品	1 887.2	1 587.2	2 010.0	2 698.6	1 538.8	2 677.8
玉米产品	904.9	433.8	1 860.1	2 914.6	1 496.2	1 185.3
稻谷产品	1 009.1	107.5	83.8	149.4	205.8	85.5
棉花	3 839.5	3 583.7	3 574.4	3 968.3	3 186.8	4 550.4
食用油籽	790.4	1 054.0	1 979.6	1 507.6	1 073.2	1 734.5
大豆	49.4	292.7	233.4	142.3	40.3	39.5
花生	663.2	711.1	878.6	1 316.3	982.8	1 287.6
油菜子						
食用植物油	375 830.1	482 468.5	787 107.4	1 237 587.6	1 037 166.7	1 347 087.2
豆油			1.6			
菜子油						
棕榈油	375 628.4	481 764.2	786 863.9	1 237 557.0	1 036 762.1	1 346 896.6
食糖	60.2	98.2	58.0	90.5	88.7	99.1
蔬菜	11 961.9	14 340.6	20 555.9	26 969.9	21 681.0	31 899.9
水果	22 977.9	22 590.0	18 486.1	33 636.8	24 781.0	28 471.4
苹果	1.1	2.6	2.8	3.3	2.5	
柑橘	44.1	23.6	56.5	52.3	30.7	28.6
苹果汁						
柑橘汁	20.3	15.6	14.5	84.8	166.8	164.8
水产品	186 465.7	204 564.2	219 818.4	262 893.4	238 963.4	277 012.0
畜产品	18 468.2	17 042.2	20 793.3	37 426.9	28 608.9	32 781.3
猪产品	2 593.8	1 453.5	3 438.2	4 209.7	3 963.2	5 037.6
牛产品	11.4	4.9	21.3	22.4	3.6	0.2
羊产品	42.5	146.9	192.0	135.0	59.4	21.3
家禽产品	10.0	5.3	6.5	13.0	2.3	19.0
蛋产品	9.3	9.9	2.7	21.8	5.0	16.2
乳品	9 615.7	7 894.8	7 586.6	20 905.1	8 892.6	8 895.2
动物生皮	55.7	43.0	51.5	11.7	23.0	1.9
动物生毛皮						
羊毛	13.4	37.1	33.0	20.9	39.8	238.4
茶	12 328.8	13 475.0	12 754.8	16 288.3	17 448.0	18 232.5

3-4-2 印度尼西亚主要农产品进口额（一）

单位：万美元

项目	2000年	2001年	2002年	2003年	2004年
农产品	427 011.8	429 123.0	431 284.1	453 932.7	537 081.2
谷物	107 011.0	71 819.9	117 294.3	112 524.7	116 716.3
小麦产品	58 376.3	44 799.2	68 370.6	65 530.2	91 809.7
玉米产品	15 886.8	12 654.9	13 870.6	16 928.9	17 812.3
稻谷产品	32 412.7	13 789.4	34 572.3	29 497.3	6 685.2
棉花	72 991.9	106 630.2	70 764.0	64 943.4	69 007.4
食用油籽	32 499.5	28 047.0	34 763.3	37 903.7	45 460.3
大豆	27 753.3	24 088.7	30 065.8	33 222.1	42 235.2
花生	4 358.5	3 575.0	4 348.9	4 112.9	2 964.8
油菜子					
食用植物油	1 397.0	1 052.2	1 627.3	1 594.7	1 989.7
豆油	881.8	692.4	883.5	892.6	1 138.9
菜子油					
棕榈油	91.5	6.0	326.8	220.2	193.8
食糖	28 310.9	23 756.1	19 601.1	33 039.3	26 544.8
蔬菜	9 413.8	10 720.6	10 831.6	10 549.0	12 458.2
水果	14 739.4	14 790.4	22 261.6	19 754.1	22 718.6
苹果	4 242.1	4 701.0	6 834.3	6 181.5	6 335.3
柑橘	4 180.5	4 024.3	5 144.0	4 709.8	5 081.0
苹果汁					
柑橘汁	190.0	154.8	133.7	116.4	228.4
水产品	10 458.0	9 892.6	8 316.7	7 928.4	14 655.5
畜产品	46 810.4	46 464.7	36 475.0	42 016.7	61 306.9
猪产品	141.3	88.2	166.6	177.2	133.5
牛产品	15 519.0	10 175.3	8 935.9	11 165.0	14 375.6
羊产品	65.5	81.3	93.9	205.0	201.5
家禽产品	2 047.6	1 329.6	1 276.9	1 201.7	997.1
蛋产品	412.9	153.2	280.8	192.4	230.6
乳品	25 425.7	32 307.5	24 125.2	27 096.8	43 090.7
动物生皮	1 274.9	487.2	264.4	364.5	249.6
动物生毛皮	7.5	35.7	2.8	13.2	6.2
羊毛	3.2		17.5	83.2	150.4
茶	315.4	365.2	378.2	399.0	568.9

印度尼西亚主要农产品进口额（二）

单位：万美元

项目	2005年	2006年	2007年	2008年	2009年	2010年
农产品	544 836.0	629 896.6	900 568.0	1 106 508.0	980 394.9	1 328 115.2
谷物	101 873.5	137 747.7	199 257.2	248 348.8	173 865.8	243 038.7
小麦产品	92 703.3	95 923.9	136 177.8	224 681.9	153 933.8	168 592.8
玉米产品	3 120.4	27 864.7	15 361.2	9 446.5	7 805.0	36 958.5
稻谷产品	5 599.8	13 478.3	47 054.4	12 790.6	11 075.8	36 321.9
棉花	58 060.2	62 353.6	80 296.2	121 711.2	78 397.0	115 134.7
食用油籽	35 693.6	36 406.0	55 007.9	81 154.7	80 751.9	107 447.2
大豆	31 386.1	30 246.7	48 194.3	70 423.2	62 487.9	84 227.4
花生	4 128.5	5 597.9	6 352.8	10 143.5	17 811.1	22 429.0
油菜子						
食用植物油	2 178.6	2 129.9	2 294.8	4 981.8	4 369.5	7 572.2
豆油	1 073.7	969.4	1 561.3	3 018.6	1 720.4	2 183.3
菜子油						
棕榈油	530.1	655.4	102.4	501.4	1 312.7	3 780.1
食糖	58 912.5	57 685.9	104 019.4	36 688.8	57 415.6	111 123.7
蔬菜	14 405.0	21 397.4	26 376.3	32 818.5	31 787.7	44 352.7
水果	23 511.4	34 127.5	45 191.4	47 714.8	63 002.2	68 857.7
苹果	6 622.5	9 009.7	11 168.6	11 168.8	12 845.8	16 808.4
柑橘	4 044.7	6 722.5	9 211.1	11 702.0	18 316.2	16 897.6
苹果汁						
柑橘汁	453.4	202.2	283.1	377.6	580.1	652.1
水产品	10 998.5	14 573.7	12 212.6	21 011.4	23 918.2	32 905.9
畜产品	75 059.4	83 837.0	132 427.5	156 330.0	139 855.3	188 370.4
猪产品	189.5	309.5	158.2	146.4	97.4	53.8
牛产品	18 438.9	19 597.9	36 776.4	59 460.7	70 743.0	84 864.3
羊产品	270.1	206.7	268.6	288.6	379.6	556.6
家禽产品	1 233.4	1 107.3	1 782.2	979.5	506.1	156.3
蛋产品	221.2	315.3	498.3	601.7	723.2	701.7
乳品	51 692.1	56 085.9	87 204.1	86 505.0	58 982.7	92 298.2
动物生皮	162.4	146.8	280.3	1 123.6	687.5	569.0
动物生毛皮				2.9	26.7	17.5
羊毛	159.5	170.6	207.0	276.1	135.1	64.1
茶	767.3	983.9	1 370.5	1 670.4	1 820.9	2 795.5

3-4-3 印度尼西亚主要农产品出口量（一）

单位：吨

项目	2000年	2001年	2002年	2003年	2004年
农产品					
谷物	34 978.4	99 477.0	35 186.3	58 471.4	114 326.4
小麦产品	3 171.4	2 588.3	12 125.3	22 804.8	75 609.6
玉米产品	28 152.9	90 535.9	16 436.0	33 795.3	34 026.4
稻谷产品	3 596.1	5 975.7	6 327.7	1 293.4	3 132.7
棉花	29 196.6	20 932.5	23 608.5	37 715.7	28 841.1
食用油籽	11 731.8	13 842.1	13 655.0	13 758.9	12 305.5
大豆	546.4	1 188.0	238.4	169.0	1 322.2
花生	9 479.8	10 567.7	8 900.0	11 287.2	9 609.3
油菜子					
食用植物油	4 122 593.4	4 931 827.8	6 383 800.6	6 409 070.2	8 675 254.2
豆油	91.4	131.2	121.3	1.7	
菜子油					
棕榈油	4 110 027.3	4 903 217.7	6 333 708.0	6 386 409.5	8 661 646.6
食糖	74 342.1	5 883.8	815.7	694.9	9 933.2
蔬菜	210 238.4	199 821.1	203 611.5	161 566.3	145 800.2
水果					
苹果	391.7	110.3	40.1	55.0	241.5
柑橘	1 080.0	1 906.5	1 427.1	928.5	1 536.1
苹果汁					
柑橘汁	86.3	164.6	123.7	224.8	656.2
水产品					
畜产品					
猪产品					
牛产品					
羊产品					
家禽产品					
蛋产品					
乳品	60 743.6	76 299.4	34 193.5	54 906.8	47 150.1
动物生皮	634.3	463.0	446.7	377.3	285.8
动物生毛皮	82.4	33.3	380.7	135.8	100.5
羊毛	78.8	47.5	77.5	153.4	39.1
茶	105 615.6	102 055.3	107 175.6	93 404.7	105 094.0

印度尼西亚主要农产品出口量（二）

单位：吨

项　目	2005年	2006年	2007年	2008年	2009年	2010年
农产品						
谷物	214 257.7	95 173.8	198 659.0	177 749.2	100 492.7	113 320.4
小麦产品	76 262.2	63 280.6	88 512.4	52 885.4	33 318.8	68 170.8
玉米产品	54 009.7	28 157.8	101 999.4	107 747.2	63 548.5	43 582.9
稻谷产品	43 905.7	2 570.8	4 735.9	1 183.0	2 626.9	516.9
棉花	35 836.0	40 780.8	38 002.5	32 141.0	25 947.6	29 197.0
食用油籽	13 313.4	12 267.7	42 535.1	12 364.3	8 762.3	13 017.0
大豆	893.6	1 756.7	1 950.3	1 038.5	510.4	436.9
花生	9 184.0	8 483.7	9 260.0	10 165.6	6 919.6	7 408.1
油菜子						
食用植物油	10 380 029.4	12 117 272.5	11 880 352.8	14 290 812.4	16 835 753.1	16 293 642.3
豆油		6.2	7.2			0.3
菜子油						
棕榈油	10 376 190.0	12 100 921.0	11 875 418.2	14 290 685.4	16 829 205.7	16 291 856.2
食糖	1 173.5	1 480.0	479.4	1 692.7	927.2	669.7
蔬菜	140 351.4	217 960.9	162 562.7	171 757.6	168 245.9	152 478.8
水果						
苹果	23.8	38.5	35.2	25.1	61.0	
柑橘	838.6	458.2	703.4	916.5	538.6	539.6
苹果汁						
柑橘汁	247.3	124.4	69.0	370.5	591.2	765.4
水产品						
畜产品						
猪产品						
牛产品						
羊产品						
家禽产品						
蛋产品						
乳品	50 420.0	42 427.0	36 917.2	62 713.3	51 191.9	48 229.9
动物生皮	140.4	42.1	32.6	24.5		0.6
动物生毛皮						
羊毛	14.6	29.1	43.7	15.8	548.7	2 097.0
茶	105 096.2	95 431.0	83 943.4	97 124.7	93 143.7	88 114.2

3-4-4 印度尼西亚主要农产品进口量（一）

单位：吨

项　目	2000 年	2001 年	2002 年	2003 年	2004 年
农产品					
谷物	6 716 557.8	4 700 117.5	7 593 221.8	6 665 309.5	6 215 875.0
小麦产品	4 047 880.7	2 973 758.8	4 593 764.2	3 845 636.8	4 851 820.8
玉米产品	1 267 455.1	1 038 409.3	1 156 905.6	1 347 726.5	1 090 249.0
稻谷产品	1 384 030.7	660 069.7	1 821 924.8	1 446 073.8	257 358.1
棉花	565 023.3	762 279.2	632 649.6	531 823.4	458 923.7
食用油籽	1 436 262.9	1 271 608.4	1 506 840.7	1 337 193.1	1 231 660.6
大豆	1 286 893.6	1 140 778.7	1 370 778.8	1 197 447.8	1 132 991.2
花生	132 698.0	119 016.7	127 302.0	120 961.2	90 786.6
油菜子					
食用植物油	24 483.4	19 109.2	30 693.8	22 313.2	25 127.9
豆油	15 858.4	14 379.7	16 609.0	13 806.7	15 636.8
菜子油					
棕榈油	3 767.3	141.1	9 499.2	4 013.7	4 319.9
食糖	1 556 687.8	1 284 791.3	970 978.2	1 490 068.4	1 130 920.7
蔬菜	289 963.5	322 443.8	333 003.8	327 088.5	378 355.3
水果					
苹果	73 425.8	81 899.3	83 769.2	71 390.4	114 030.5
柑橘	79 472.5	75 606.1	77 088.2	57 454.1	95 158.9
苹果汁					
柑橘汁	1 866.6	1 919.2	1 863.8	1 544.4	3 633.3
水产品					
畜产品					
猪产品					
牛产品					
羊产品					
家禽产品					
蛋产品					
乳品	164 743.0	170 148.9	159 858.2	169 069.4	235 986.5
动物生皮	5 758.1	2 865.7	4 860.6	5 044.2	2 782.1
动物生毛皮	63.7	532.1	1.4	429.7	39.7
羊毛	6.3	6.9	108.1	494.6	594.5
茶	2 727.0	2 990.6	3 573.6	4 021.4	4 007.5

印度尼西亚主要农产品进口量（二）

单位：吨

项　目	2005 年	2006 年	2007 年	2008 年	2009 年	2010 年
农产品						
谷物	5 314 565.1	7 263 140.2	7 341 942.4	5 647 192.6	5 926 154.8	7 839 528.8
小麦产品	4 906 500.0	5 019 820.6	5 197 087.1	5 029 698.9	5 302 040.5	5 586 999.5
玉米产品	186 532.6	1 779 040.7	708 312.0	287 108.3	339 170.0	1 528 318.3
稻谷产品	204 964.0	446 907.4	1 416 978.0	297 934.6	257 651.6	694 398.1
棉花	464 983.6	474 396.0	595 336.6	732 015.1	575 576.5	614 258.5
食用油籽	1 238 324.8	1 331 113.0	1 605 494.7	1 402 458.4	1 524 421.5	1 992 366.0
大豆	1 110 292.4	1 143 785.4	1 419 444.0	1 184 415.7	1 320 741.9	1 744 837.9
花生	123 604.5	171 242.1	174 330.5	206 242.1	194 681.5	230 106.8
油菜子						
食用植物油	31 318.6	30 113.5	23 384.0	37 040.1	44 470.7	74 735.2
豆油	16 562.4	14 966.7	17 530.7	20 871.4	15 366.0	18 972.1
菜子油						
棕榈油	10 644.1	11 415.6	1 068.2	8 822.0	21 138.4	46 720.1
食糖	1 996 367.7	1 511 001.4	2 972 786.8	1 019 944.4	1 393 226.6	1 785 568.6
蔬菜	429 862.0	480 119.7	579 793.0	702 470.6	620 051.2	637 283.0
水果						
苹果	126 972.8	122 011.4	145 301.6	139 818.9	153 511.9	197 487.2
柑橘	84 356.5	96 211.1	114 232.0	138 712.0	209 615.2	192 814.4
苹果汁						
柑橘汁	7 602.8	1 894.5	2 238.6	3 201.1	4 203.1	4 484.2
水产品						
畜产品						
猪产品						
牛产品						
羊产品						
家禽产品						
蛋产品						
乳品	243 312.1	272 874.0	297 567.6	250 788.6	269 554.0	302 157.7
动物生皮	2 392.1	3 487.0	5 925.5	11 956.3	10 604.7	6 888.6
动物生毛皮				1.7	52.1	21.2
羊毛	546.1	798.3	695.1	787.2	453.2	217.1
茶	5 569.5	5 494.2	9 498.0	8 014.0	8 177.3	12 394.2

3-5 韩国主要农产品贸易情况

3-5-1 韩国主要农产品出口额（一）

单位：万美元

项　目	2000 年	2001 年	2002 年	2003 年	2004 年
农产品	298 552.7	283 118.5	279 416.6	298 090.2	334 494.7
谷物	1 088.9	818.0	593.6	599.2	845.1
小麦产品	925.2	663.1	425.5	457.7	517.2
玉米产品	6.0	5.8	2.5	3.1	15.5
稻谷产品	65.3	44.3	104.5	109.2	281.9
棉花	1 694.4	1 484.3	1 237.6	1 361.0	1 732.1
食用油籽	93.9	16.6	15.9	25.6	14.9
大豆	16.3	10.5	15.5	12.2	13.8
花生	28.7	4.1		4.4	1.1
油菜子					
食用植物油	417.2	389.2	726.5	632.7	581.4
豆油	341.4	320.2	667.3	555.2	533.4
菜子油			1.3	1.1	
棕榈油		4.0	15.3	16.1	19.1
食糖	7 167.2	8 647.3	7 578.2	7 199.9	7 434.9
蔬菜	21 606.5	21 516.4	19 442.1	21 883.4	23 527.7
水果	5 273.2	6 052.5	7 823.3	6 455.4	8 124.8
苹果	181.9	300.3	1 424.7	768.4	516.8
柑橘	661.7	811.7	607.6	454.6	609.2
苹果汁			12.0	1.6	1.1
柑橘汁	36.6	31.4	29.9	79.1	228.8
水产品	148 816.5	125 111.5	113 648.4	110 010.7	124 231.8
畜产品	11 471.9	7 824.0	5 501.7	6 505.2	6 329.9
猪产品	7 472.3	4 496.8	2 204.0	3 130.4	2 687.9
牛产品	74.4	11.9	11.6	15.6	23.0
羊产品	114.8				
家禽产品	345.2	472.0	713.3	622.7	347.3
蛋产品	11.7	7.7	1.1	16.9	
乳品	542.3	540.5	598.3	728.0	704.4
动物生皮	68.6	60.4	95.2	155.9	178.0
动物生毛皮	118.2	2.2	18.1	7.2	4.7
羊毛	39.2	19.7	12.2	39.7	28.8
茶	254.9	299.9	555.4	588.0	794.4

韩国主要农产品出口额（二）

单位：万美元

项 目	2005年	2006年	2007年	2008年	2009年	2010年
农产品	340 390.8	339 459.6	377 371.0	435 129.9	456 579.2	
谷物	848.6	1 111.9	1 240.5	1 794.8	2 711.1	
小麦产品	621.6	668.8	594.0	1 052.2	1 179.9	
玉米产品	14.3	34.1	36.7	44.8	21.0	
稻谷产品	156.4	351.3	539.4	600.4	1 359.1	
棉花	1 319.5	976.9	1 170.0	1 353.3	1 241.1	
食用油籽	15.6	11.6	16.6	11.1	49.8	
大豆	10.1	8.0	4.8	6.6	12.4	
花生	4.2		8.0		12.5	
油菜子						
食用植物油	435.5	387.6	757.4	2 353.7	1 111.4	
豆油	379.5	334.0	531.8	1 843.8	970.6	
菜子油	2.1				2.5	
棕榈油	13.2	10.6	14.7	7.5	1.1	
食糖	9 400.7	12 529.3	14 094.1	12 776.2	14 915.6	
蔬菜	22 431.4	18 230.6	20 190.1	23 410.1	25 302.2	
水果	11 851.6	10 423.9	12 733.7	14 117.7	17 029.4	
苹果	772.2	225.3	303.4	922.2	1 932.4	
柑橘	425.1	394.0	299.9	204.4	315.1	
苹果汁	6.3	18.5	20.9	6.0	10.0	
柑橘汁	708.1	682.8	1 189.6	1 350.0	625.6	
水产品	114 247.0	103 674.7	117 783.5	138 843.1	143 640.0	
畜产品	8 208.7	7 479.0	7 608.5	7 078.1	8 665.4	
猪产品	3 476.4	2 326.3	2 548.9	1 729.0	1 146.9	
牛产品	97.9	101.2	20.7	74.9	796.9	
羊产品						
家禽产品	950.9	860.5	921.3	1 299.1	1 838.0	
蛋产品	9.2	2.4	9.0	19.6	57.1	
乳品	895.8	1 109.0	1 130.4	1 210.8	2 339.5	
动物生皮	208.4	82.2	167.6	190.4	208.0	
动物生毛皮	2.1		5.5		1.1	
羊毛	53.8	11.9	25.1	40.0	39.4	
茶	731.9	737.7	386.5	383.4	561.6	

3-5-2 韩国主要农产品进口额（一）

单位：万美元

项 目	2000年	2001年	2002年	2003年	2004年
农产品	966 580.1	995 615.9	1 087 211.5	1 153 685.4	1 269 049.5
谷物	151 441.0	151 751.0	161 087.0	175 076.5	221 513.2
小麦产品	47 080.9	53 029.5	54 337.0	61 206.5	66 518.5
玉米产品	93 774.7	93 277.0	98 879.5	105 457.1	143 753.0
稻谷产品	4 633.3	2 662.7	4 445.9	4 857.9	8 239.4
棉花	40 825.6	45 146.1	37 581.8	40 025.2	43 300.3
食用油籽	42 559.2	38 480.0	41 202.3	52 493.1	61 912.1
大豆	32 996.3	29 354.1	32 822.3	41 068.1	48 742.1
花生	2 380.7	2 135.3	2 298.5	2 386.3	2 428.1
油菜子				13.2	1.5
食用植物油	14 324.4	15 160.6	18 985.6	23 412.2	34 802.2
豆油	5 302.9	6 012.3	7 432.8	8 977.6	14 642.9
菜子油			821.0	1 119.5	1 267.3
棕榈油	6 846.0	6 361.8	7 916.9	9 453.2	10 974.0
食糖	29 295.6	35 304.9	28 477.4	29 351.2	31 078.2
蔬菜	26 715.0	26 970.3	27 967.7	36 281.4	47 669.6
水果	33 815.0	34 256.0	37 807.6	46 922.9	52 305.0
苹果		13.5	1.1		
柑橘	6 946.8	8 341.4	9 489.2	11 841.4	14 310.0
苹果汁			122.6	133.0	188.1
柑橘汁	5 265.2	4 449.0	6 201.3	5 840.2	4 955.3
水产品	143 161.0	167 894.9	191 838.7	199 395.0	229 257.8
畜产品	232 251.0	204 708.2	239 586.2	246 012.7	198 252.0
猪产品	26 188.6	18 429.7	21 814.3	19 886.9	35 526.6
牛产品	79 608.8	55 773.5	94 926.9	118 191.7	60 254.5
羊产品	538.8	414.2	659.7	705.2	844.1
家禽产品	8 380.2	11 687.2	11 700.6	10 708.4	6 311.5
蛋产品	255.6	455.1	500.4	500.0	537.2
乳品	13 822.1	15 918.5	14 741.8	14 775.3	22 217.3
动物生皮	67 778.0	70 669.5	56 685.1	51 605.1	45 902.2
动物生毛皮	9 012.9	6 769.4	8 993.4	5 470.6	5 343.9
羊毛	9 588.6	10 706.5	11 126.4	7 086.8	4 722.4
茶	1 072.7	1 047.9	1 170.4	1 097.1	1 432.1

韩国主要农产品进口额（二）

单位：万美元

项　目	2005年	2006年	2007年	2008年	2009年	2010年
农产品	1 332 167.0	1 476 746.8	1 754 564.5	2 134 074.5	1 753 060.6	
谷物	197 418.9	208 007.7	286 309.3	438 062.6	291 636.5	
小麦产品	67 533.6	66 884.5	85 629.0	131 404.9	98 572.0	
玉米产品	121 950.1	127 058.3	183 370.7	282 987.4	164 686.2	
稻谷产品	5 139.6	11 848.4	13 655.9	19 493.7	25 349.5	
棉花	36 057.1	30 214.3	30 866.6	34 479.6	29 262.9	
食用油籽	50 415.6	47 653.5	56 540.1	101 519.0	79 391.0	
大豆	40 004.0	33 175.1	42 959.9	81 302.8	60 440.7	
花生	2 521.4	3 264.7	3 746.7	4 682.7	4 111.9	
油菜子	25.7	4.2	3.7	3.5	9.6	
食用植物油	39 490.2	37 002.1	48 572.5	73 307.7	54 921.5	
豆油	13 936.2	14 268.9	22 414.4	34 495.2	24 733.9	
菜子油	1 402.4	1 420.1	3 337.9	6 891.9	5 530.9	
棕榈油	10 177.4	10 266.3	13 480.0	22 458.1	17 805.1	
食糖	39 495.8	54 658.3	45 060.9	54 351.1	61 842.9	
蔬菜	47 574.9	58 987.5	68 489.6	69 379.9	61 327.4	
水果	57 168.8	66 638.9	80 329.4	76 810.5	65 755.6	
苹果						
柑橘	12 768.6	13 185.6	12 276.6	12 549.4	9 196.1	
苹果汁	565.3	734.6	997.5	1 088.8	886.8	
柑橘汁	4 522.8	4 887.2	7 635.2	6 322.9	4 826.6	
水产品	241 668.0	280 469.1	308 909.4	298 635.8	274 596.9	
畜产品	252 401.8	285 486.8	326 906.6	331 157.0	270 039.6	
猪产品	62 168.3	78 145.9	90 729.6	87 744.0	71 078.1	
牛产品	73 576.9	88 387.4	103 862.5	105 176.9	86 294.1	
羊产品	955.9	1 134.1	1 251.6	1 484.7	1 350.8	
家禽产品	12 419.8	13 098.9	13 911.2	17 262.9	15 076.2	
蛋产品	640.6	589.8	670.4	559.0	405.5	
乳品	26 871.8	27 766.3	36 069.9	40 036.5	32 597.4	
动物生皮	43 389.0	38 629.0	40 327.9	40 196.0	28 786.0	
动物生毛皮	8 305.5	10 083.6	8 605.7	5 794.7	7 051.6	
羊毛	4 415.1	3 673.8	3 243.8	3 535.2	4 206.4	
茶	1 827.0	2 045.6	1 597.0	1 367.6	1 381.3	

3-5-3 韩国主要农产品出口量（一）

单位：吨

项目	2000年	2001年	2002年	2003年	2004年
农产品					
谷物	39 761.5	27 137.4	15 452.4	13 835.4	14 658.9
小麦产品	38 750.5	25 730.3	13 720.0	11 985.4	11 773.1
玉米产品	221.1	217.2	49.6	40.2	384.2
稻谷产品	357.7	472.7	1 398.3	1 662.2	2 385.1
棉花	17 869.8	17 174.1	14 828.9	15 807.2	14 755.6
食用油籽	1 861.2	503.3	594.8	821.0	703.8
大豆	821.2	445.7	594.4	601.9	685.2
花生	437.8	41.0		59.5	18.5
油菜子					
食用植物油	4 486.2	5 060.0	10 011.8	6 202.6	5 203.9
豆油	3 693.6	4 700.0	9 498.2	5 707.6	4 790.7
菜子油			3.1	2.0	
棕榈油	13.7	11.3	299.7	59.3	290.1
食糖	303 403.8	308 433.9	304 925.2	298 708.6	303 618.1
蔬菜		90 863.6	78 830.0	71 372.8	84 169.2
水果					
苹果	2 339.5	3 732.9	7 836.4	4 690.2	2 640.9
柑橘	5 279.0	9 090.5	9 072.4	8 474.6	5 793.9
苹果汁			66.3	15.9	13.1
柑橘汁		203.4	193.6	356.7	992.0
水产品					
畜产品					
猪产品					
牛产品					
羊产品					
家禽产品					
蛋产品					
乳品		4 531.2	5 760.9	7 296.4	7 378.8
动物生皮	1 401.5	512.6	1 000.6	1 027.8	1 211.5
动物生毛皮	5.2		4.0		
羊毛	165.1	82.8	31.4	102.4	60.1
茶	513.0	1 079.6	1 739.7	2 122.8	2 782.3

韩国主要农产品出口量（二）

单位：吨

项 目	2005 年	2006 年	2007 年	2008 年	2009 年	2010 年
农产品						
谷物	13 719.0	17 815.3	18 514.4	18 070.2	24 097.7	
小麦产品	11 214.4	10 970.5	9 814.7	9 376.1	10 697.0	
玉米产品	132.5	225.2	493.4	420.7	91.5	
稻谷产品	2 133.0	6 341.6	7 847.4	7 691.8	12 275.9	
棉花	12 632.2	10 363.5	11 895.6	11 578.8	11 505.7	
食用油籽	187.9	248.3	120.3	263.3	393.8	
大豆	110.4	200.3	22.5	234.3	166.0	
花生	66.1	9.9	79.7		50.1	
油菜子			1.5			
食用植物油	4 375.9	4 053.6	5 670.6	13 412.1	8 109.7	
豆油	4 231.4	3 942.2	4 250.1	10 799.7	7 747.1	
菜子油	13.7	1.0			8.4	
棕榈油	18.9	12.3	38.9	23.5	2.3	
食糖	309 223.4	291 015.7	375 654.1	285 174.6	290 796.6	
蔬菜	78 219.8	58 243.0	60 379.8	83 515.7	100 856.4	
水果						
苹果	3 167.1	1 011.2	1 329.8	4 669.2	9 961.0	
柑橘	3 627.3	2 924.9	3 399.1	2 592.8	2 903.5	
苹果汁	60.3	191.8	211.7	50.1	79.3	
柑橘汁	2 717.3	2 100.4	2 512.9	4 018.6	3 103.4	
水产品						
畜产品						
猪产品						
牛产品						
羊产品						
家禽产品						
蛋产品						
乳品	7 749.9	8 586.0	7 584.5	6 817.9	12 166.0	
动物生皮	1 494.1	827.5	1 812.3	3 416.4	3 315.6	
动物生毛皮						
羊毛	140.1	15.9	50.3	30.3	33.1	
茶	2 209.1	2 288.9	1 189.4	1 016.0	1 667.8	

3-5-4 韩国主要农产品进口量（一）

单位：吨

项 目	2000年	2001年	2002年	2003年	2004年
农产品					
谷物	12 815 677.1	12 384 319.6	13 418 939.2	12 941 451.8	12 113 879.6
小麦产品	3 329 969.5	3 629 702.6	3 863 202.9	3 769 039.7	3 381 874.6
玉米产品	8 728 799.9	8 505 048.3	9 143 081.8	8 799 927.0	8 386 568.1
稻谷产品	172 318.9	93 379.5	151 334.7	143 335.8	209 325.4
棉花	325 177.9	343 853.0	354 406.1	317 336.2	276 601.1
食用油籽	1 706 221.8	1 592 217.5	1 725 311.5	1 760 096.3	1 532 757.4
大豆	1 496 421.4	1 365 301.9	1 501 978.8	1 535 253.7	1 297 182.7
花生	30 495.7	29 562.9	33 348.9	35 335.7	34 321.1
油菜子			1.0	322.1	5.5
食用植物油	368 607.6	443 458.2	444 765.8	422 642.1	504 016.0
豆油	135 276.3	170 435.1	177 605.5	162 584.7	223 326.6
菜子油			15 515.4	17 170.7	17 855.5
棕榈油	199 551.6	226 275.2	215 228.0	213 118.8	215 637.2
食糖	1 462 457.3	1 515 708.3	1 526 826.6	1 560 939.0	1 600 812.6
蔬菜		316 803.6	343 698.5	563 421.1	669 014.5
水果					
苹果	6.8	197.0	18.0		
柑橘	104 784.0	98 243.4	108 588.7	150 634.7	160 097.9
苹果汁			1 564.8	1 593.1	2 267.7
柑橘汁		44 564.5	48 533.0	41 762.8	40 482.4
水产品					
畜产品					
猪产品					
牛产品					
羊产品					
家禽产品					
蛋产品					
乳品	94 424.2	92 865.2	89 279.3	91 385.5	115 493.8
动物生皮	300 229.2	264 555.2	257 313.2	213 897.4	189 577.6
动物生毛皮	526.8	470.9	455.6	271.0	191.5
羊毛	23 771.8	25 449.6	25 052.3	13 522.2	8 497.1
茶	1 678.3	1 523.4	1 964.3	2 343.1	3 494.6

韩国主要农产品进口量（二）

单位：吨

项 目	2005 年	2006 年	2007 年	2008 年	2009 年	2010 年
农产品						
谷物	12 467 054. 6	12 571 644. 2	12 216 329. 3	12 173 246. 9	11 563 724. 6	
小麦产品	3 671 707. 5	3 558 902. 0	3 251 013. 3	2 742 797. 9	3 877 892. 6	
玉米产品	8 552 097. 3	8 686 330. 7	8 597 840. 2	9 039 014. 1	7 352 413. 9	
稻谷产品	133 492. 5	255 043. 7	264 752. 7	308 694. 7	267 282. 4	
棉花	287 780. 2	220 691. 0	230 679. 1	211 537. 1	218 166. 1	
食用油籽	1 566 053. 2	1 406 744. 3	1 435 564. 4	1 549 289. 9	1 312 732. 5	
大豆	1 348 403. 1	1 147 659. 7	1 210 559. 2	1 346 879. 2	1 105 026. 1	
花生	33 809. 1	33 990. 0	32 793. 3	31 104. 0	33 191. 1	
油菜子	754. 4	12. 2	13. 2	7. 6	45. 0	
食用植物油	569 731. 9	558 003. 2	579 928. 8	571 711. 6	629 087. 9	
豆油	256 118. 6	271 115. 5	304 599. 3	287 167. 1	284 461. 1	
菜子油	21 645. 6	21 606. 8	37 710. 7	48 300. 2	55 155. 7	
棕榈油	235 239. 8	223 646. 4	187 563. 7	199 992. 1	252 996. 8	
食糖	1 623 437. 2	1 483 341. 2	1 515 291. 3	1 645 219. 1	1 651 046. 5	
蔬菜	677 586. 4	824 053. 9	926 564. 9	921 047. 9	770 916. 3	
水果						
苹果						
柑橘	128 898. 2	131 653. 6	88 316. 9	117 861. 9	82 092. 3	
苹果汁	5 808. 1	6 968. 0	7 878. 3	6 236. 6	6 135. 7	
柑橘汁	39 911. 3	35 830. 0	35 262. 9	28 738. 0	25 668. 5	
水产品						
畜产品						
猪产品						
牛产品						
羊产品						
家禽产品						
蛋产品						
乳品	123 736. 1	130 213. 7	133 190. 8	110 233. 9	126 812. 1	
动物生皮	186 545. 8	164 798. 8	155 270. 6	157 589. 9	181 155. 0	
动物生毛皮	245. 2	229. 7	233. 3	122. 6	210. 4	
羊毛	8 268. 3	7 351. 6	5 596. 1	5 593. 4	7 807. 7	
茶	3 676. 1	3 346. 6	2 256. 1	1 395. 8	1 164. 9	

3-6 中国香港主要农产品贸易情况

3-6-1 中国香港主要农产品出口额（一）

单位：万美元

项 目	2000年	2001年	2002年	2003年	2004年
农产品	485 468.9	438 475.9	424 277.0	416 993.0	417 149.8
谷物	1 986.8	2 565.5	2 067.2	1 506.0	1 800.7
小麦产品	1 019.3	1 001.6	900.2	721.9	745.7
玉米产品	41.4	323.5	109.5	44.5	48.2
稻谷产品	630.1	953.2	640.2	440.2	780.2
棉花	3 526.9	3 987.9	1 943.9	3 128.0	3 940.9
食用油籽	1 051.7	871.1	665.8	936.1	995.8
大豆	617.1	516.7	403.4	481.2	529.8
花生	234.0	165.9	137.0	142.8	170.1
油菜子					
食用植物油	9 778.7	7 154.2	8 381.6	6 145.6	5 619.0
豆油	1 312.3	855.6	2 867.2	1 537.5	1 372.7
菜子油			1 358.0	876.4	1 062.0
棕榈油	2 660.2	2 261.5	2 689.4	2 773.0	2 281.7
食糖	652.6	796.0	1 211.7	1 053.9	1 190.8
蔬菜	15 927.5	9 317.0	6 389.1	5 223.8	4 974.4
水果	24 774.8	27 273.4	31 715.8	21 986.5	22 576.2
苹果	1 878.4	2 803.7	2 854.0	2 268.5	2 129.3
柑橘	3 175.8	4 426.2	5 276.6	4 153.7	3 121.4
苹果汁			3.5	3.8	4.6
柑橘汁	122.1	116.8	152.6	350.6	70.7
水产品	80 371.3	66 610.1	68 057.8	65 441.2	75 247.8
畜产品	149 483.4	146 705.8	138 503.0	157 992.8	137 462.2
猪产品	15 461.1	15 797.6	15 605.6	19 375.4	18 994.0
牛产品	8 549.4	9 242.2	10 780.2	13 154.0	7 713.3
羊产品	145.4	154.9	76.3	66.7	80.6
家禽产品	57 536.4	49 860.1	42 997.0	40 861.8	11 823.5
蛋产品	72.9	68.9	63.4	74.2	38.2
乳品	13 323.0	13 607.7	10 300.4	6 018.9	7 102.9
动物生皮	13 801.3	21 377.4	20 595.4	26 160.3	27 348.0
动物生毛皮	30 469.6	28 656.6	30 148.1	44 402.6	56 842.4
羊毛	1 200.1	1 062.9	778.5	619.7	641.1
茶	2 707.0	2 145.2	1 383.8	1 125.6	1 133.4

中国香港主要农产品出口额（二）

单位：万美元

项　目	2005 年	2006 年	2007 年	2008 年	2009 年	2010 年
农产品	397 818.2	439 352.2	519 579.4	646 508.4	663 955.5	778 918.1
谷物	1 821.8	1 951.9	2 327.1	3 784.1	3 356.6	3 244.4
小麦产品	871.2	989.2	1 226.4	1 012.2	916.4	566.6
玉米产品	73.8	76.9	22.9	4.0	7.1	6.3
稻谷产品	668.8	780.0	961.7	2 424.7	1 517.2	1 817.5
棉花	3 722.7	6 261.7	5 396.3	3 297.0	5 310.2	9 909.2
食用油籽	757.1	752.4	780.7	845.3	949.7	1 079.6
大豆	489.0	499.0	442.9	382.0	380.9	406.8
花生	173.1	154.8	230.7	283.5	451.9	560.3
油菜子						
食用植物油	4 192.2	3 185.2	4 450.5	5 547.1	4 014.4	4 028.7
豆油	1 263.2	673.8	1 006.0	1 399.9	792.7	428.9
菜子油	1 341.3	911.3	1 117.9	1 863.6	1 370.8	1 688.0
棕榈油	738.9	796.4	1 088.5	769.9	681.2	81.5
食糖	1 137.0	1 272.2	1 275.8	1 288.1	1 017.1	1 379.5
蔬菜	5 239.3	9 085.6	6 120.5	6 344.3	6 730.4	7 951.2
水果	23 635.9	24 952.9	33 259.2	43 098.5	64 367.0	64 512.7
苹果	1 615.2	1 304.2	2 023.0	2 576.1	4 125.4	5 984.3
柑橘	2 762.8	3 598.8	3 564.4	4 474.0	6 309.0	7 710.0
苹果汁	2.5	4.5	6.7	12.4	14.1	14.4
柑橘汁	29.8	98.5	225.7	269.6	310.4	182.7
水产品	74 564.2	75 845.4	89 540.9	89 652.4	79 612.9	88 533.4
畜产品	115 967.4	138 035.6	175 757.5	270 961.9	263 375.8	312 904.5
猪产品	8 105.0	14 105.2	35 156.8	92 194.0	76 402.6	86 650.3
牛产品	4 858.3	9 600.2	16 378.9	25 550.9	39 771.2	26 408.9
羊产品	65.3	133.9	276.1	392.2	1 049.1	1 342.3
家禽产品	16 571.0	27 194.1	43 739.4	53 059.0	61 983.5	88 335.5
蛋产品	43.5	36.8	78.1	94.8	113.3	127.4
乳品	7 616.6	8 344.8	5 951.2	7 438.3	7 516.1	9 721.1
动物生皮	23 127.3	17 982.2	17 406.1	22 842.7	13 425.0	20 521.9
动物生毛皮	47 286.8	51 565.3	47 086.1	58 264.5	50 847.5	67 735.8
羊毛	765.5	555.2	377.7	217.3	159.3	330.7
茶	906.4	977.0	1 118.0	1 467.4	1 194.3	2 047.4

3-6-2 中国香港主要农产品进口额（一）

单位：万美元

项　目	2000年	2001年	2002年	2003年	2004年
农产品	1 059 451.8	1 024 045.9	1 003 306.4	1 002 474.2	1 054 885.3
谷物	23 937.4	22 505.2	21 651.9	23 552.8	25 346.8
小麦产品	6 199.8	5 931.1	5 908.4	5 802.8	6 157.6
玉米产品	498.1	1 225.9	852.4	1 121.9	1 511.7
稻谷产品	16 683.6	14 596.9	13 952.0	15 492.5	16 519.9
棉花	12 915.1	12 643.0	8 812.8	11 663.5	10 563.6
食用油籽	2 872.6	2 519.2	2 412.0	2 964.5	3 393.9
大豆	1 393.6	1 360.6	1 177.1	1 267.7	1 611.2
花生	1 246.2	961.2	1 096.1	1 208.6	1 444.3
油菜子					
食用植物油	36 181.5	40 406.9	38 845.7	25 612.4	25 348.4
豆油	8 540.9	14 209.4	12 173.5	5 608.4	6 484.7
菜子油			2 859.4	1 795.9	2 187.3
棕榈油	6 057.3	14 424.9	19 517.7	13 750.2	11 762.0
食糖	4 672.4	5 676.2	5 585.0	4 790.1	4 755.1
蔬菜	42 079.8	35 360.2	33 428.2	31 400.6	32 364.6
水果	85 562.3	85 715.5	89 475.8	82 070.7	78 261.6
苹果	6 068.3	6 691.9	6 822.8	6 605.2	6 287.6
柑橘	18 189.8	18 323.8	18 159.1	18 835.1	16 646.8
苹果汁			292.0	314.8	284.1
柑橘汁	464.4	528.2	684.9	734.2	504.7
水产品	220 822.2	203 937.3	204 262.5	204 175.8	224 312.3
畜产品	326 639.8	323 710.2	304 906.0	325 846.3	339 023.8
猪产品	67 181.7	68 266.1	64 293.2	69 709.4	78 154.2
牛产品	29 774.5	27 080.8	26 980.2	33 503.8	29 286.3
羊产品	1 711.2	1 579.4	1 982.6	2 129.4	2 477.8
家禽产品	94 486.7	85 486.5	73 987.5	72 070.7	57 553.9
蛋产品	7 450.9	7 495.9	7 218.1	6 854.4	7 686.5
乳品	33 189.0	35 638.9	30 772.4	25 381.8	28 803.1
动物生皮	15 642.4	24 383.2	24 639.3	30 988.9	31 211.0
动物生毛皮	37 175.8	39 456.4	40 542.1	48 725.6	64 016.6
羊毛	1 088.8	819.3	694.1	688.2	497.6
茶	4 736.2	4 561.7	3 573.3	3 334.9	3 491.2

中国香港主要农产品进口额（二）

单位：万美元

项　目	2005 年	2006 年	2007 年	2008 年	2009 年	2010 年
农产品	1 061 509.8	1 138 141.7	1 301 158.9	1 613 662.7	1 693 984.1	2 030 836.8
谷物	25 719.5	26 531.4	30 616.7	40 088.4	42 426.6	45 064.8
小麦产品	6 516.5	6 647.5	7 560.0	9 864.3	9 449.8	9 110.2
玉米产品	1 714.8	1 724.0	1 278.9	962.1	753.9	1 045.5
稻谷产品	16 154.2	16 856.6	20 389.7	27 377.1	29 544.3	31 939.5
棉花	10 867.3	16 836.9	17 651.2	11 950.2	12 736.5	18 033.7
食用油籽	3 101.1	2 973.5	3 143.2	4 541.9	4 461.8	4 665.1
大豆	1 494.9	1 402.1	1 611.7	2 304.9	2 493.0	2 227.5
花生	1 382.0	1 368.7	1 317.5	1 946.4	1 699.0	2 147.0
油菜子						
食用植物油	18 283.3	16 383.1	28 825.9	40 415.0	15 594.9	18 965.2
豆油	5 051.0	3 884.3	5 314.3	7 111.0	5 261.5	5 651.1
菜子油	2 521.4	1 903.6	2 674.3	4 089.0	3 371.1	5 537.3
棕榈油	6 015.7	5 779.1	15 183.5	22 138.2	1 424.9	1 308.6
食糖	6 154.1	8 379.8	7 886.5	8 245.4	8 587.8	11 445.2
蔬菜	31 696.4	34 499.4	38 036.5	41 425.1	44 216.8	45 832.5
水果	78 667.2	88 452.6	95 050.2	111 504.0	133 760.7	139 081.5
苹果	5 657.7	5 905.8	6 757.8	8 693.6	9 666.8	11 980.6
柑橘	15 557.5	18 299.3	16 721.0	19 238.3	19 352.8	22 587.0
苹果汁	298.8	266.2	317.0	370.8	317.6	396.2
柑橘汁	517.5	577.8	699.7	820.2	642.0	603.7
水产品	225 553.5	238 598.7	261 923.4	284 316.5	288 483.2	339 551.9
畜产品	349 465.3	384 961.9	449 618.9	646 166.2	671 448.8	799 514.2
猪产品	74 637.9	79 563.5	109 818.1	210 594.8	204 394.8	206 059.8
牛产品	33 396.5	41 302.7	55 599.2	84 296.9	115 234.1	112 433.0
羊产品	2 797.9	3 050.9	3 483.0	4 108.5	5 590.5	8 068.0
家禽产品	64 642.3	72 807.0	97 841.5	122 722.9	131 022.6	182 821.7
蛋产品	7 665.5	7 852.0	10 415.7	12 117.1	12 556.9	13 414.8
乳品	31 929.7	35 569.9	39 962.5	50 256.4	57 882.2	73 749.9
动物生皮	24 277.0	20 735.7	22 519.9	30 086.6	18 994.5	30 547.1
动物生毛皮	68 503.8	79 621.4	59 202.5	73 931.2	61 730.5	96 462.4
羊毛	742.9	628.8	333.1	261.0	171.1	610.8
茶	3 589.7	4 273.0	4 432.2	4 886.5	5 001.7	6 381.2

3-6-3 中国香港主要农产品出口量（一）

单位：吨

项目	2000年	2001年	2002年	2003年	2004年
农产品					
谷物			46 345.6	30 088.8	37 208.2
小麦产品	25 042.1	25 524.5	22 374.3	17 608.0	19 442.1
玉米产品	1 078.0	1 303.9	6 112.5	1 632.3	1 627.0
稻谷产品		17 915.9	15 502.7	8 755.5	14 257.2
棉花	39 532.5	46 942.2	35 000.6	69 752.5	71 446.1
食用油籽	25 412.3	20 998.0	15 944.3	19 038.1	18 794.9
大豆	19 602.2	16 106.2	12 575.6	14 139.8	13 355.9
花生	2 291.0	1 413.7	1 212.9	1 190.6	1 301.6
油菜子					
食用植物油	230 352.0	178 507.5	182 057.5	110 179.3	92 429.5
豆油	30 361.2	23 913.8	65 110.8	25 826.9	22 615.4
菜子油			28 345.5	13 626.3	14 525.1
棕榈油	80 960.1	78 288.2	71 236.3	63 676.9	50 265.5
食糖	19.8	44.2	42 811.4	34 020.7	40 880.9
蔬菜		88 154.4			
水果					
苹果	26 829.3	40 103.6	41 362.6	43 743.3	37 360.4
柑橘	53 768.4	71 812.3	80 738.6	79 461.9	57 640.4
苹果汁					
柑橘汁	2 005.1	1 233.1			
水产品					
畜产品					
猪产品					
牛产品					
羊产品					
家禽产品					
蛋产品					
乳品	53 469.6	44 867.5			
动物生皮			173 351.5	210 432.9	200 190.2
动物生毛皮			2 492.3	3 217.0	3 807.6
羊毛	3 132.7	2 866.2	1 923.7	1 496.1	1 468.4
茶	12 300.5	9 192.3	3 846.2	3 215.8	2 663.4

中国香港主要农产品出口量（二）

单位：吨

项目	2005 年	2006 年	2007 年	2008 年	2009 年	2010 年
农产品						
谷物	37 814.8	40 108.2	48 046.5	57 079.7	38 827.6	38 685.4
小麦产品	22 173.2	25 445.8	33 873.3	20 592.9	17 546.1	10 844.4
玉米产品	1 982.4	1 768.7	219.9	75.6	103.9	117.2
稻谷产品	10 691.1	12 175.7	13 327.7	34 740.7	17 764.0	24 556.9
棉花	69 481.1	115 456.2	93 182.1	62 198.3	75 994.4	105 100.0
食用油籽	14 744.5	14 385.2	12 751.5	10 629.5	13 312.5	14 208.2
大豆	12 891.3	12 513.6	10 523.5	8 566.7	11 029.1	11 608.4
花生	1 138.1	1 108.9	1 354.5	1 146.6	1 620.3	1 782.5
油菜子						
食用植物油	64 260.7	45 941.4	50 340.2	41 374.2	42 636.7	30 605.2
豆油	23 121.2	12 130.0	12 699.2	11 397.1	9 429.2	4 464.8
菜子油	19 800.8	12 908.7	11 663.6	12 725.7	13 845.6	15 003.0
棕榈油	17 916.7	17 457.3	19 569.2	11 637.0	14 214.8	1 012.7
食糖	34 728.2	30 368.1	31 093.4	26 699.6	17 195.5	20 479.8
蔬菜	33 491.9	51 174.5	34 283.4	31 059.2	30 629.8	34 830.5
水果						
苹果	28 192.3	24 075.8	29 109.8	34 735.1	47 964.2	60 582.2
柑橘	49 374.8	68 681.0	70 675.7	71 224.2	87 055.7	92 907.1
苹果汁	10.2	20.1	32.5	53.4	68.1	68.8
柑橘汁	254.2	981.9	2 428.9	3 427.5	2 716.6	1 842.3
水产品						
畜产品						
猪产品						
牛产品						
羊产品						
家禽产品						
蛋产品						
乳品	19 403.2	23 137.6	18 275.9	19 982.5	18 235.5	21 325.0
动物生皮	164 750.3	131 841.9	125 705.4	166 911.9	134 319.8	172 051.9
动物生毛皮	3 258.9	3 389.2	3 374.0	3 896.1	4 116.1	4 025.2
羊毛	1 807.9	1 391.4	956.3	580.2	558.5	934.7
茶	2 117.1	2 009.8	2 076.6	2 280.3	1 910.9	2 427.0

3-6-4 中国香港主要农产品进口量（一）

单位：吨

项　目	2000年	2001年	2002年	2003年	2004年
农产品					
谷物			615 978.0	618 620.9	623 544.1
小麦产品	167 756.3	165 910.5	174 837.0	172 085.0	178 226.9
玉米产品	2 754.2	5 692.5	62 252.7	77 729.3	82 376.9
稻谷产品			366 937.3	357 510.0	351 639.7
棉花	132 846.6	131 685.2	120 561.2	141 169.1	113 860.4
食用油籽	60 692.6	53 378.5	47 643.6	51 455.2	50 241.6
大豆	44 916.2	41 242.2	35 003.2	35 446.1	36 199.4
花生	12 956.6	9 561.5	10 858.6	10 484.0	10 957.6
油菜子					
食用植物油	770 369.2	1 054 258.3	891 282.4	462 730.8	407 310.2
豆油	205 627.6	370 402.1	275 128.2	95 430.5	97 527.0
菜子油			54 989.9	29 094.1	31 212.8
棕榈油	181 748.2	489 037.7	511 167.8	295 933.5	234 558.5
食糖	1 571.8	514.5	194 189.2	173 291.6	177 921.2
蔬菜		719 522.1			
水果					
苹果	77 778.3	93 074.6	94 652.8	102 265.0	91 201.4
柑橘	285 179.4	267 720.0	277 938.7	274 448.4	228 397.6
苹果汁					
柑橘汁	4 862.1	6 406.9			
水产品					
畜产品					
猪产品					
牛产品					
羊产品					
家禽产品					
蛋产品					
乳品	191 691.9	179 285.5			
动物生皮			187 533.4	228 362.3	219 494.4
动物生毛皮			2 783.8	3 231.3	3 824.9
羊毛	3 324.6	2 219.2	1 645.0	1 777.8	1 093.1
茶	19 070.2	18 650.3	13 738.1	13 422.5	13 153.6

中国香港主要农产品进口量（二）

单位：吨

项　目	2005 年	2006 年	2007 年	2008 年	2009 年	2010 年
农产品						
谷物	646 261.3	651 753.5	633 660.4	600 612.2	588 685.4	592 710.6
小麦产品	182 056.1	185 889.3	196 541.4	189 795.5	177 831.7	174 794.3
玉米产品	97 982.0	106 625.0	54 629.2	31 137.3	30 704.9	35 541.7
稻谷产品	353 124.2	347 512.4	371 602.9	369 471.0	365 032.4	365 867.9
棉花	127 983.0	197 042.1	185 932.9	107 718.7	120 927.2	134 347.1
食用油籽	48 728.9	49 453.1	47 922.7	46 413.4	46 815.7	46 592.5
大豆	36 551.5	36 621.6	37 034.8	34 565.7	35 479.8	34 192.2
花生	10 355.5	11 087.0	9 163.7	10 328.7	9 745.0	10 628.7
油菜子						
食用植物油	305 568.9	260 403.6	325 547.7	314 389.4	138 067.2	159 555.1
豆油	86 390.5	65 347.0	66 735.9	57 714.6	60 888.0	57 789.8
菜子油	39 458.3	27 349.0	29 158.0	29 329.4	34 646.2	54 139.7
棕榈油	140 769.6	128 294.5	191 697.8	197 959.3	16 780.9	13 715.8
食糖	191 307.4	195 351.3	202 058.8	198 269.6	178 776.0	182 996.4
蔬菜	654 623.3	652 692.1	756 112.2	765 162.7	770 177.7	763 728.7
水果						
苹果	88 321.8	81 490.6	87 432.4	111 823.8	120 004.4	131 012.1
柑橘	212 229.7	233 196.8	200 844.1	225 555.7	243 308.1	250 326.6
苹果汁	3 100.6	3 231.3	3 542.9	3 958.5	2 829.5	3 822.1
柑橘汁	6 254.4	7 078.3	7 430.2	7 897.8	6 976.0	6 168.8
水产品						
畜产品						
猪产品						
牛产品						
羊产品						
家禽产品						
蛋产品						
乳品	162 329.5	171 174.1	174 226.2	166 551.5	171 468.4	184 457.8
动物生皮	173 814.4	147 523.9	144 204.0	182 988.6	154 644.5	181 127.4
动物生毛皮	4 033.0	3 958.5	3 426.4	3 657.6	3 996.7	4 548.0
羊毛	1 716.1	1 272.5	825.4	786.8	585.0	1 374.9
茶	12 625.8	14 053.4	13 397.8	13 119.3	13 604.7	13 849.7

3－7 印度主要农产品贸易情况

3－7－1 印度主要农产品出口额（一）

单位：万美元

项目	2000年	2001年	2002年	2003年	2004年
农产品	600 062.2	638 296.5	692 070.4	719 500.6	876 682.0
谷物	65 491.6	94 092.7	162 200.0	148 276.1	189 135.2
小麦产品	1 604.3	31 097.9	42 579.1	52 535.8	49 514.8
玉米产品	429.7	1 484.5	1 864.6	3 002.2	19 187.8
稻谷产品	63 105.8	61 160.2	117 183.5	92 120.4	118 391.7
棉花	4 658.6	1 490.4	973.8	6 107.0	21 265.1
食用油籽	20 295.1	22 170.8	12 879.3	22 885.4	37 268.8
大豆	2 010.8	1 299.2	468.8	829.5	6 119.4
花生	7 616.4	7 770.8	4 190.4	8 253.5	13 599.3
油菜子	1 123.2	1 927.9	235.6	426.7	518.5
食用植物油	426.2	1 682.4	1 289.7	2 337.2	5 655.3
豆油	302.3	205.3	782.5	185.3	601.8
菜子油				125.8	222.7
棕榈油	7.8	1 151.8	99.1	1.9	113.2
食糖	6 238.3	32 707.1	28 641.7	38 847.7	5 244.6
蔬菜	31 427.0	29 995.6	33 351.8	38 080.3	47 659.7
水果	12 966.9	12 949.0	14 965.0	16 905.0	18 837.7
苹果	126.3	34.9	553.3	180.2	709.6
柑橘	661.0	783.8	670.3	1 181.5	1 465.6
苹果汁				40.1	64.1
柑橘汁	3.1	2.2	7.8	47.9	53.3
水产品	139 495.0	125 410.9	138 433.5	135 201.1	127 464.8
畜产品	33 633.8	38 158.3	39 249.1	43 552.6	59 978.0
猪产品	33.7	32.6	76.0	43.3	80.8
牛产品	25 206.7	26 518.3	27 782.7	28 138.2	39 728.6
羊产品	1 632.0	893.4	874.6	2 289.0	2 274.7
家禽产品	123.5	135.6	142.9	717.9	353.5
蛋产品	1 647.6	3 032.9	3 305.6	4 664.3	6 024.8
乳品	1 647.6	3 032.9	3 305.6	4 664.3	6 024.8
动物生皮	14.2	108.8	150.3	232.3	318.4
动物生毛皮	0.2	3.6	10.4	10.4	0.7
羊毛	107.5	80.1	95.0	133.1	127.0
茶	36 581.1	43 816.0	33 728.4	33 189.6	40 083.1

印度主要农产品出口额（二）

单位：万美元

项　目	2005 年	2006 年	2007 年	2008 年	2009 年	2010 年
农产品	1 030 761.6	1 243 623.6	1 641 881.4	2 124 563.2	1 629 257.2	
谷物	193 682.1	160 674.9	280 219.9	394 232.0	301 572.4	
小麦产品	18 968.9	2 025.5	1 400.8	534.6	1 241.7	
玉米产品	7 503.0	10 545.5	32 148.6	93 300.2	53 718.9	
稻谷产品	164 092.1	146 129.1	236 160.3	285 835.4	240 968.6	
棉花	33 887.9	99 706.7	166 330.2	166 690.2	103 676.6	
食用油籽	29 786.2	36 411.0	58 701.0	78 102.8	51 702.5	
大豆	759.1	528.2	1 014.7	2 107.1	3 132.3	
花生	11 683.8	18 088.2	24 313.7	28 528.4	21 054.2	
油菜子	813.2	1 521.2	272.4	579.3	438.5	
食用植物油	2 498.7	3 490.7	4 680.1	4 870.1	1 597.7	
豆油	789.7	1 345.6	850.5	1 032.5	146.4	
菜子油	136.1	198.5	250.6	146.8	362.0	
棕榈油	34.8	192.0	85.4	30.1	0.6	
食糖	3 898.2	62 204.8	97 196.5	146 253.5	3 273.9	
蔬菜	54 114.3	76 667.2	105 613.9	114 391.6	126 900.6	
水果	24 841.8	31 969.3	36 533.1	50 954.5	50 702.7	
苹果	772.5	788.3	776.3	1 204.2	673.0	
柑橘	1 109.5	1 509.0	1 301.8	1 679.8	1 496.7	
苹果汁	239.4	15.1	250.1	61.4	9.4	
柑橘汁	60.2	20.6	34.2	141.1	103.9	
水产品	162 945.3	169 548.4	177 558.5	160 538.2	164 452.1	
畜产品	89 278.6	96 082.7	118 028.2	171 215.0	143 125.0	
猪产品	63.8	90.4	81.2	737.6	136.7	
牛产品	56 270.2	67 604.2	80 918.0	111 124.1	99 207.2	
羊产品	2 125.9	2 320.3	3 623.9	7 594.1	19 931.6	
家禽产品	209.4	182.2	320.0	380.4	182.6	
蛋产品	7 577.0	5 638.9	10 132.3	10 992.5	6 979.6	
乳品	7 577.0	5 638.9	10 132.3	10 992.5	6 979.6	
动物生皮	949.6	1 590.7	2 807.4	5 565.1	1 812.0	
动物生毛皮	5.5	2.3	4.4	15.3	0.4	
羊毛	165.6	88.1	70.8	89.8	196.0	
茶	40 581.2	44 245.5	45 630.2	58 972.5	58 159.2	

3-7-2 印度主要农产品进口额（一）

单位：万美元

项　目	2000年	2001年	2002年	2003年	2004年
农产品	292 694.7	342 143.9	386 058.5	475 256.7	505 346.0
谷物	2 983.0	600.1	272.3	129.3	296.3
小麦产品	286.6	54.5	23.1	72.4	161.7
玉米产品	1 702.7	73.7	30.8	15.9	54.2
稻谷产品	973.6	462.3	201.5	12.0	13.3
棉花	32 960.0	38 758.5	27 615.9	36 234.0	22 000.6
食用油籽	176.9	292.3	689.0	725.1	1 066.5
大豆	4.8	4.3	0.6	5.8	5.1
花生	1.7	2.0	1.3		0.4
油菜子	0.2		0.1	0.6	0.4
食用植物油	131 706.6	136 507.7	159 762.7	235 941.9	233 859.5
豆油	16 657.8	44 828.4	50 438.5	61 918.9	56 955.7
菜子油					1.3
棕榈油	89 158.7	78 451.7	108 838.8	168 070.6	171 292.5
食糖	4 392.7	888.1	672.2	439.3	15 228.8
蔬菜	3 501.6	5 047.8	7 150.8	6 203.0	6 118.6
水果	7 053.5	7 975.3	6 896.7	6 876.1	9 649.5
苹果	313.9	813.0	1 302.3	1 324.3	990.1
柑橘	7.8	14.0	23.2	28.0	34.4
苹果汁				25.9	59.5
柑橘汁	314.7	293.3	281.5	203.6	312.5
水产品	2 918.2	4 021.4	5 255.2	7 318.7	8 337.9
畜产品	18 730.7	20 598.9	25 182.6	27 148.4	27 060.4
猪产品	29.6	16.0	33.2	23.3	21.4
牛产品	3.1	5.3	17.6	21.6	31.2
羊产品	19.6	24.9	21.5	21.1	17.3
家禽产品	0.6	8.2	17.6	9.7	15.1
蛋产品	5.0	2.6	62.9	70.2	42.6
乳品	5.0	2.6	62.9	70.2	42.6
动物生皮	5 395.7	6 299.5	5 999.5	4 756.4	4 519.3
动物生毛皮	3.8	2.5	6.9	9.8	9.9
羊毛	10 411.9	12 377.2	16 219.9	18 037.1	19 585.8
茶	753.5	1 163.7	2 709.8	1 425.2	3 170.7

印度主要农产品进口额（二）

单位：万美元

项　目	2005 年	2006 年	2007 年	2008 年	2009 年	2010 年
农产品	564 500.7	580 099.4	780 136.9	856 000.2	1 133 771.8	
谷物	521.2	31 634.9	130 434.8	28 164.2	2 071.9	
小麦产品	133.0	30 763.5	129 619.8	26 679.9	362.3	
玉米产品	94.7	125.8	283.7	522.4	802.8	
稻谷产品	6.0	30.5	33.4	35.9	30.7	
棉花	16 438.9	16 061.6	19 356.7	42 643.4	18 713.9	
食用油籽	995.2	1 263.7	2 003.7	3 488.8	4 799.7	
大豆	2.3	6.6	4.8	5.7	5.2	
花生	0.8	1.6	3.5	3.3	3.4	
油菜子	0.8	0.1	1.3	2.1	0.5	
食用植物油	212 862.2	208 768.1	228 750.2	288 406.8	473 461.7	
豆油	82 218.9	82 106.9	70 508.2	34 077.2	69 199.4	
菜子油	4.4	4.3	4.9	5.3	3 737.9	
棕榈油	128 781.8	118 600.3	148 428.6	243 753.1	350 333.5	
食糖	22 187.0	108.4	56.9	2 911.2	87 346.4	
蔬菜	8 392.4	8 471.8	10 674.7	12 871.6	12 840.4	
水果	12 014.4	15 950.4	21 042.1	24 651.5	28 648.2	
苹果	2 121.9	2 348.0	5 296.3	6 427.7	8 297.8	
柑橘	77.0	160.6	258.2	410.2	658.5	
苹果汁	82.3	226.1	538.5	142.6	281.9	
柑橘汁	298.5	503.9	480.6	545.4	596.4	
水产品	10 355.2	10 234.5	10 224.8	12 920.5	14 178.3	
畜产品	30 000.2	32 523.3	38 642.1	40 501.9	35 192.2	
猪产品	37.0	27.2	71.7	152.2	135.9	
牛产品	34.6	3.7	2.0		2.2	
羊产品	9.3	16.9	9.1	5.9	25.1	
家禽产品	64.5	268.0	241.7	387.9	515.3	
蛋产品	127.6	69.7	65.4	39.0	47.5	
乳品	127.6	69.7	65.4	39.0	47.5	
动物生皮	6 346.5	6 074.1	8 137.9	9 778.6	7 597.9	
动物生毛皮	21.1	31.1	96.0	159.6	99.6	
羊毛	21 064.2	22 303.2	27 005.6	26 576.7	18 431.3	
茶	2 440.4	2 917.9	3 014.0	4 201.8	5 338.0	

3-7-3 印度主要农产品出口量（一）

单位：吨

项 目	2000年	2001年	2002年	2003年	2004年
农产品					
谷物	1 680 198.2	4 750 594.9	9 245 288.1		8 261 506.7
小麦产品	143 129.2	2 885 869.2	4 173 170.3	4 285 145.6	3 242 257.5
玉米产品	19 777.2	110 235.5	90 823.8	209 748.4	1 314 758.3
稻谷产品	1 493 573.5	1 735 721.2	4 948 355.1	3 793 750.9	3 582 807.9
棉花	31 494.4	19 275.7	10 239.6	54 653.3	195 383.3
食用油籽	395 221.1	467 760.8	249 272.7	360 434.7	631 664.6
大豆	88 270.2	48 916.4	15 194.0	28 026.3	228 845.2
花生	143 890.2	162 562.5	88 178.2	134 620.8	182 783.6
油菜子	20 921.2	38 723.1	4 888.7	19 317.8	30 087.1
食用植物油	17 133.1	32 774.3	20 892.1	22 094.5	51 868.9
豆油	15 787.1	5 975.5	13 050.3	1 705.3	4 499.8
菜子油				1 166.5	2 060.0
棕榈油	220.0	22 620.3	3 067.3	28.2	1 784.0
食糖	215 555.3	1 298 610.4	1 280 301.7	1 702 567.5	201 225.2
蔬菜	645 219.2	741 891.3	961 098.3	1 170 891.6	1 429 027.7
水果					
苹果	4 279.9	1 072.1	32 730.0	8 346.6	25 164.9
柑橘	27 347.3	32 898.1	27 702.1	54 706.7	66 189.1
苹果汁				547.6	722.9
柑橘汁	29.7	28.1	70.0	404.0	480.5
水产品					
畜产品					
猪产品					
牛产品					
羊产品					
家禽产品					
蛋产品					
乳品	13 064.1	21 358.8	27 797.8		64 045.7
动物生皮	50.5	415.2	743.3	463.2	1 017.9
动物生毛皮	0.8	16.1	3.5	5.3	
羊毛	278.3	290.4	273.4	321.5	309.8
茶	175 729.2	207 219.6	183 942.3	168 709.2	177 691.5

印度主要农产品出口量（二）

单位：吨

项　目	2005 年	2006 年	2007 年	2008 年	2009 年	2010 年
农产品						
谷物	6 737 984.1	5 277 777.4	8 209 963.3	8 353 009.2	5 094 941.6	
小麦产品	1 087 057.5	88 645.5	36 637.1	13 966.6	29 394.1	
玉米产品	437 500.7	637 964.9	1 525 690.8	4 225 747.0	2 706 688.0	
稻谷产品	5 066 897.9	4 463 644.9	6 261 714.5	3 569 921.1	2 174 843.3	
棉花	339 313.3	896 436.0	1 266 998.6	1 224 799.3	781 569.8	
食用油籽	420 527.2	506 511.4	611 931.6	657 620.1	523 916.5	
大豆	23 097.4	12 644.4	22 935.0	42 330.9	68 030.7	
花生	192 435.7	279 170.2	263 929.0	298 574.6	244 598.0	
油菜子	17 109.1	23 746.9	2 789.3	7 386.0	5 039.2	
食用植物油	27 114.2	40 484.5	36 027.8	33 593.1	11 022.0	
豆油	11 180.8	17 396.1	9 163.9	9 250.1	2 001.1	
菜子油	1 123.9	1 756.0	1 655.0	1 152.8	3 344.0	
棕榈油	683.2	4 396.3	994.9	211.6	5.4	
食糖	107 892.0	1 368 078.5	3 326 511.0	5 022 139.8	78 115.6	
蔬菜	1 565 128.5	2 189 176.4	1 826 919.2	2 655 808.5	2 890 140.4	
水果						
苹果	26 809.4	29 408.5	31 356.9	44 475.5	27 353.9	
柑橘	48 384.1	64 754.0	50 723.2	67 000.0	56 522.4	
苹果汁	1 839.1	147.9	1 486.9	509.4	66.1	
柑橘汁	625.9	191.7	231.4	769.2	663.2	
水产品						
畜产品						
猪产品						
牛产品						
羊产品						
家禽产品						
蛋产品						
乳品	81 784.0	48 401.4	79 477.1	84 943.7	55 044.0	
动物生皮	3 622.7	5 738.2		9 246.0	3 304.2	
动物生毛皮		3.0				
羊毛	386.0	220.7	128.3	206.0	937.9	
茶	177 385.8	184 070.3	184 806.6	205 294.7	202 820.7	

3-7-4 印度主要农产品进口量（一）

单位：吨

项目	2000年	2001年	2002年	2003年	2004年
农产品					
谷物	143 020.9	21 542.1	7 674.7		11 339.1
小麦产品	13 263.0	3 757.1	746.0	2 976.0	6 926.9
玉米产品	84 028.8	4 391.0	698.4	349.4	1 223.9
稻谷产品	44 257.4	12 941.9	5 551.4	162.2	99.8
棉花	276 815.6	335 381.8	267 784.6	274 394.7	158 635.0
食用油籽	3 806.3	5 282.1	10 618.9	9 850.9	13 931.5
大豆	75.8	118.1	16.1	51.8	28.9
花生	19.8	20.1	18.8		2.2
油菜子	1.8	0.1	0.8	0.5	2.2
食用植物油	3 827 074.3	4 597 276.8	4 142 878.7	5 049 349.4	4 297 494.8
豆油	469 460.2	1 296 603.1	1 222 287.5	1 091 523.3	914 486.6
菜子油					24.0
棕榈油	2 732 811.1	2 984 375.5	2 914 688.1	3 858 120.3	3 297 645.7
食糖	196 073.4	34 268.3	41 307.3	24 441.0	685 702.3
蔬菜	32 007.6	81 432.0	107 949.5	88 859.5	71 287.5
水果					
苹果	4 546.5	12 524.2	20 093.1	22 051.8	15 845.8
柑橘	196.5	256.6	566.4	661.1	678.9
苹果汁				249.1	625.7
柑橘汁	3 243.8	3 238.0	2 725.0	1 589.8	4 065.3
水产品					
畜产品					
猪产品					
牛产品					
羊产品					
家禽产品					
蛋产品					
乳品	5.7	2.8	247.9		41.2
动物生皮	21 262.0	18 275.3	17 960.9	16 086.3	13 188.3
动物生毛皮	4.1	4.1	12.2	3.6	1.0
羊毛	60 328.5	75 620.4	81 724.8	86 612.3	93 020.4
茶	9 464.5	9 264.6	23 848.3	10 926.4	29 876.2

印度主要农产品进口量（二）

单位：吨

项 目	2005年	2006年	2007年	2008年	2009年	2010年
农产品						
谷物	17 923.3	1 426 464.7	5 095 953.9	747 898.7	45 205.3	
小麦产品	3 681.8	1 396 414.4	5 081 440.3	722 525.0	10 505.9	
玉米产品	2 100.8	2 741.2	6 019.3	7 042.2	12 412.9	
稻谷产品	63.9	539.2	309.4	239.5	164.4	
棉花	123 233.6	87 339.8	118 766.6	226 582.7	143 082.0	
食用油籽	14 588.4	15 417.6	21 337.7	12 551.8	24 332.8	
大豆	8.6	40.4	39.3	56.9	63.8	
花生	3.2	20.6	29.3	27.2	240.6	
油菜子	3.2	0.6	9.3	17.2	0.6	
食用植物油	4 568 928.9	4 305 214.7	4 468 284.9	5 794 964.3	7 600 964.1	
豆油	1 509 932.0	1 498 937.9	1 196 209.0	580 022.5	979 884.4	
菜子油	124.0	41.2	44.6	40.6	44 092.3	
棕榈油	3 037 157.1	2 681 993.2	3 144 532.5	5 138 625.3	5 979 042.1	
食糖	855 114.3	1 866.4	509.2	71 210.9	2 085 710.4	
蔬菜	79 577.1	65 541.4	86 004.1	87 727.5	83 399.2	
水果						
苹果	33 587.1	35 911.5	64 955.9	62 348.4	90 714.4	
柑橘	1 568.8	2 377.9	3 270.4	5 009.0	9 925.3	
苹果汁	831.2	2 230.9	4 900.5	1 086.4	3 204.0	
柑橘汁	2 398.5	3 618.0	2 685.2	2 793.1	3 756.6	
水产品						
畜产品						
猪产品						
牛产品						
羊产品						
家禽产品						
蛋产品						
乳品	49.9	68.8	22.5	13.2	18.9	
动物生皮	17 675.1	19 334.1		29 668.4	30 925.2	
动物生毛皮		3.2				
羊毛	95 270.2	100 960.2	96 534.2	78 898.5	61 058.2	
茶	18 677.6	25 994.3	18 873.3	23 436.6	31 751.2	

3-8 蒙古主要农产品贸易情况

3-8-1 蒙古主要农产品出口额（一）

单位：万美元

项 目	2000 年	2001 年	2002 年	2003 年	2004 年
农产品	9 051.7	5 277.7	5 158.2	4 931.5	3 751.1
谷物	7.0	0.6	4.8	0.1	3.0
小麦产品	7.0	0.6			3.0
玉米产品					
稻谷产品		3.0	4.8		11.0
棉花	24.0				
食用油籽		0.6	3.7	7.6	9.0
大豆					
花生		0.6			
油菜子			3.7	7.6	9.0
食用植物油	0.3	1.7			13.0
豆油					13.0
菜子油					
棕榈油					
食糖		4.0			
蔬菜	0.3	0.5	1.9	5.7	13.2
水果	3.3	0.7	0.1	0.2	2.1
苹果	0.2				1.4
柑橘					
苹果汁				8.0	
柑橘汁					
水产品	22.7	8.2	14.8	16.2	9.5
畜产品	8 888.6	5 125.3	4 831.7	4 782.0	3 114.5
猪产品			1.1	2.2	12.1
牛产品	1 561.4	1 365.1	1 439.9	961.4	530.5
羊产品	36.8	95.7	43.3	0.7	2.1
家禽产品				0.4	
蛋产品				0.3	
乳品				0.3	
动物生皮	3 494.7	1 692.9	1 132.1	714.6	429.9
动物生毛皮	359.2	0.6	0.3	1.9	1.3
羊毛	301.7	440.2	534.9	663.2	678.2
茶		0.4			0.2

蒙古主要农产品出口额（二）

单位：万美元

项　目	2005年	2006年	2007年	2008年	2009年	2010年
农产品	5 077.7	11 474.1	11 914.7			
谷物	1.2	0.9				
小麦产品						
玉米产品	6.0					
稻谷产品						
棉花		12.1				
食用油籽	12.2	245.2	255.0			
大豆						
花生						
油菜子	12.2	245.2	255.0			
食用植物油	7.2	3.2				
豆油						
菜子油	7.2					
棕榈油		3.2				
食糖						
蔬菜	10.7	0.3	1.0			
水果	9.0	3.5	2.0			
苹果	1.9	1.9	0.6			
柑橘						
苹果汁						
柑橘汁		72.0				
水产品	24.8	23.4	11.8			
畜产品	4 807.7	10 360.8	10 812.9			
猪产品	3.0	5.8	5.6			
牛产品	401.6	577.2	669.5			
羊产品	6.6	5.0	15.7			
家禽产品			86.0			
蛋产品		5.0				
乳品		5.0				
动物生皮	429.6	521.9	425.8			
动物生毛皮	45.0	21.7	0.7			
羊毛	620.5	559.3	968.6			
茶	2.8	0.5	0.5			

3-8-2 蒙古主要农产品进口额（一）

单位：万美元

项 目	2000年	2001年	2002年	2003年	2004年
农产品	10 350.6	11 407.2		11 629.4	16 028.8
谷物	4 089.8	4 278.0		2 531.1	5 590.3
小麦产品	3 416.1	3 808.1		1 991.1	4 879.6
玉米产品	2.8	11.5		0.4	0.9
稻谷产品	460.7	300.7		382.7	537.6
棉花	18.5	7.1		7.2	7.1
食用油籽	5.7	4.9		12.3	23.5
大豆	61.0			0.1	0.3
花生	5.7	4.9		12.1	22.0
油菜子				5.0	1.2
食用植物油	388.0	510.2		805.0	674.6
豆油	69.0	347.4		763.1	568.7
菜子油				2.7	0.7
棕榈油	7.9	6.1		24.3	56.0
食糖	510.8	726.0		495.7	885.0
蔬菜	404.7	537.0		905.4	966.5
水果	443.7	548.5		751.6	834.2
苹果	188.3	219.5		342.2	368.6
柑橘	4.9	3.7		17.2	14.0
苹果汁				51.2	66.5
柑橘汁	22.0	30.5		61.2	45.8
水产品	25.6	36.3		34.5	24.7
畜产品	343.3	553.6		625.2	641.0
猪产品	3.7	1.3		16.6	12.4
牛产品	4.7	3.8		2.7	1.5
羊产品					
家禽产品	5.1	21.2		29.2	22.0
蛋产品	43.7	83.4		116.7	91.9
乳品	43.7	83.4		116.7	91.9
动物生皮	0.7	18.8		0.6	17.1
动物生毛皮					0.5
羊毛		17.6		0.1	0.5
茶	93.4	112.1		117.9	135.3

蒙古主要农产品进口额（二）

单位：万美元

项　目	2005 年	2006 年	2007 年	2008 年	2009 年	2010 年
农产品	15 407.7	18 082.3	25 212.7			
谷物	4 147.8	4 853.5	5 740.8			
小麦产品	3 581.2	4 137.8	4 735.9			
玉米产品	1.2	1.1	5.1			
稻谷产品	367.6	523.4	815.0			
棉花	4.6	7.6	6.8			
食用油籽	13.1	10.9	35.7			
大豆	0.4	0.2	3.5			
花生	11.3	9.7	28.5			
油菜子	1.2	1.0	3.0			
食用植物油	895.9	739.3	1 156.5			
豆油	743.9	572.3	659.1			
菜子油		1.6	1.5			
棕榈油	127.2	152.2	227.6			
食糖	713.4	886.7	1 351.1			
蔬菜	1 006.5	1 153.9	1 479.3			
水果	840.3	975.0	1 466.7			
苹果	351.0	211.9	215.4			
柑橘	12.4	15.6	45.5			
苹果汁	19.0	21.6	32.1			
柑橘汁	29.0	221.3	349.3			
水产品	33.4	41.8	83.8			
畜产品	611.7	874.1	1 065.9			
猪产品	2.2	15.2	14.0			
牛产品	6.7	4.7	15.2			
羊产品	4.0	0.1	0.7			
家禽产品	46.6	130.7	131.2			
蛋产品	63.8	98.7	198.2			
乳品	63.8	98.7	198.2			
动物生皮	8.1	0.7	2.7			
动物生毛皮	1.0	0.3	0.1			
羊毛	1.9	2.1	1.1			
茶	121.1	163.7	254.3			

3-8-3 蒙古主要农产品出口量（一）

单位：吨

项　目	2000 年	2001 年	2002 年	2003 年	2004 年
农产品					
谷物	4.0	15.8	173.0	8.0	2.0
小麦产品	4.0	15.8			2.0
玉米产品					
稻谷产品		1.0	173.0		5.0
棉花	0.1				
食用油籽		1.1	160.1	396.9	646.0
大豆					
花生		1.1			
油菜子			160.1	396.9	646.0
食用植物油	50.0	170.0			5.0
豆油					5.0
菜子油					
棕榈油					
食糖		9.0			
蔬菜	6.1		23.0	3.9	48.1
水果					
苹果	11.0				63.0
柑橘					
苹果汁					
柑橘汁					
水产品					
畜产品					
猪产品					
牛产品					
羊产品					
家禽产品					
蛋产品					
乳品					
动物生皮				5 234.1	2 348.2
动物生毛皮				8.2	5.9
羊毛	5 232.7	10 721.6	6 882.7	9 097.2	8 336.2
茶		15.8			1.8

蒙古主要农产品出口量（二）

单位：吨

项　目	2005年	2006年	2007年	2008年	2009年	2010年
农产品						
谷物	46.2	150.0				
小麦产品						
玉米产品	1.2					
稻谷产品						
棉花		215.7				
食用油籽	688.7	10 679.7	6 989.0			
大豆						
花生						
油菜子	688.7	10 679.7	6 989.0			
食用植物油	300.0	40.0				
豆油						
菜子油	300.0					
棕榈油		40.0				
食糖						
蔬菜	12.7	0.9	15.4			
水果						
苹果	94.5	97.5	17.4			
柑橘						
苹果汁						
柑橘汁		5.0				
水产品						
畜产品						
猪产品						
牛产品						
羊产品						
家禽产品						
蛋产品						
乳品		0.4				
动物生皮	2 643.7	3 618.6				
动物生毛皮	200.9	0.5	1.0			
羊毛	7 160.2	6 935.7	9 876.2			
茶	67.0	0.6	0.6			

3-8-4 蒙古主要农产品进口量（一）

单位：吨

项 目	2000年	2001年	2002年	2003年	2004年
农产品					
谷物	216 406.9	142 078.4		159 917.2	229 921.5
小麦产品	192 024.2	122 304.7		136 685.1	194 197.0
玉米产品	509.5	844.3		4.7	17.8
稻谷产品	14 774.4	10 467.0		14 839.1	26 736.8
棉花	330.0	135.3		92.8	98.9
食用油籽	57.1	76.4		206.1	275.1
大豆	0.1			1.4	3.1
花生	56.9	76.4		200.4	260.2
油菜子				4.0	11.8
食用植物油	7 201.7	9 341.1		10 393.2	8 916.9
豆油	1 303.5	6 308.9		9 653.6	7 213.5
菜子油				29.5	7.0
棕榈油	131.9	99.0		536.7	1 107.9
食糖	22 347.4	24 160.8		19 161.6	33 830.5
蔬菜					66 187.0
水果					
苹果	10 564.4	10 616.2		17 039.6	16 315.4
柑橘	133.9	89.2		420.5	424.5
苹果汁					767.6
柑橘汁					540.8
水产品					
畜产品					
猪产品					
牛产品					
羊产品					
家禽产品					
蛋产品					
乳品					431.4
动物生皮				9.0	100.3
动物生毛皮					0.8
羊毛		140.5		9.0	0.9
茶				2 257.8	2 334.6

蒙古主要农产品进口量（二）

单位：吨

项　目	2005 年	2006 年	2007 年	2008 年	2009 年	2010 年
农产品						
谷物	225 696.0	236 485.6	229 536.7			
小麦产品	201 397.1	207 800.7	192 691.3			
玉米产品	2.4	32.6	182.7			
稻谷产品	13 795.1	19 114.0	28 366.4			
棉花	90.1	163.5	104.7			
食用油籽	222.0	139.4	523.8			
大豆	3.3	1.4	55.1			
花生	157.6	92.6	215.1			
油菜子	55.0	45.1	192.1			
食用植物油	12 598.1	10 528.4	13 358.5			
豆油	9 783.2	7 626.8	7 588.5			
菜子油		15.2	13.7			
棕榈油	2 519.3	2 749.0	3 368.3			
食糖	26 977.1	26 405.2	36 984.0			
蔬菜	66 912.4	62 564.6	66 123.0			
水果						
苹果	16 178.4	9 249.3	9 607.4			
柑橘	384.0	524.4	1 644.2			
苹果汁	327.4	332.3	468.0			
柑橘汁	298.7	4 239.8	6 512.2			
水产品						
畜产品						
猪产品						
牛产品						
羊产品						
家禽产品						
蛋产品						
乳品	301.6	1 994.3	597.5			
动物生皮	39.0	0.2				
动物生毛皮	1.6	0.2				
羊毛	1.0	16.8	3.8			
茶	1 656.9	2 219.4	2 753.9			

3-9 哈萨克斯坦主要农产品贸易情况

3-9-1 哈萨克斯坦主要农产品出口额（一）

单位：万美元

项 目	2000年	2001年	2002年	2003年	2004年
农产品	72 111.8	56 286.4	59 705.7	93 859.3	100 650.4
谷物	53 917.2	37 145.5	37 953.6	62 304.1	53 607.0
小麦产品	49 162.0	34 776.7	35 828.8	58 027.9	48 391.5
玉米产品	144.3	146.8	112.9	311.9	210.1
稻谷产品	245.6	173.8	85.9	132.6	2 023.2
棉花	8 692.5	8 510.4	10 663.9	14 467.3	17 530.5
食用油籽	11.1	15.9	15.9	67.0	164.2
大豆	0.8	0.5	0.9	41.9	113.7
花生	3.5	6.5	1.4	3.1	4.0
油菜子					
食用植物油	90.5	325.9	283.9	708.0	1 081.2
豆油		1.1			10.9
菜子油					38.2
棕榈油			11.8		
食糖	177.6	111.2	278.9	3 762.1	4 852.9
蔬菜	671.8	788.0	1 337.2	1 507.6	5 226.6
水果	790.2	840.5	933.6	1 292.9	3 821.1
苹果	247.5	263.8	254.3	470.1	734.7
柑橘	4.5	1.2	0.2		1.0
苹果汁					17.7
柑橘汁	2.9	0.9	0.5	2.8	7.6
水产品	1 345.9	1 898.4	1 787.8	2 177.6	3 328.4
畜产品	3 027.3	2 803.6	2 603.9	3 161.5	4 155.9
猪产品	47.7	298.9	34.3	55.0	33.9
牛产品	28.1	214.6	74.1	5.7	29.5
羊产品	4.3	0.3	4.2	15.6	7.0
家禽产品	3.2	0.2	3.3	6.8	3.4
蛋产品	8.4	8.6	7.4	10.1	0.7
乳品	29.7	33.0	108.1	838.9	581.9
动物生皮	2 267.8	1 613.2	1 637.1	1 478.4	1 618.3
动物生毛皮	0.3	0.5		0.6	0.7
羊毛	422.0	416.5	439.9	448.2	441.4
茶	22.8	10.2	28.8	31.0	36.8

哈萨克斯坦主要农产品出口额（二）

单位：万美元

项　目	2005 年	2006 年	2007 年	2008 年	2009 年	2010 年
农产品	85 587.2	125 824.4	222 952.6	311 552.8	173 332.2	204 302.9
谷物	38 377.8	74 167.4	163 627.9	248 484.1	125 137.9	153 364.6
小麦产品	36 209.0	69 510.7	150 972.9	230 806.0	120 737.5	53 586.4
玉米产品	61.7	179.6	51.3	106.8	102.1	
稻谷产品	960.5	494.4	1 228.1	1 331.7	357.7	
棉花	16 876.6	18 479.6	18 368.6	13 176.2	8 761.4	
食用油籽	206.7	739.1	1 522.9	2 661.8	2 374.2	64.6
大豆	114.0	78.8	159.5	287.9	177.7	
花生	3.6	1.7	0.5		2.2	
油菜子	60.0	612.3	1 148.2	2 020.8	1 338.0	
食用植物油	774.8	1 195.4	1 569.2	739.8	2 501.1	4 011.0
豆油	11.7	94.7	280.2	2.1	32.0	
菜子油		34.7	14.9	18.5		
棕榈油					0.6	
食糖	5 656.5	4 289.3	1 578.9	971.2	125.7	998.1
蔬菜	3 039.4	4 203.3	5 396.7	7 412.3	3 060.0	2 016.8
水果	2 545.8	4 203.6	5 594.8	6 183.4	3 991.5	484.6
苹果	648.8	625.5	465.0	197.9	91.5	
柑橘	2.6	5.8	5.2	0.9	2.7	3.9
苹果汁	45.4	31.5	32.1	34.3	41.1	
柑橘汁	13.4	7.0	6.7	24.2	27.0	
水产品	5 393.0	5 064.2	8 147.1	8 409.3	8 650.3	9 298.9
畜产品	3 910.4	3 026.0	1 948.8	1 845.4	2 092.6	1 696.4
猪产品	431.7	16.5			8.4	
牛产品	28.8	41.0	170.1	215.9	49.0	4.6
羊产品		13.3	2.1	1.5	26.9	199.5
家禽产品	14.1	10.0	175.7	128.5	5.5	91.8
蛋产品	1.1		0.5	2.6		0.2
乳品	1 950.6	1 378.7	869.9	802.8	985.3	280.7
动物生皮	899.0	916.2	132.7	142.2	180.9	336.6
动物生毛皮	1.9	0.8	1.3			10.6
羊毛	250.2	359.7	266.8	314.1	441.6	341.7
茶	66.1	75.1	75.6	218.0	168.0	148.4

3-9-2 哈萨克斯坦主要农产品进口额（一）

单位：万美元

项 目	2000年	2001年	2002年	2003年	2004年
农产品	52 729.1	53 572.1	54 660.9	69 167.3	93 898.3
谷物	636.9	832.1	1 183.9	714.0	584.6
小麦产品	72.9	90.6	107.7	118.8	107.2
玉米产品	51.1	43.9	45.5	74.9	53.4
稻谷产品	277.4	354.2	883.8	425.5	167.7
棉花	3.6	9.7	1.3	49.7	6.3
食用油籽	503.9	487.6	373.9	2 125.9	849.1
大豆	9.4	13.2	37.6	232.7	223.7
花生	10.2	9.8	57.9	23.6	12.4
油菜子					4.2
食用植物油	3 099.6	4 121.5	4 246.9	3 412.5	2 659.5
豆油	104.5	82.1	245.5	5.5	
菜子油					4.6
棕榈油	340.4	935.1	848.8	1 004.1	1 052.0
食糖	8 899.9	12 262.2	9 919.9	13 223.7	15 304.6
蔬菜	1 333.7	1 318.2	1 280.0	1 856.1	2 983.0
水果	1 089.1	1 027.4	1 651.3	2 861.5	3 299.2
苹果	122.3	67.5	250.3	205.5	201.3
柑橘	101.2	116.7	224.9	465.1	479.0
苹果汁					553.5
柑橘汁	52.7	66.5	115.7	124.4	344.2
水产品	1 963.5	1 623.8	1 234.1	1 492.9	1 651.6
畜产品	6 915.9	7 900.1	7 233.5	10 649.7	15 573.2
猪产品	83.8	54.5	78.0	103.4	122.2
牛产品	465.9	388.1	392.7	526.2	689.0
羊产品	63.5	34.4	42.4	29.2	29.0
家禽产品	1 142.8	1 758.3	2 113.2	2 492.0	4 259.2
蛋产品	363.5	229.3	258.7	330.9	563.0
乳品	3 705.2	4 272.3	3 459.0	5 860.7	8 034.6
动物生皮	5.2	36.9	37.2	178.2	658.4
动物生毛皮	6.3	7.7	3.3	3.2	9.2
羊毛	30.1	7.3	21.7	7.5	0.4
茶	2 152.7	2 596.2	2 603.0	3 155.7	4 484.2

哈萨克斯坦主要农产品进口额（二）

单位：万美元

项　目	2005 年	2006 年	2007 年	2008 年	2009 年	2010 年
农产品	131 031.7	172 820.1	234 363.5	301 703.5	247 872.5	234 877.2
谷物	1 336.6	2 285.8	3 389.4	5 778.9	6 332.6	2 117.8
小麦产品	129.0	276.5	173.0	774.7	1 428.7	31.1
玉米产品	57.4	73.9	135.0	165.5	297.4	
稻谷产品	334.9	703.7	800.0	1 648.4	2 777.4	
棉花	2 682.2	5 055.8	5 224.9	425.7	48.5	
食用油籽	1 701.8	2 055.4	3 422.9	1 649.1	3 184.0	8.9
大豆	569.2	211.4	1 425.0	23.9	182.7	
花生	77.5	112.8	196.5	184.1	333.3	
油菜子	158.5	331.5	77.3	138.8	144.7	
食用植物油	4 836.7	4 425.6	7 026.5	18 561.4	9 458.1	7 504.8
豆油	0.2	0.2		59.2		
菜子油	16.1	23.1	19.7	157.9	52.0	
棕榈油	1 398.4	615.1	987.6	2 157.5	956.5	
食糖	20 024.4	23 959.8	18 368.3	27 061.2	20 865.7	28 652.0
蔬菜	3 656.5	5 796.6	8 518.4	12 379.4	11 229.1	15 227.3
水果	4 973.4	6 427.87	10 439.71	14 845.26	15 862.67	19 709.16
苹果	414.1	284.0	285.6	2 245.4	5 156.2	
柑橘	689.7	1 452.7	2 727.1	3 248.5	3 142.7	3 666.5
苹果汁	858.9	1 216.1	1 974.6	1 826.4	1 336.4	
柑橘汁	438.4	663.9	1 140.2	919.7	398.5	
水产品	2 423.35	3 403.73	5 613.45	7 745.95	6 619.99	5 427.4
畜产品	24 165.7	31 960.8	45 080.4	59 712.9	47 790.9	45 117.1
猪产品	306.8	554.2	720.5	1 216.8	1 203.7	1 354.6
牛产品	1 029.0	1 898.8	3 539.0	3 083.8	2 080.9	3 663.0
羊产品	100.2	25.8	17.6	49.5	33.4	19.1
家禽产品	6 395.3	8 437.3	9 205.3	9 279.5	8 246.4	11 866.0
蛋产品	595.5	1 049.8	1 963.8	2 117.8	1 900.7	969.7
乳品	13 300.8	16 488.4	24 737.3	36 009.2	27 589.1	22 641.7
动物生皮	80.0	49.3	25.6	66.4	52.8	1.4
动物生毛皮	5.2	0.5	1.3	1.5		0.2
羊毛	25.2	26.3	19.6	10.3	6.2	7.9
茶	4 451.70	5 792.6	7 744.2	9 840.7	9 374.00	11 057.8

3-9-3 哈萨克斯坦主要农产品出口量（一）

单位：吨

项 目	2000年	2001年	2002年	2003年	2004年
农产品					
谷物	5 915 212.8	3 514 940.5	4 613 123.4		3 465 359.1
小麦产品	5 225 882.2	3 218 766.5	4 244 840.6	3 799 987.8	3 118 230.9
玉米产品	13 421.1	12 720.5	9 365.2	16 554.8	13 804.5
稻谷产品	15 205.7	12 012.4	5 984.9		78 361.9
棉花	100 860.6	105 017.3	145 916.4	128 786.0	159 281.1
食用油籽	768.4	782.7	716.8	1 853.1	7 010.2
大豆	45.0	19.5	20.0	1 434.7	4 140.5
花生	91.5	149.6	28.4	45.4	104.8
油菜子					
食用植物油	1 840.9	5 505.1	3 797.6		14 351.5
豆油		14.0			176.9
菜子油					600.1
棕榈油			240.0	0.2	
食糖	4 860.1	2 820.9	8 680.4	147 674.9	134 900.2
蔬菜	79 730.9	65 442.3			190 935.5
水果					
苹果	13 041.5	10 486.5	8 810.0	7 868.3	20 086.1
柑橘	114.0	32.0	4.2	0.7	18.0
苹果汁					254.5
柑橘汁	46.0	17.3	12.5		137.7
水产品					
畜产品					
猪产品					
牛产品					
羊产品					
家禽产品					
蛋产品					
乳品		711.7	2 165.8		6 253.1
动物生皮	51 209.2	34 030.7	36 166.6		28 224.6
动物生毛皮	1.1	1.5			0.3
羊毛	9 223.2	8 418.1	7 076.1		6 403.7
茶	150.1	74.1	259.4	73.6	135.3

哈萨克斯坦主要农产品出口量（二）

单位：吨

项　目	2005 年	2006 年	2007 年	2008 年	2009 年	2010 年
农产品						
谷物	2 971 798.4	5 736 688.4	8 339 269.3	7 451 304.1	5 827 550.3	7 803 659.2
小麦产品	2 831 149.0	5 317 277.4	7 632 738.3	6 751 393.2	5 477 055.1	2 296 796.3
玉米产品	4 265.1	13 392.2	3 068.0	2 373.2	4 575.1	
稻谷产品	36 931.5	25 556.1	43 520.3	28 505.3	8 212.8	
棉花	180 519.9	201 977.0	179 981.3	99 228.8	79 502.1	
食用油籽	6 535.4	35 202.8	49 112.2	56 059.8	73 844.3	2 329.9
大豆	2 915.0	2 339.9	4 497.8	6 842.2	4 568.0	
花生	115.9	45.9	16.9		30.4	
油菜子	3 000.0	30 350.4	34 971.1	43 632.7	42 402.5	
食用植物油	9 861.1	17 124.1	18 176.0	4 832.9	24 949.4	34 526.6
豆油	189.2	1 206.9	3 128.1	26.2	362.7	
菜子油		702.1	195.0	135.1	0.2	
棕榈油			0.5		1.9	
食糖	142 677.4	84 554.9	33 595.1	17 226.2	2 338.8	13 221.2
蔬菜	149 228.5	160 053.3	154 465.2	133 786.3	114 284.1	120 861.0
水果						
苹果	21 690.4	19 271.0	9 319.4	2 460.8	1 954.1	
柑橘	192.2	333.0	235.4	31.1	102.2	118.8
苹果汁	837.8	538.9	600.3	578.8	538.4	
柑橘汁	232.9	117.6	119.3	257.9	182.8	
水产品						
畜产品						
猪产品						
牛产品						
羊产品						
家禽产品						
蛋产品						
乳品	16 075.3	7 776.4	6 045.9	3 645.7	4 684.9	1 579.6
动物生皮	18 740.7	14 935.6	3 963.0	4 659.6	6 675.0	13 306.4
动物生毛皮	2.1	0.6	0.8			16.0
羊毛	3 199.8	5 304.6	4 238.0	4 866.2	7 568.6	5 611.7
茶	236.9	340.3	259.4	731.9	427.6	442.1

3-9-4 哈萨克斯坦主要农产品进口量（一）

单位：吨

项 目	2000年	2001年	2002年	2003年	2004年
农产品					
谷物	26 209.5	42 032.5	65 826.0		20 313.8
小麦产品	3 564.5	4 460.8	6 021.3	11 155.0	6 438.4
玉米产品	2 766.7	1 722.5	445.6	793.7	799.3
稻谷产品	9 760.1	15 673.0	45 444.9	16 724.9	4 360.6
棉花	126.2	86.0	63.9	402.6	52.0
食用油籽	32 947.1	27 618.2	12 229.8	76 639.3	27 799.7
大豆	402.0	355.4	598.3	3 298.0	3 136.9
花生	87.1	121.8	916.1	266.1	110.4
油菜子					42.0
食用植物油	64 110.0	88 496.3	81 796.3		44 236.3
豆油	1 981.6	2 527.0	6 435.2	179.0	
菜子油					42.4
棕榈油	6 034.6	20 077.7	15 716.6	18 128.5	16 872.0
食糖	317 533.8	339 868.5	342 631.5	513 387.7	538 529.3
蔬菜	65 536.1	61 308.9			76 158.3
水果					
苹果	6 962.8	3 686.9	8 257.7	4 781.1	5 172.1
柑橘	5 061.6	5 004.0	9 230.9	13 421.9	11 955.8
苹果汁					8 749.8
柑橘汁	1 058.3	1 035.2	1 668.8	1 721.2	3 870.5
水产品					
畜产品					
猪产品					
牛产品					
羊产品					
家禽产品					
蛋产品					
乳品		49 215.1	48 165.9		76 342.4
动物生皮	91.4	358.8	799.3		7 606.2
动物生毛皮	0.9	1.2	0.7		0.7
羊毛	574.5	343.5	377.9	335.2	9.7
茶	18 513.0	20 810.5	19 909.2	22 498.9	29 719.7

哈萨克斯坦主要农产品进口量（二）

单位：吨

项　目	2005 年	2006 年	2007 年	2008 年	2009 年	2010 年
农产品						
谷物	51 250.8	89 378.8	96 915.0	136 562.7	199 208.1	45 397.3
小麦产品	4 992.7	20 298.6	4 205.1	31 728.9	86 356.0	765.5
玉米产品	1 063.4	960.0	3 012.0	2 372.1	8 916.7	
稻谷产品	7 546.9	15 004.5	16 404.5	27 150.6	42 595.4	
棉花	27 275.5	50 523.1	47 460.3	3 252.6	549.7	
食用油籽	50 178.7	69 225.2	112 716.5	28 466.4	77 320.1	117.3
大豆	16 091.2	6 967.2	47 277.7	518.7	4 160.3	
花生	706.1	1 063.7	1 579.1	1 139.7	2 299.1	
油菜子	308.0	477.0	246.7	283.5	237.4	
食用植物油	72 454.2	64 619.3	64 632.9	120 165.7	104 025.2	72 102.6
豆油	2.8	2.1	0.4	1 181.0	0.3	
菜子油	176.4	221.5	166.7	960.0	647.3	
棕榈油	22 025.4	11 075.2	10 998.3	17 451.9	9 573.6	
食糖	593 828.7	467 873.7	468 772.0	548 621.5	361 710.4	411 008.1
蔬菜	66 162.5	124 739.8	147 594.3	188 604.6	224 411.3	380 845.5
水果						
苹果	8 156.5	6 072.3	4 846.9	57 070.5	145 713.7	
柑橘	12 227.9	28 793.6	46 737.8	56 916.4	53 322.2	62 237.0
苹果汁	13 608.8	17 390.9	26 802.6	20 946.8	13 167.4	
柑橘汁	4 282.3	5 083.8	7 074.6	6 950.7	2 722.9	
水产品						
畜产品						
猪产品						
牛产品						
羊产品						
家禽产品						
蛋产品						
乳品	112 084.0	130 204.0	147 249.8	177 051.6	174 689.3	125 081.5
动物生皮	940.5	593.6	347.4	1 765.7	1 413.6	34.0
动物生毛皮	0.4		3.0	8.9		0.1
羊毛	430.7	383.3	138.5	64.0	18.7	19.4
茶	24 174.1	27 839.3	27 666.2	31 501.4	26 657.2	27 636.0

3－10　吉尔吉斯斯坦主要农产品贸易情况

3－10－1　吉尔吉斯斯坦主要农产品出口额（一）

单位：万美元

项　目	2000年	2001年	2002年	2003年	2004年
农产品	9 534.4	8 188.6	12 049.2	10 609.5	13 254.6
谷物	342.1	117.0	59.4	119.8	36.4
小麦产品	335.3	98.5	54.7	118.1	34.7
玉米产品	0.5	17.9	1.7	0.1	
稻谷产品	0.5	0.7	1.5	1.2	1.2
棉花	3 265.9	2 239.8	4 532.4	4 321.6	4 282.8
食用油籽	70.3	22.1	2.9	6.1	84.2
大豆	38.9	12.6			0.5
花生	8.4	0.7	1.2	0.2	
油菜子					
食用植物油	2.1	0.3	1.2	1.3	4.5
豆油					
菜子油					
棕榈油					
食糖	92.2	186.5	525.3	668.4	2 197.7
蔬菜	353.3	240.7	376.5	377.9	698.9
水果	287.0	238.0	187.8	164.1	189.7
苹果	110.8	85.0	50.9	41.0	54.9
柑橘	2.7	0.6	0.3	0.3	0.5
苹果汁				19.7	27.9
柑橘汁		6.2	3.8	0.6	2.7
水产品	4.8	0.5	0.1	0.0	1.9
畜产品	1 013.4	1 310.0	2 488.5	1 808.8	2 066.5
猪产品					0.7
牛产品	3.6	5.1	0.7	0.3	110.8
羊产品					2.5
家禽产品				16.8	2.1
蛋产品	0.4				
乳品	0.4				
动物生皮	671.8	842.4	1 912.2	806.2	611.4
动物生毛皮			14.9	8.3	15.2
羊毛	117.7	53.9	130.2	115.5	131.8
茶	59.7	43.2	208.3	249.5	276.9

吉尔吉斯斯坦主要农产品出口额（二）

单位：万美元

项　目	2005 年	2006 年	2007 年	2008 年	2009 年	2010 年
农产品	12 991.6	14 668.3	20 084.4	21 842.4	18 307.8	22 547.2
谷物	18.6	35.3	84.9	145.4	292.8	167.0
小麦产品	17.2	30.1	73.2	80.9	46.6	0.9
玉米产品		0.8		0.8		20.1
稻谷产品	0.6	4.4	6.9	63.7	246.2	146.0
棉花	4 140.1	3 637.0	2 930.8	2 377.1	2 155.7	2 779.3
食用油籽	32.6	23.6	41.9	14.6	53.5	83.0
大豆	5.2	1.0	3.4			
花生	0.7	4.7		4.5	6.4	0.7
油菜子						
食用植物油	10.4	0.2	13.7	10.2	2.2	
豆油						
菜子油						
棕榈油						
食糖	1 120.2	485.3	286.2	57.6	0.1	19.2
蔬菜	535.5	775.3	1 592.9	2 344.7	1 739.6	3 278.4
水果	251.8	669.9	2 242.6	3 924.4	2 918.2	2 874.3
苹果	81.1	169.3	179.9	239.8	128.3	325.2
柑橘	1.1	1.1	28.5	21.3	3.1	2.6
苹果汁	82.9	25.8	80.3	99.1	54.0	27.7
柑橘汁	20.4	21.9	22.3	19.9	20.9	4.2
水产品	0.6	1.8	23.5	36.3	40.6	29.2
畜产品	2 956.1	3 690.4	4 456.2	5 113.0	3 191.5	4 708.3
猪产品		5.7		1.0		0.2
牛产品	137.2	138.5	239.0	310.5	214.0	180.6
羊产品	32.8	51.4	59.6	79.6	178.5	612.6
家禽产品	1.5	5.5	3.1		23.9	0.2
蛋产品	8.3	5.5	11.0	9.1		
乳品	8.3	5.5	11.0	9.1		3 217.5
动物生皮	867.5	1 087.0	1 150.1	1 248.9	155.1	159.0
动物生毛皮	10.6	5.5	8.5	8.1	2.7	0.2
羊毛	195.1	153.8	178.7	106.3	124.1	112.8
茶	108.6	44.4	30.5	30.7	23.8	47.5

3-10-2 吉尔吉斯斯坦主要农产品进口额（一）

单位：万美元

项目	2000年	2001年	2002年	2003年	2004年
农产品	8 351.8	6 252.4	8 019.1	9 410.3	13 093.7
谷物	3 510.0	860.6	1 737.9	1 061.5	1 452.8
小麦产品	3 369.0	695.1	1 567.2	828.0	1 366.8
玉米产品	42.8	84.2	37.0	31.3	26.4
稻谷产品	73.9	64.0	105.3	188.9	43.4
棉花		1.7	1.1	11.4	0.7
食用油籽	4.1	7.6	6.9	9.2	5.3
大豆	0.6	0.3	6.6	2.2	4.6
花生	0.2	0.5	0.3	0.3	0.3
油菜子					
食用植物油	255.6	285.2	341.8	558.9	1 036.7
豆油	50.2	31.3	41.7	6.8	54.4
菜子油				2.1	1.4
棕榈油	4.0	13.0	23.5	39.0	78.7
食糖	289.7	600.9	1 195.9	1 154.4	1 914.3
蔬菜	49.0	54.2	71.2	140.3	170.5
水果	125.3	155.2	254.0	238.7	516.0
苹果	9.0	5.2	38.6	34.4	187.5
柑橘	9.0	14.0	39.5	63.6	102.6
苹果汁				44.7	55.2
柑橘汁	8.9	18.8	33.8	31.1	37.3
水产品	192.7	122.1	143.4	245.2	257.8
畜产品	563.0	656.0	515.4	647.6	950.0
猪产品	2.3	3.8	3.3	2.0	2.2
牛产品	37.6	54.3	27.4	30.7	37.0
羊产品			0.8	0.8	
家禽产品	89.2	109.0	119.5	333.9	444.4
蛋产品	144.0	26.5	26.3	39.3	11.9
乳品	144.0	26.5	26.3	39.3	11.9
动物生皮	182.8	353.7	230.0	109.5	152.0
动物生毛皮					
羊毛	9.8	18.0	10.1	26.8	80.5
茶	524.8	520.4	218.4	254.5	273.6

吉尔吉斯斯坦主要农产品进口额（二）

单位：万美元

项　目	2005 年	2006 年	2007 年	2008 年	2009 年	2010 年
农产品	17 168.9	25 253.4	38 117.2	54 153.3	50 759.4	54 887.0
谷物	2 836.0	4 268.9	9 546.7	14 815.0	11 256.9	8 456.2
小麦产品	2 658.4	3 301.4	8 517.4	13 342.1	8 482.6	7 016.8
玉米产品	29.3	11.7	49.1	6.0	19.1	28.3
稻谷产品	124.6	895.0	827.9	1 242.1	2 438.5	1 259.9
棉花	2.5	38.8	28.3	41.6	26.2	91.9
食用油籽	32.9	5.4	18.9	13.0	164.5	55.5
大豆	6.6	4.2	5.3	4.5	18.5	28.6
花生	0.3	0.3		1.0	3.2	7.9
油菜子						
食用植物油	788.4	1 086.9	1 858.6	3 497.6	3 485.7	4 732.1
豆油	47.9	39.1	10.2	23.0	32.6	197.1
菜子油		0.2	10.5	23.5		
棕榈油	104.0	140.4	195.6	295.7	193.9	230.8
食糖	2 332.9	4 604.6	3 454.8	3 744.8	4 611.4	4 648.6
蔬菜	169.4	277.8	471.9	533.2	583.6	596.7
水果	945.3	1 519.4	1 582.1	2 085.3	2 245.2	2 539.0
苹果	500.5	905.0	669.3	574.4	584.5	817.4
柑橘	79.0	109.7	272.8	404.2	581.4	635.3
苹果汁	69.1	89.1	187.7	211.7	73.5	125.3
柑橘汁	40.1	47.4	79.6	99.4	61.0	49.6
水产品	267.4	397.1	567.0	723.4	803.5	928.8
畜产品	1 473.7	2 413.0	4 173.3	6 074.0	6 414.5	9 637.8
猪产品	61.1	595.9	743.5	715.2	411.0	1 394.8
牛产品	17.7	76.0	131.0	150.1	50.0	290.1
羊产品				1.4		
家禽产品	610.9	639.1	1 338.2	2 699.5	3 960.6	5 994.2
蛋产品	5.5	12.6	32.0	67.5	227.8	294.4
乳品	5.5	12.6	32.0	67.5	227.8	1 414.9
动物生皮	264.7	130.6	174.6	166.7	113.6	90.6
动物生毛皮				0.8		
羊毛	122.8	120.3	148.0	177.3	28.8	29.4
茶	300.2	376.7	356.5	508.8	532.9	559.8

3-10-3 吉尔吉斯斯坦主要农产品出口量（一）

单位：吨

项目	2000年	2001年	2002年	2003年	2004年
农产品					
谷物	20 884.0	8 304.6	4 807.7	9 979.6	
小麦产品	20 120.9	6 740.1	4 555.9	9 937.9	
玉米产品	75.6	1 539.6	130.9	6.3	
稻谷产品	13.7	23.4	42.9	24.7	40.0
棉花	34 603.8	28 092.0	62 559.7	43 392.7	47 595.3
食用油籽	5 141.9	1 433.4	99.2	254.1	3 162.1
大豆	3 423.2	840.0			14.0
花生	393.6	45.8	23.5	7.0	
油菜子					
食用植物油	26.0			55.1	61.9
豆油					
菜子油					
棕榈油			0.1		
食糖	3 026.9	5 721.8	14 716.5	19 703.1	60 962.5
蔬菜					
水果					
苹果	18 353.5	12 036.0	6 666.5		
柑橘	374.0	79.5	17.2	21.4	97.3
苹果汁				615.9	701.4
柑橘汁					
水产品					
畜产品					
猪产品					
牛产品					
羊产品					
家禽产品					
蛋产品					
乳品					
动物生皮					
动物生毛皮					
羊毛	2 091.7	834.4	1 628.7	1 557.4	1 518.1
茶	290.0	260.7	933.8	967.7	1 004.7

吉尔吉斯斯坦主要农产品出口量（二）

单位：吨

项　目	2005 年	2006 年	2007 年	2008 年	2009 年	2010 年
农产品						
谷物	781.4	1 347.7	2 370.1	3 147.0	6 543.2	5 052.3
小麦产品	741.9	1 246.6	2 119.6	1 733.5	1 268.2	68.0
玉米产品		17.6	0.7	12.0		1 727.9
稻谷产品	10.4	83.5	127.9	1 401.5	5 274.8	3 256.4
棉花	52 360.7	46 523.1	32 992.8	23 743.2	22 091.3	19 842.9
食用油籽	1 286.4	713.9	1 055.8	300.8	1 075.6	1 948.1
大豆	164.2	31.9	123.6			
花生	13.2	108.2		64.3	104.9	12.0
油菜子						
食用植物油	122.6	2.8	76.7	168.8	4.6	
豆油						
菜子油						
棕榈油						
食糖	30 997.4	11 112.5	5 829.6	1 335.7	0.4	201.4
蔬菜	31 821.8	49 936.5	65 936.6		71 039.6	220 803.0
水果						
苹果	6 240.2	11 197.9	9 101.0	11 189.5	7 095.1	12 267.7
柑橘	30.5	101.9	725.1	674.3	141.5	63.9
苹果汁	1 724.6	389.6	942.5	1 262.1	660.2	455.0
柑橘汁	277.2	295.3	271.2	183.9	163.8	96.6
水产品						
畜产品						
猪产品						
牛产品						
羊产品						
家禽产品						
蛋产品						
乳品	59.4	24.2	39.2	31.9		32 669.3
动物生皮	19 118.3	24 048.5	29 091.9	6 786.1	928.3	7 885.4
动物生毛皮	46.7	0.3	0.4			0.1
羊毛	1 702.6	1 701.4	2 225.6	1 207.8	1 669.0	1 219.7
茶	376.5	683.0	410.5	259.8	245.5	327.3

3-10-4 吉尔吉斯斯坦主要农产品进口量（一）

单位：吨

项 目	2000年	2001年	2002年	2003年	2004年
农产品					
谷物	237 762.3	89 402.6			107 953.9
小麦产品	226 392.6	76 505.8	174 331.5		102 937.1
玉米产品	6 177.3	9 106.5	3 126.6	3 477.2	3 231.0
稻谷产品	3 380.1		3 954.2	7 706.8	1 245.7
棉花		92.2	34.3	204.6	43.3
食用油籽	91.2				
大豆	11.5	7.5	76.5	45.8	213.6
花生	1.4		2.5	1.5	4.0
油菜子				0.1	
食用植物油	4 237.2			8 225.7	
豆油	558.6	989.1	1 933.4	170.5	548.5
菜子油				47.7	
棕榈油	45.0	278.3	651.8	1 082.5	1 987.2
食糖	10 080.7	22 098.0	44 785.5	39 727.4	67 994.0
蔬菜					
水果					
苹果					
柑橘	389.4	444.6	1 098.9	1 910.8	3 250.9
苹果汁				830.3	925.6
柑橘汁					
水产品					
畜产品					
猪产品					
牛产品					
羊产品					
家禽产品					
蛋产品					
乳品					
动物生皮					
动物生毛皮					
羊毛	91.5	189.4	59.3	260.5	347.2
茶	3 622.3	3 504.4	3 097.1	3 952.6	4 015.1

吉尔吉斯斯坦主要农产品进口量（二）

单位：吨

项　目	2005 年	2006 年	2007 年	2008 年	2009 年	2010 年
农产品						
谷物	219 385.2	310 824.6	466 318.4	468 006.9	499 946.8	404 279.5
小麦产品	210 801.2	271 201.3	424 080.9	414 982.7	410 449.3	375 041.3
玉米产品	2 965.1	1 427.5	3 086.1	308.5	992.6	310.0
稻谷产品	4 752.8	35 080.1	32 626.2	44 779.9	67 611.8	24 186.0
棉花	89.6	323.1	684.3	410.8	366.4	728.7
食用油籽	807.3	121.8	810.5		5 468.1	2 308.1
大豆	136.2	96.5	300.1	214.0	908.6	1 543.0
花生	7.7	1.0		3.1	13.2	26.9
油菜子						
食用植物油	11 077.0	14 219.2	19 051.9	24 012.2	33 559.9	39 799.3
豆油	553.4	329.5	122.7	309.7	204.2	1 363.3
菜子油	0.1	0.6	191.8	185.4		
棕榈油	1 703.6	2 278.1	2 373.6	3 294.7	1 816.2	2 116.7
食糖	73 666.8	101 668.3	83 841.5	71 924.4	81 692.5	61 876.1
蔬菜	3 488.2	8 737.9	14 131.0		9 402.4	7 393.7
水果						
苹果			51 110.3			21 859.3
柑橘	2 302.0	2 761.3	6 565.4	9 343.8	10 004.1	9 134.9
苹果汁	1 068.2	1 447.7	2 279.6	1 813.8	879.9	1 446.4
柑橘汁	566.4	629.9	836.0	940.6	625.5	582.8
水产品						
畜产品						
猪产品						
牛产品						
羊产品						
家禽产品						
蛋产品						
乳品	45.3	153.1	840.0	1 308.4	2 480.9	7 944.5
动物生皮	9 325.1	4 667.1	5 077.1	629.8	604.0	4 367.2
动物生毛皮						
羊毛	657.4	518.9	802.1	455.8	326.8	104.5
茶	3 930.1	4 169.3	3 880.7	4 268.7	4 109.8	3 900.5

3-11 沙特阿拉伯主要农产品贸易情况

3-11-1 沙特阿拉伯主要农产品出口额（一）

单位：万美元

项目	2000年	2001年	2002年	2003年	2004年
农产品	49 149.1	45 645.2	55 162.0	91 192.4	109 458.5
谷物	276.8	237.6	371.2	451.5	630.9
小麦产品	2.2	0.6	68.4	32.7	64.0
玉米产品	23.3	16.4	12.2	47.1	34.7
稻谷产品	238.9	201.6	275.0	260.4	411.3
棉花	82.3	2.3	69.5	13.0	16.1
食用油籽	8.6	52.6	20.8	33.1	35.3
大豆		5.9	0.7	1.2	0.4
花生	8.5	9.4	14.3	28.7	27.1
油菜子			0.4	0.3	
食用植物油	1 752.4	2 209.3	2 769.8	3 346.8	3 741.1
豆油	2.6	8.9	3.9	2.6	37.6
菜子油				4.4	22.1
棕榈油	53.4	107.7	121.3	224.8	111.1
食糖	223.1	4.0	16.1	1 736.0	6 265.0
蔬菜	3 118.6	3 543.2	4 180.7	8 587.1	7 954.6
水果	7 510.7	7 595.9	10 676.2	16 184.4	15 758.0
苹果	98.8	70.7	67.3	133.1	139.1
柑橘	231.5	124.4	116.8	206.3	264.2
苹果汁			84.2	120.9	129.1
柑橘汁	392.0	296.1	424.7	474.7	458.4
水产品	863.1	1 063.3	1 044.9	2 854.0	3 004.7
畜产品	19 303.4	20 411.1	24 053.4	36 056.7	45 837.3
猪产品		4.9			
牛产品	240.0	553.7	469.2	530.7	698.8
羊产品	485.6	560.5	821.1	1 644.0	3 225.9
家禽产品	3 278.9	3 100.3	1 820.4	4 600.0	5 190.5
蛋产品	839.7	710.4	765.8	1 021.1	1 304.4
乳品	839.7	710.4	765.8	1 021.1	1 304.4
动物生皮	81.3	72.4	367.6	1 238.6	1 942.1
动物生毛皮	0.1	0.3		31.0	0.5
羊毛	333.8	386.1	591.8	291.5	632.1
茶	95.3	91.9	105.6	261.4	301.8

沙特阿拉伯主要农产品出口额（二）

单位：万美元

项　目	2005 年	2006 年	2007 年	2008 年	2009 年	2010 年
农产品	130 845.2	155 228.8	217 793.1	68 741.6	101 753.3	
谷物	1 117.4	1 465.9	2 162.5			
小麦产品	59.5	98.7	114.6			
玉米产品	52.2	202.9	84.5			
稻谷产品	865.6	1 083.5	1 779.8			
棉花	10.6	4.7	9.9			
食用油籽	67.1	48.0	97.7			
大豆	0.2	1.2				
花生	52.4	40.0	76.6			
油菜子	0.2	0.2				
食用植物油	4 970.8	4 562.5	8 396.7	5 029.3	5 508.7	
豆油	13.1	19.0	41.6	710.0	1 066.8	
菜子油	26.9	9.8	17.9			
棕榈油	92.4	143.5	622.2			
食糖	5 705.9	13 408.5	26 049.8	14 828.1	11 541.4	
蔬菜	10 762.8	10 161.8	13 142.6	262.2	5 171.1	
水果	18 463.9	21 102.2	27 991.0	11 003.8	10 637.6	
苹果	95.0	228.2	376.1			
柑橘	307.2	493.8	1 066.0			
苹果汁	180.4	83.7	196.0			
柑橘汁	472.9	1 114.5	1 609.2		3 527.4	
水产品	4 652.7	4 839.0	6 176.7	4 529.1	5 134.0	
畜产品	54 415.5	62 732.0	82 419.9	29 844.5	38 423.8	
猪产品						
牛产品	1 131.1	1 689.0	2 314.2		20.0	
羊产品	4 981.1	4 927.8	6 260.7	800.8	734.1	
家禽产品	6 197.2	7 467.0	7 594.2	645.6		
蛋产品	1 554.8	3 375.9	3 505.5			
乳品	1 554.8	3 375.9	3 505.5			
动物生皮	1 985.6	1 020.9	1 364.1			
动物生毛皮	10.9	5.0				
羊毛	828.7	973.7	756.9			
茶	368.9	567.3	586.2			

3-11-2 沙特阿拉伯主要农产品进口额（一）

单位：万美元

项　目	2000年	2001年	2002年	2003年	2004年
农产品	545 148.1	482 847.3	528 462.5	603 450.7	677 154.4
谷物	136 670.1	95 700.3	99 338.0	121 369.0	129 646.3
小麦产品	448.4	381.9	920.2	1 293.0	1 754.5
玉米产品	17 217.2	14 790.5	14 634.1	13 303.6	14 904.5
稻谷产品	49 755.2	36 810.0	32 553.4	37 746.6	54 843.4
棉花	188.7	235.8	268.7	238.6	388.8
食用油籽	3 468.1	3 191.2	2 111.5	3 293.7	4 686.7
大豆	296.7	60.2	51.2	69.6	77.6
花生	953.8	912.3	716.3	936.6	975.3
油菜子			2.4	9.0	3.0
食用植物油	16 501.0	12 522.4	10 164.4	16 659.0	22 319.8
豆油	356.1	324.9	488.0	488.8	612.5
菜子油			49.1	114.0	152.5
棕榈油	8 748.8	5 981.4	4 369.2	6 850.9	10 628.1
食糖	10 512.3	15 866.5	7 672.4	4 744.3	3 060.0
蔬菜	24 364.0	23 534.1	28 633.3	30 372.4	32 334.4
水果	42 136.5	40 838.8	42 687.1	43 987.7	47 960.7
苹果	4 789.1	4 317.7	4 743.1	4 589.7	4 908.3
柑橘	10 422.5	9 228.9	10 547.7	11 886.5	11 826.4
苹果汁			349.6	1 182.9	811.2
柑橘汁	3 456.4	3 015.8	3 705.1	3 645.6	3 864.1
水产品	11 115.3	13 326.2	13 225.3	13 896.3	18 258.9
畜产品	146 507.3	130 953.3	168 361.2	185 071.1	212 904.3
猪产品					
牛产品	9 485.8	6 463.4	11 585.4	10 253.5	13 103.7
羊产品	34 762.9	23 187.5	58 066.3	49 725.0	60 525.8
家禽产品	38 233.8	40 473.5	34 665.4	46 682.2	46 579.9
蛋产品	808.1	951.9	1 289.9	1 788.4	1 555.4
乳品	808.1	951.9	1 289.9	1 788.4	1 555.4
动物生皮	47.6	33.9	26.1	19.2	60.2
动物生毛皮	49.3	26.2	10.6	3.2	4.8
羊毛	2.9	11.1	1.8	19.0	50.0
茶	13 073.5	11 605.1	11 541.1	11 874.6	11 358.5

沙特阿拉伯主要农产品进口额（二）

单位：万美元

项 目	2005 年	2006 年	2007 年	2008 年	2009 年	2010 年
农产品	886 267.5	956 616.7	1 203 243.8	1 257 008.8	1 080 345.2	
谷物	187 523.0	202 815.0	332 419.3	528 657.5	351 020.1	
小麦产品	1 682.2	1 713.4	2 454.8	9 385.7	40 213.7	
玉米产品	19 451.1	21 619.8	46 888.2	57 853.0	37 795.6	
稻谷产品	58 499.9	54 694.5	64 716.4	164 287.4	147 101.7	
棉花	380.4	538.8	306.3	8.3	25.6	
食用油籽	5 716.7	5 119.8	7 098.1	9 671.3	13 460.9	
大豆	69.9	73.9	1 307.1		8 793.2	
花生	1 381.1	1 508.1	1 591.9			
油菜子	1.7	8.3	3.5			
食用植物油	30 618.2	34 506.1	45 524.2	41 547.4	38 717.8	
豆油	482.9	653.9	784.2			
菜子油	232.6	199.8	217.5			
棕榈油	11 488.0	15 597.4	21 912.2	24 798.3	29 787.0	
食糖	24 523.1	41 538.0	39 354.2	50 512.7	51 317.7	
蔬菜	34 178.7	39 181.5	48 948.1	23 476.1	33 369.6	
水果	64 682.9	65 040.4	74 312.7	55 218.0	55 673.5	
苹果	7 967.2	10 506.0	11 161.5	5 600.9	3 934.6	
柑橘	20 020.4	15 145.5	16 212.9	19 361.7	20 447.4	
苹果汁	1 154.1	1 372.4	2 631.3	1 759.1	1 451.2	
柑橘汁	3 630.3	3 970.8	6 196.6	1 490.6	1 720.1	
水产品	20 701.3	24 443.3	25 155.9	21 245.2	20 061.6	
畜产品	272 972.4	264 376.2	309 551.7	316 199.4	290 604.8	
猪产品						
牛产品	14 870.2	22 984.0	28 229.5	27 547.2	29 716.3	
羊产品	81 286.0	68 529.6	67 419.3	57 637.8	56 378.2	
家禽产品	64 838.4	58 468.7	75 776.2	105 476.0	110 168.3	
蛋产品	1 570.8	1 598.1	1 935.3			
乳品	1 570.8	1 598.1	1 935.3			
动物生皮	93.6	85.2	56.5			
动物生毛皮	13.5	0.3	0.7			
羊毛	23.8	10.6	22.3			
茶	13 564.8	13 714.3	16 191.0	15 456.7	15 379.4	

3-11-3　沙特阿拉伯主要农产品出口量（一）

单位：吨

项　目	2000年	2001年	2002年	2003年	2004年
农产品					
谷物	7 380.0	4 599.3	10 131.7	15 443.7	19 844.8
小麦产品	56.1	15.4	2 497.8	1 273.4	2 088.7
玉米产品	958.5	464.3	455.4	1 393.7	547.6
稻谷产品	6 217.0	3 815.2	6 310.3	4 339.4	12 424.0
棉花	334.4	95.0	232.6	53.9	126.2
食用油籽	131.3	202.5	290.7	302.1	409.0
大豆		98.0	20.4	25.0	10.0
花生	82.3	64.8	87.2	126.4	177.8
油菜子			4.6	1.1	
食用植物油	15 277.3	23 232.8	29 408.4	30 668.7	33 118.1
豆油	32.0	332.0	145.5	35.0	1 149.3
菜子油				75.5	399.3
棕榈油	711.1	2 075.5	2 263.0	3 741.1	1 752.6
食糖	8 662.1	118.9	242.4	57 107.5	234 107.4
蔬菜				175 023.9	197 658.0
水果					
苹果	1 074.4	1 093.5	1 083.9	1 931.7	1 891.0
柑橘	4 516.0	2 943.8	3 251.5	4 252.5	6 518.5
苹果汁				2 299.6	3 188.1
柑橘汁				6 153.8	7 505.7
水产品					
畜产品					
猪产品					
牛产品					
羊产品					
家禽产品					
蛋产品					
乳品				8 108.1	10 894.8
动物生皮	414.1	449.0	1 098.9	4 029.4	5 590.5
动物生毛皮	0.8	2.6		110.6	18.1
羊毛	6 266.9	7 358.1	9 744.2	10 541.1	9 398.5
茶	305.2	232.5	676.8	656.2	991.2

沙特阿拉伯主要农产品出口量（二）

单位：吨

项　目	2005 年	2006 年	2007 年	2008 年	2009 年	2010 年
农产品						
谷物	25 618.5	25 793.6	41 723.3			
小麦产品	1 926.9	1 309.7	1 766.0			
玉米产品	331.1	2 162.3	1 493.3			
稻谷产品	16 529.1	19 127.7	33 611.1			
棉花	128.6	53.5	263.5			
食用油籽	708.0	286.6	1 241.3			
大豆	10.8	24.7				
花生	515.5	208.2	619.6			
油菜子	0.7	3.2				
食用植物油	53 341.3	35 238.9	58 992.3	28 896.0	38 165.0	
豆油	363.6	600.4	416.0	10 000.0	13 008.0	
菜子油	672.3	478.7	486.0			
棕榈油	1 279.4	1 444.4	4 990.3			
食糖	184 731.6	237 624.6	375 324.6	302 744.6	260 192.0	
蔬菜	289 553.0	281 687.9	314 850.9	7 263.0	149 203.0	
水果						
苹果	1 763.7	2 984.8	3 523.0			
柑橘	6 597.6	9 927.7	13 339.6			
苹果汁	4 531.5	1 485.0	4 288.6			
柑橘汁	7 044.2	11 935.9	27 417.6		63 063.0	
水产品						
畜产品						
猪产品						
牛产品						
羊产品						
家禽产品						
蛋产品						
乳品	12 947.5	26 896.4	30 237.1			
动物生皮	4 058.6	2 426.7	29 720.0			
动物生毛皮	7.7	21.0				
羊毛	11 793.1	12 953.5	12 025.3			
茶	1 005.4	1 200.3	1 480.2			

3-11-4 沙特阿拉伯主要农产品进口量（一）

单位：吨

项 目	2000年	2001年	2002年	2003年	2004年
农产品					
谷物	7 657 147.8	5 195 314.8	5 739 988.5	5 778 414.1	4 862 245.8
小麦产品	24 921.7	14 607.4	30 341.0	41 921.1	50 859.2
玉米产品	1 265 707.3	1 087 857.3	1 170 929.8	893 506.9	793 997.8
稻谷产品	945 076.6	770 481.3	675 176.3	732 054.8	1 056 915.3
棉花	2 932.5	3 251.5	3 685.7	3 945.8	3 549.2
食用油籽	62 603.8	53 663.4	48 196.8	69 696.8	75 668.0
大豆	10 055.0	1 422.7	1 065.7	1 229.9	1 414.0
花生	7 349.5	6 658.5	5 549.1	7 716.6	9 661.3
油菜子			114.7	168.8	31.0
食用植物油	223 469.1	214 000.6	162 712.4	229 993.6	287 656.0
豆油	5 336.3	4 821.9	7 058.8	6 030.7	7 835.4
菜子油			810.1	1 605.6	2 185.2
棕榈油	132 496.7	138 022.7	97 360.6	124 711.3	172 026.1
食糖	493 969.1	648 305.2	382 823.9	228 925.2	111 495.8
蔬菜				787 285.8	815 576.9
水果					
苹果	111 073.8	106 179.8	126 198.5	127 232.9	127 401.3
柑橘	317 377.0	277 573.2	354 902.8	427 039.5	402 536.5
苹果汁				6 917.2	7 158.1
柑橘汁				31 897.7	78 105.1
水产品					
畜产品					
猪产品					
牛产品					
羊产品					
家禽产品					
蛋产品					
乳品				9 718.8	6 169.6
动物生皮	633.0	112.4	30.9	245.3	817.6
动物生毛皮	92.4	108.5	34.2	13.1	8.8
羊毛	23.6	51.7	6.2	237.8	657.0
茶	24 289.4	21 208.1	22 469.2	23 591.9	24 948.1

沙特阿拉伯主要农产品进口量（二）

单位：吨

项　目	2005 年	2006 年	2007 年	2008 年	2009 年	2010 年
农产品						
谷物	8 461 110.3	10 133 217.8	10 134 787.1	11 032 639.0	10 661 955.0	
小麦产品	52 752.8	49 812.9	56 250.9	206 661.0	1 358 412.0	
玉米产品	1 234 321.6	1 347 820.3	1 835 382.0	1 640 590.0	1 544 640.0	
稻谷产品	1 117 998.5	1 065 707.4	1 072 943.0	1 618 069.0	1 798 390.0	
棉花	4 771.0	4 774.4	3 480.6	79.0	128.0	
食用油籽	107 794.0	83 619.3	114 383.1	101 412.0	242 176.0	
大豆	1 351.5	1 421.3	27 530.3		192 179.0	
花生	12 980.5	12 552.2	13 500.7			
油菜子	86.3	186.0	46.6			
食用植物油	392 978.5	489 322.2	486 144.7	290 817.0	378 411.0	
豆油	6 923.4	10 486.2	10 429.6			
菜子油	2 849.5	2 287.0	2 421.4			
棕榈油	219 401.4	286 936.4	280 426.4	201 185.0	316 570.0	
食糖	946 902.6	1 030 741.8	1 317 345.8	1 485 960.0	1 140 547.0	
蔬菜	880 763.4	903 967.1	921 284.1	502 642.0	609 646.0	
水果						
苹果	146 423.5	149 219.3	147 423.4	60 711.0	50 747.0	
柑橘	453 759.9	463 567.6	428 867.6	328 158.0	366 804.0	
苹果汁	10 569.6	11 063.2	19 709.0	6 935.0	9 392.0	
柑橘汁	31 943.8	32 116.8	32 342.6	6 839.0	11 750.0	
水产品						
畜产品						
猪产品						
牛产品						
羊产品						
家禽产品						
蛋产品						
乳品	4 651.7	4 139.4	4 561.8			
动物生皮	776.3	757.5	631.0			
动物生毛皮	18.0	1.7	1.0			
羊毛	128.0	495.5	341.3			
茶	28 452.8	25 525.2	29 810.4	23 788.0	20 331.0	

3－12 以色列主要农产品贸易情况

3－12－1 以色列主要农产品出口额（一）

单位：万美元

项目	2000 年	2001 年	2002 年	2003 年	2004 年
农产品	118 552.4	109 025.0	107 959.7	126 355.6	152 795.5
谷物	12.0	59.5	14.7	12.5	19.8
小麦产品	8.2	47.1	4.5	4.1	6.6
玉米产品	0.2		5.5	0.2	2.1
稻谷产品	1.0	0.5	4.7	4.1	2.3
棉花	5 489.8	2 581.3	2 797.0	3 140.8	4 085.6
食用油籽	2 509.2	2 588.3	2 572.4	2 678.0	3 113.0
大豆	2.8	7.4	1.9	18.8	199.8
花生	1 173.7	1 415.9	1 321.9	1 429.7	1 442.5
油菜子					
食用植物油	18.9	462.6	37.1	64.5	90.5
豆油	2.2	382.2	0.2	0.1	0.9
菜子油					
棕榈油	0.3	0.2	0.6		13.2
食糖	28.8	22.7	24.4	51.9	113.1
蔬菜	25 389.6	25 120.3	24 028.0	31 118.6	44 295.7
水果	31 464.9	27 466.7	22 414.9	23 717.3	26 696.2
苹果	2.7	0.2			1.9
柑橘	9 625.4	8 198.6	5 790.9	6 142.4	7 384.8
苹果汁			6.8	25.4	20.6
柑橘汁	1 917.3	1 470.8	5 081.8	5 155.7	4 644.0
水产品	888.5	964.5	889.6	1 374.4	1 624.0
畜产品	6 194.0	6 379.7	5 620.4	6 360.6	7 161.1
猪产品	6.4	0.6	0.1	0.3	0.5
牛产品	2.0	0.2	0.4		3.3
羊产品	1.7	4.1			
家禽产品	4 310.8	4 328.9	3 511.4	3 807.1	4 402.8
蛋产品	566.4	111.9	180.5	462.8	102.4
乳品	369.4	696.5	776.2	786.1	1 095.9
动物生皮	481.0	762.3	656.1	713.8	656.9
动物生毛皮					0.2
羊毛	3.3	2.0	1.1		16.0
茶	64.1	81.4	79.9	117.3	155.6

以色列主要农产品出口额（二）

单位：万美元

项　目	2005 年	2006 年	2007 年	2008 年	2009 年	2010 年
农产品	170 781.8	177 241.7	222 406.2	221 740.0	210 406.8	229 920.2
谷物	46.3	178.0	466.1	1 799.2	1 116.6	1 538.7
小麦产品	11.3	0.5	10.3	430.1	358.7	27.2
玉米产品		0.1	32.6	462.2	465.4	1 109.6
稻谷产品	28.8	110.2	134.3	146.8	29.8	23.4
棉花	4 279.6	4 278.7	2 843.6	2 845.4	2 576.0	3 468.0
食用油籽	2 974.2	3 142.0	3 592.5	4 244.8	4 314.8	4 518.0
大豆	25.8	2.7		14.8	0.5	
花生	1 665.0	1 644.9	1 957.6	2 356.7	2 488.4	2 666.2
油菜子				0.4		
食用植物油	349.8	154.9	217.3	137.7	113.8	124.8
豆油	11.2	1.2	1.3		0.4	0.9
菜子油				0.3	2.8	0.8
棕榈油	0.6	6.8	7.9	1.1	9.7	4.1
食糖	77.5	2.0	1.2	43.5	4.1	289.9
蔬菜	42 414.1	48 205.1	69 738.6	65 698.4	67 020.1	72 954.7
水果	32 994.6	33 389.5	44 925.5	39 497.8	42 266.2	50 687.6
苹果	248.7	294.1	482.0		774.5	824.2
柑橘	9 531.0	7 810.3	11 243.3	10 126.9	13 872.4	16 620.3
苹果汁				353.2	428.6	489.6
柑橘汁	2 757.1	4 237.3	5 819.8	10 044.5	9 992.8	13 205.4
水产品	1 563.0	1 751.5	2 129.0	2 513.7	2 614.9	3 123.3
畜产品	7 686.2	4 642.5	7 793.7	10 687.0	7 559.5	7 538.5
猪产品	0.7	0.8	0.4	15.5		0.1
牛产品		74.9	26.7	10.6		1.2
羊产品	0.9	3.0	0.1			1.4
家禽产品	3 053.0	1 815.2	2 691.2	6 942.7	3 015.8	3 545.0
蛋产品	138.3	82.6	99.6	203.7	131.0	130.2
乳品	1 549.1	1 260.8	1 125.7	1 495.3	2 002.2	1 256.4
动物生皮	115.4	126.8	39.1	514.7	255.7	506.2
动物生毛皮	0.2		0.1		0.5	
羊毛	17.6	12.3	22.7	24.9	12.5	40.9
茶	167.0	206.9	210.2	262.6	208.7	314.2

3-12-2 以色列主要农产品进口额（一）

单位：万美元

项 目	2000年	2001年	2002年	2003年	2004年
农产品	200 706.2	205 530.6	207 933.6	218 532.0	261 604.9
谷物	41 942.5	39 805.6	41 287.2	45 513.3	59 146.7
小麦产品	19 142.7	17 105.2	19 264.3	17 494.6	23 326.7
玉米产品	12 098.6	13 836.6	12 998.7	15 860.0	21 940.4
稻谷产品	3 612.3	3 040.1	3 244.2	3 114.4	4 286.9
棉花	965.9	1 005.8	1 115.2	914.1	1 312.2
食用油籽	15 681.2	16 324.9	19 407.8	20 596.1	26 191.7
大豆	11 991.8	13 062.2	15 664.8	16 858.4	20 260.5
花生	812.8	874.4	642.6	567.1	983.0
油菜子			571.5	553.4	660.1
食用植物油	3 344.0	3 252.0	3 191.0	4 758.7	3 826.0
豆油	435.0	531.7	441.1	1 090.5	519.5
菜子油			45.4	400.4	411.8
棕榈油	610.7	565.0	840.1	1 202.7	1 322.2
食糖	11 173.2	12 968.8	11 672.8	11 694.7	12 904.3
蔬菜	6 644.7	7 169.8	7 282.7	7 846.7	9 038.1
水果	8 851.7	7 580.6	7 434.7	8 032.0	8 603.6
苹果	246.6	384.5	354.6	298.0	218.6
柑橘	8.9	6.9	11.7	3.0	3.3
苹果汁			267.3	255.7	399.5
柑橘汁	653.5	367.2	2 546.7	2 484.4	2 842.5
水产品	13 300.0	14 910.2	13 744.5	14 445.0	15 055.1
畜产品	21 245.4	18 775.9	18 180.0	17 163.7	21 753.0
猪产品	1.7		2.4		
牛产品	16 871.1	14 639.2	14 012.0	13 087.6	16 863.6
羊产品	339.7	269.3	267.9	247.7	88.0
家禽产品	483.2	439.6	572.2	516.2	479.3
蛋产品	72.9	170.7	214.0	160.7	412.9
乳品	2 316.8	2 252.1	2 196.9	2 358.1	2 615.2
动物生皮	214.3	200.5	215.5	149.1	119.2
动物生毛皮	0.3	1.5	0.1	0.6	0.2
羊毛	0.3	0.4	0.4		
茶	709.2	733.2	828.0	602.0	750.9

以色列主要农产品进口额（二）

单位：万美元

项　目	2005 年	2006 年	2007 年	2008 年	2009 年	2010 年
农产品	257 343.5	285 806.0	346 339.5	447 279.4	372 978.4	446 288.7
谷物	47 402.6	53 818.3	74 377.1	10 3341.5	73 472.2	84 695.5
小麦产品	21 790.7	22 669.7	33 232.8	55 356.1	38 252.6	39 593.4
玉米产品	16 464.0	19 205.8	26 187.4	28 418.9	18 734.7	25 805.4
稻谷产品	3 734.3	4 746.8	5 992.8	8 690.9	8 086.8	8 485.3
棉花	1 178.6	872.5	997.6	1 184.7	808.0	646.3
食用油籽	23 023.1	21 741.6	27 307.1	29 623.9	24 810.3	34 348.7
大豆	17 567.3	15 785.8	20 316.9	18 084.2	16 202.6	22 786.4
花生	945.6	946.7	878.4	1 468.9	1 192.2	983.6
油菜子	735.9	1 310.2	1 603.3	2 454.1	1 572.0	3 447.2
食用植物油	4 909.7	5 281.7	7 136.5	10 229.3	10 527.7	10 235.9
豆油	999.8	572.2	1 061.2	1 066.4	723.9	407
菜子油	873.6	942.3	1 441.2	2 564.2	3 670.2	2 187.2
棕榈油	1 264.7	1 964.5	1 904.8	3 738.2	2 673.8	2 636.9
食糖	14 114.3	21 589.9	21 339.6	24 246.2	24 552.8	24 233
蔬菜	8 709.4	9 451.2	12 837.4	18 464.2	14 614.5	15 203.3
水果	7 715.4	9 225.8	12 215.7	14 373.6	10 986.9	13 336.0
苹果	375.2	355.5	463.2	1 108.0	1 142.5	1 265.6
柑橘	6.4	3.7	7.2	20.4	5.2	8.5
苹果汁	510.6	424.0	788.4	958.8	438.2	455.4
柑橘汁	3 757.4	4 125.3	5 187.8	5 332.9	2 847.2	5 003.5
水产品	16 813.2	16 823.5	19 842.6	25 053.2	22 979.9	30 917.9
畜产品	22 918.1	33 180.4	33 240.3	49 270.1	41 296.3	57 554.0
猪产品	0.5		1.0	1.8	0.8	2.6
牛产品	17 713.9	27 502.7	24 112.6	37 491.8	31 902.0	44 314
羊产品	107.3	193.4	326.3	578.4	854.2	1 423.9
家禽产品	477.3	529.6	1 010.6	1 187.8	1 039.2	1 407.2
蛋产品	325.0	447.7	812.8	839.4	1 004.3	1 153.2
乳品	3 177.5	3 261.6	5 195.7	5 996.0	3 526.0	5 684.4
动物生皮	111.3	144.9	217.9	227.2	137.7	100.7
动物生毛皮	0.9	0.2				
羊毛		0.6	0.3	2.5	1.2	2.5
茶	662.5	554.4	645.5	931.3	826.5	1 008.2

3-12-3 以色列主要农产品出口量（一）

单位：吨

项 目	2000 年	2001 年	2002 年	2003 年	2004 年
农产品					
谷物					
小麦产品					
玉米产品					
稻谷产品					
棉花					23 539.0
食用油籽					
大豆					
花生					8 319.3
油菜子					
食用植物油					
豆油					
菜子油					
棕榈油					29.1
食糖					
蔬菜					
水果					
苹果	53.6				43.9
柑橘	218 039.1				
苹果汁					
柑橘汁					
水产品					
畜产品					
猪产品					
牛产品					
羊产品					
家禽产品					
蛋产品					
乳品					
动物生皮					4 011.2
动物生毛皮					
羊毛					116.7
茶					

以色列主要农产品出口量（二）

单位：吨

项 目	2005 年	2006 年	2007 年	2008 年	2009 年	2010 年
农产品						
谷物	1 231.0	3 819.3			37 270.3	58 244.2
小麦产品	425.4	16.0	281.3	12 003.5	10 942.6	1 196.5
玉米产品		2.9	1 538.4	13 506.6	17 618.3	39 551.2
稻谷产品	677.8	2 560.3	2 549.4	2 506.2	356.0	236.9
棉花	30 084.4	30 082.5	13 992.0	22 360.5	12 013.0	14 015.7
食用油籽	41 706.7	47 750.5				
大豆	586.0	61.3		373.8	2.3	
花生	18 366.1	18 085.6	9 349.2	8 457.2	8 483.0	8 003.3
油菜子				10.4		
食用植物油			391.0	279.3	273.4	398.0
豆油	136.9	14.7	8.9		2.6	1.6
菜子油				0.6	20.0	5.3
棕榈油	9.1	103.3	56.4	5.0	70.6	42.4
食糖	1242.4	58.4	12.5	1 066.8	87.5	5 233.7
蔬菜						
水果						
苹果	3 712.0	4 389.6	3 603.0		8 973.9	8 123.4
柑橘	150 760.5	110 557.3	124 184.5	142 303.4	164 276.9	177 819.6
苹果汁				2 014.6	3 457.3	5 732.4
柑橘汁			40 006.4	95 506.2	89 538.0	119 755.0
水产品						
畜产品						
猪产品						
牛产品						
羊产品						
家禽产品						
蛋产品						
乳品			2 915.3	3 851.5	7 966.1	2 963.5
动物生皮	380.6					
动物生毛皮						
羊毛	74.9	57.2	215.6	296.5		
茶	290.8	421.1	474.4	480.3	328.1	242.4

3-12-4 以色列主要农产品进口量（一）

单位：吨

项　目	2000年	2001年	2002年	2003年	2004年
农产品					
谷物					
小麦产品					
玉米产品	1 057 506.8	817 362.1			1 345 240.9
稻谷产品					
棉花					
食用油籽					
大豆					
花生					
油菜子					19 094.3
食用植物油					
豆油					6 125.8
菜子油					
棕榈油	12 539.6				24 269.0
食糖	411 516.6				520 703.6
蔬菜					
水果					
苹果	2 683.4				2 267.4
柑橘	32.9				14.2
苹果汁					
柑橘汁					
水产品					
畜产品					
猪产品					
牛产品					
羊产品					
家禽产品					
蛋产品					
乳品					
动物生皮					788.3
动物生毛皮					
羊毛					
茶					

以色列主要农产品进口量（二）

单位：吨

项　目	2005 年	2006 年	2007 年	2008 年	2009 年	2010 年
农产品						
谷物	2 281 263.5	2 593 702.2			3 436 727.6	3 500 463.1
小麦产品	1 100 714.1	1 143 573.7		1 620 631.6	1 825 525.4	1 723 590.9
玉米产品	835 601.1	986 715.7	1 186 668.8		1 004 794.6	1 153 822.5
稻谷产品	69 937.3	88 805.4	109 291.6	98 174.6	110 285.8	96 600.1
棉花	20 022.2	12 889.1	17 595.2	13 922.9	6 356.4	2 158.3
食用油籽	562 547.7	526 453.5				
大豆	501 032.7	450 030.1	516 144.3	320 307.9	352 212.5	485 278.8
花生	5 352.1	5 343.9	6 757.4	8 316.2	7 258.6	5 807.6
油菜子	21 807.0	38 824.1	38 130.6	37 675.7	38 285.3	71 114.9
食用植物油			71 901.2	75 411.4	100 576.2	73 647.2
豆油	12 228.9	7 104.3	14 513.8	7 821.4	4 971.9	3 280.0
菜子油	9 764.5	10 538.2	11 388.3	14 854.4	44 614.2	16 370.7
棕榈油	20 237.6	30 059.0	24 563.3	39 715.4	31 804.3	26 810.0
食糖	330 972.5	533 130.6	498 950.2	554 857.5	493 489.2	402 586.0
蔬菜						
水果						
苹果	4 936.8	4 677.6	3 830.2	7 732.2	8 893.7	9 667.8
柑橘	85.4	51.1	30.2	81.5	20.1	29.3
苹果汁			6 034.0	4 830.3	4 779.9	4 580.5
柑橘汁			28 209.6	32 364.0	19 923.3	27 311.1
水产品						
畜产品						
猪产品						
牛产品						
羊产品						
家禽产品						
蛋产品						
乳品			12 803.6	13 351.5	9 360.2	12 958.5
动物生皮						
动物生毛皮						
羊毛		2.2	1.7	5.7	1.0	
茶	1 457.6	1 277.4	1 273.7	1 746.1	1 632.2	1 930.9

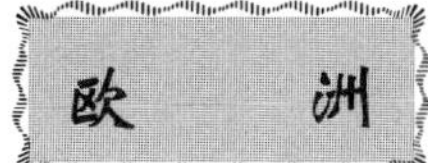

3-13 欧盟主要农产品贸易情况

3-13-1 欧盟主要农产品出口额（一）

单位：万美元

项　目	2000年	2001年	2002年	2003年	2004年
农产品	5 111 662.2	5 083 002.8	5 497 611.7	6 375 295.4	7 278 228.7
谷物	342 189.4	270 315.6	277 883.4	341 406.7	270 528.8
小麦产品	185 263.5	173 486.7	181 005.8	213 684.5	204 746.0
玉米产品	17 295.0	17 580.3	20 679.2	21 417.4	23 601.4
稻谷产品	10 941.5	7 537.5	12 097.3	12 132.4	11 769.3
棉花	22 697.3	20 517.7	18 282.2	32 646.7	37 450.0
食用油籽	9 672.5	8 847.3	30 188.2	25 772.2	27 380.3
大豆	1 478.8	1 271.8	1 720.8	1 859.5	1 247.1
花生	2 640.5	2 836.8	2 767.5	2 734.7	3 581.1
油菜子			18 566.6	7 723.9	6 648.1
食用植物油	168 343.1	138 219.6	166 277.6	185 887.3	213 127.6
豆油	39 251.8	37 334.2	41 781.0	42 176.6	38 854.3
菜子油			17 848.3	8 540.2	11 217.1
棕榈油	3 335.5	2 910.5	2 871.3	3 621.8	4 790.3
食糖	121 964.9	137 798.3	98 556.0	100 390.8	97 271.3
蔬菜	233 030.8	249 653.4	303 980.1	354 226.5	402 110.8
水果	155 714.3	166 796.2	161 856.3	191 880.8	222 104.1
苹果	17 448.8	18 209.8	20 973.1	22 511.0	27 196.3
柑橘	28 008.5	29 152.9	29 423.1	37 698.3	37 523.4
苹果汁			10 204.1	8 109.9	10 509.0
柑橘汁	3 872.0	4 320.7	7 462.2	7 721.4	8 170.9
水产品	194 177.2	211 495.4	231 803.1	267 550.6	304 671.3
畜产品	1 118 390.6	1 047 679.5	1 061 695.8	1 188 453.4	1 491 149.9
猪产品	222 872.5	197 729.8	194 667.6	217 191.2	312 924.9
牛产品	89 800.3	66 946.8	71 245.0	62 822.1	80 393.0
羊产品	3 455.6	2 988.6	3 913.5	4 807.4	4 807.3
家禽产品	92 434.8	94 910.8	103 259.2	104 517.5	123 648.3
蛋产品	14 432.8	15 097.4	17 847.9	15 696.5	19 964.0
乳品	462 346.7	455 207.8	435 899.2	521 690.7	615 760.4
动物生皮	35 720.4	31 958.1	41 272.7	49 419.4	60 136.6
动物生毛皮	51 025.5	53 856.1	55 987.0	61 494.1	80 524.7
羊毛	6 754.5	5 792.8	8 179.9	9 663.9	11 535.7
茶	17 761.4	18 121.8	19 736.6	26 388.7	31 628.8

欧盟主要农产品出口额（二）

单位：万美元

项 目	2005年	2006年	2007年	2008年	2009年	2010年
农产品	7 849 835.3	8 966 072.5	10 328 577.9	12 253 280.4	10 574 454.7	11 992 662.0
谷物	312 665.5	347 694.9	462 410.8	898 568.3	603 638.1	733 804.8
小麦产品	198 524.4	265 364.6	269 806.8	685 651.4	508 195.2	543 793.8
玉米产品	19 865.5	18 817.5	35 844.6	59 362.6	44 422.3	62 516.2
稻谷产品	12 572.6	11 169.7	12 852.3	20 206.0	18 079.5	24 030.6
棉花	26 958.1	41 311.8	24 936.3	36 295.2	42 222.0	55 008.9
食用油籽	36 545.9	38 477.9	60 193.3	77 056.4	49 797.9	57 032.4
大豆	2 043.2	2 412.4	1 932.0	3 200.1	2 541.1	2 040.6
花生	3 954.0	4 130.1	4 526.0	5 756.0	4 441.1	5 957.0
油菜子	7 935.7	5 209.0	18 372.7	14 581.7	9 003.0	14 679.3
食用植物油	221 621.5	230 307.8	256 597.4	328 485.0	264 672.9	302 204.5
豆油	28 991.3	15 127.3	20 575.1	45 144.5	36 789.3	39 473.9
菜子油	7 749.7	5 627.8	9 123.4	21 998.2	14 421.7	17 315.0
棕榈油	7 177.3	8 844.2	17 171.7	19 495.8	13 902.8	15 436.8
食糖	172 349.2	247 212.0	70 914.4	65 945.8	79 552.7	133 985.8
蔬菜	412 404.8	473 435.6	576 876.5	662 082.0	616 596.6	688 874.4
水果	252 506.0	316 083.1	402 925.6	458 612.3	397 658.5	461 341.7
苹果	33 322.5	47 887.2	60 570.6	71 728.1	66 415.7	73 523.1
柑橘	38 269.9	42 774.2	61 765.4	62 353.2	58 477.4	62 681.7
苹果汁	8 302.3	8 311.4	10 353.8	13 063.1	7 901.5	7 405.3
柑橘汁	9 347.6	11 270.4	15 977.3	16 852.1	15 179.1	16 320.9
水产品	324 446.1	349 786.0	408 444.2	472 420.5	413 944.8	472 448.1
畜产品	1 492 371.4	1 563 984.2	1 842 768.9	2 279 405.4	1 926 024.2	2 436 458.6
猪产品	309 495.1	356 656.0	394 346.3	548 158.2	461 469.4	514 039.6
牛产品	73 929.9	75 082.9	72 087.8	93 756.4	84 798.7	164 843
羊产品	4 554.9	4 837.9	4 568.4	4 804.1	5 591.8	11 574.6
家禽产品	123 463.2	108 567.7	137 503.5	181 185.2	171 002.7	205 767.2
蛋产品	21 789.9	22 935.6	26 685.7	33 292.7	34 037.7	37 198.9
乳品	614 689.3	601 266.6	816 794.2	922 793.5	725 164.6	944 450.0
动物生皮	47 038.0	55 888.0	55 522.5	61 407.3	56 615.6	83 502.7
动物生毛皮	88 807.9	123 780.6	89 236.0	121 767.2	104 374.5	188 841.9
羊毛	9 753.8	10 758.4	14 691.6	13 343.8	11 937.5	13 931.3
茶	32 805.4	38 982.5	44 673.2	48 877.4	44 037.3	52 757.6

3-13-2 欧盟主要农产品进口额（一）

单位：万美元

项 目	2000 年	2001 年	2002 年	2003 年	2004 年
农产品	6 395 932.9	6 593 266.2	6 892 559.9	8 067 612.3	9 248 785.8
谷物	160 412.5	183 212.8	263 042.3	267 624.0	316 095.4
小麦产品	61 787.8	79 586.7	152 426.2	119 209.3	139 907.5
玉米产品	42 141.2	45 516.0	41 836.2	69 051.2	91 906.2
稻谷产品	44 784.9	43 232.0	40 995.4	49 991.4	56 594.9
棉花	131 182.8	127 513.7	109 253.2	100 937.1	104 907.9
食用油籽	404 625.6	468 041.4	483 076.7	562 672.7	573 026.1
大豆	297 544.1	362 631.9	381 170.8	445 697.9	436 045.6
花生	41 868.2	42 757.8	40 511.2	44 278.8	53 395.5
油菜子			2 677.5	1 384.3	6 456.0
食用植物油	113 805.2	129 126.9	176 711.8	220 839.7	300 053.3
豆油	910.9	1 422.6	1 782.0	1 758.0	6 652.8
菜子油			420.4	1 232.4	2 371.2
棕榈油	68 063.5	81 922.9	110 624.6	136 220.7	170 864.0
食糖	98 845.1	106 604.1	120 672.9	139 709.0	163 043.8
蔬菜	249 343.8	249 679.4	282 974.6	330 560.8	395 003.0
水果	788 176.7	804 880.5	844 938.7	1 060 012.2	1 203 802.2
苹果	41 954.2	53 214.9	62 019.6	77 991.9	92 885.2
柑橘	78 230.2	102 103.7	89 174.6	117 876.9	128 608.0
苹果汁			11 573.6	13 762.9	16 672.5
柑橘汁	97 143.8	72 435.5	96 610.3	104 047.6	102 869.6
水产品	1 157 824.6	1 223 054.1	1 252 290.0	1 479 898.8	1 616 269.4
畜产品	743 594.8	762 086.2	733 762.8	838 776.1	938 019.6
猪产品	3 766.0	5 673.3	3 946.1	5 576.6	10 161.5
牛产品	105 314.1	84 162.0	104 641.9	121 604.1	169 951.4
羊产品	69 486.8	76 364.0	87 114.8	101 671.0	115 209.1
家禽产品	47 352.3	60 403.8	57 187.2	97 239.3	124 720.1
蛋产品	4 702.1	4 527.0	3 662.2	5 357.9	7 840.4
乳品	74 431.6	75 911.8	67 581.9	79 236.9	83 563.8
动物生皮	87 565.4	91 449.9	77 933.1	70 867.3	60 298.0
动物生毛皮	9 819.0	10 782.0	11 756.2	11 794.5	13 668.5
羊毛	99 613.9	93 675.3	91 207.4	106 921.3	97 137.0
茶	54 261.7	51 728.7	51 110.6	54 856.4	63 227.2

欧盟主要农产品进口额（二）

单位：万美元

项 目	2005 年	2006 年	2007 年	2008 年	2009 年	2010 年
农产品	9 786 577.4	10 674 030.4	13 000 365.1	15 342 677.7	12 989 689.6	13 553 999.0
谷物	241 881.6	260 761.8	637 491.4	843 957.3	392 565.0	354 925.7
小麦产品	129 650.6	113 654.5	205 861.7	266 426.8	175 382.5	126 450.2
玉米产品	47 140.3	71 163.0	266 138.8	299 901.4	88 322.0	103 874.1
稻谷产品	53 114.4	59 326.0	77 794.1	142 950.9	114 418.2	102 374.3
棉花	75 181.6	67 398.8	69 534.9	62 041.5	38 493.3	52 642.1
食用油籽	511 552.8	504 792.8	698 879.0	1 096 060.8	851 983.2	827 912.2
大豆	379 398.7	365 161.4	525 004.8	753 651.7	567 626.8	579 113.8
花生	56 886.9	53 407.4	64 526.1	94 154.8	71 036.3	73 482
油菜子	2 749.3	20 159.0	23 598.1	133 612.9	117 397.4	88 861.7
食用植物油	339 070.0	487 310.8	583 619.2	844 266.1	584 833.5	647 526.6
豆油	14 275.6	53 101.8	77 674.9	129 892.9	47 296.3	64 318.8
菜子油	4 114.9	46 230.8	40 356.8	53 688.6	42 417.8	39 028.4
棕榈油	178 628.9	202 406.2	290 077.9	438 948.4	371 620.3	417 208.6
食糖	173 629.1	188 634.9	188 607.6	211 178.5	178 298.3	169 268.3
蔬菜	424 781.3	464 865.0	648 427.7	651 566.8	593 168.1	613 137.8
水果	1 277 210.5	1 363 042.1	1 626 415.4	1 816 108.1	1 593 951.9	1 602 862.4
苹果	92 089.0	88 652.6	105 765.5	102 687.1	83 790.8	73 013.4
柑橘	153 468.9	144 563.5	187 094.3	217 609.5	175 617.1	201 274.4
苹果汁	23 930.9	28 576.5	53 936.9	46 089.1	20 020.9	22 556.3
柑橘汁	100 039.3	114 894.9	129 100.4	133 927.8	138 081.1	137 756.4
水产品	1 823 529.6	2 122 039.3	2 373 212.3	2 532 828.7	2 266 247.8	2 415 703.9
畜产品	1 005 821.7	1 073 671.8	1 188 935.0	1 275 180.1	1 078 198.7	1 103 123.1
猪产品	18 975.2	23 058.3	10 900.2	18 086.3	11 209.4	8 689.8
牛产品	190 785.6	227 143.5	258 191.2	242 784.4	213 406.1	214 439.1
羊产品	130 762.8	125 290.8	133 033.5	145 780.9	137 946.2	132 191.8
家禽产品	156 971.2	147 459.2	172 694.7	223 311.2	202 031.7	200 872.6
蛋产品	7 971.5	6 776.1	8 481.9	6 809.7	8 691.9	8 688.2
乳品	73 615.9	79 688.1	89 968.6	97 560.1	76 199.1	76 312.6
动物生皮	57 906.1	60 470.3	66 387.7	58 082.1	38 510.5	56 171.9
动物生毛皮	13 333.0	20 910.9	19 365.6	20 149.4	10 756.9	13 955.7
羊毛	80 569.9	80 203.3	82 932.3	73 615.3	31 151.6	48 064.8
茶	63 452.4	74 064.1	78 228.2	91 385.7	82 125.7	88 468.5

3-13-3 欧盟主要农产品出口量（一）

单位：吨

项　目	2000年	2001年	2002年	2003年	2004年
农产品					
谷物	28 391 751.7	20 161 011.8	20 143 754.6	21 685 137.9	13 534 289.3
小麦产品	14 922 295.7	12 681 092.0	12 918 411.7	13 572 981.2	10 500 048.1
玉米产品	1 211 125.0	1 209 471.5	1 407 962.6	936 765.9	897 333.8
稻谷产品	238 572.6	170 650.6	285 724.4	262 652.8	204 753.5
棉花	210 787.1	215 970.6	185 611.7	241 607.2	284 136.0
食用油籽	281 633.1	223 895.2	1 013 032.8	661 536.9	657 997.5
大豆	50 360.1	38 347.2	54 556.0	47 198.7	25 896.3
花生	17 472.8	20 264.6	19 491.4	15 578.6	17 136.1
油菜子			763 538.9	234 977.3	211 257.2
食用植物油	2 177 598.1	1 718 177.7	1 780 928.9	1 495 104.6	1 406 366.2
豆油	965 213.7	892 985.2	817 044.7	670 618.8	568 686.0
菜子油			358 620.1	105 378.4	144 902.0
棕榈油	54 936.5	54 115.0	46 499.4	55 494.2	71 791.4
食糖	5 669 673.0	5 602 419.9	4 231 515.5	4 337 324.1	3 838 456.3
蔬菜	3 215 604.2	3 346 475.7	3 753 111.1	3 916 754.1	3 961 356.6
水果					
苹果	376 720.7	378 033.2	372 292.5	355 967.3	563 353.6
柑橘	537 537.9	585 529.7	516 660.9	525 951.7	496 846.7
苹果汁			117 358.6	81 400.1	93 493.6
柑橘汁	45 178.4	53 239.1	80 426.5	76 936.0	76 436.3
水产品					
畜产品					
猪产品					
牛产品					
羊产品					
家禽产品					
蛋产品					
乳品	2 611 873.7	2 351 666.2	2 302 100.8	2 445 904.1	2 574 646.1
动物生皮	192 797.9	152 349.8	188 719.2	229 616.1	297 341.1
动物生毛皮	4 268.9	4 166.7	4 341.9		14 683.4
羊毛	48 065.6	46 774.1	57 853.7	60 807.0	64 206.9
茶	34 745.1	28 156.1	30 016.1	34 418.1	35 884.9

欧盟主要农产品出口量（二）

单位：吨

项 目	2005 年	2006 年	2007 年	2008 年	2009 年	2010 年
农产品						
谷物	19 169 120.7	19 618 460.3	16 009 054.7	25 341 152.7	24 595 195.0	29 792 091.6
小麦产品	12 290 499.2	15 633 383.2	9 745 063.0	19 429 544.4	21 753 976.9	23 280 405.1
玉米产品	927 863.3	540 519.3	886 452.7	1 408 967.4	1 417 892.1	1 913 207.8
稻谷产品	210 498.4	153 138.3	149 446.7	167 845.6	165 760.8	320 600.2
棉花	229 972.8	335 345.2	180 410.8	230 356.7	313 513.5	258 218.7
食用油籽	943 543.6	900 667.8	1 047 367.9	747 246.2	897 591.7	775 565.1
大豆	55 554.6	63 315.8	34 411.9	45 391.8	42 936.5	33 616.2
花生	19 550.8	21 681.1	20 559.7	22 050.8	17 829.6	24 938.1
油菜子	254 561.5	98 002.4	372 458.6	112 587.0	134 473.8	246 174.0
食用植物油	1 292 776.4	933 595.1	1 092 065.3	1 217 437.5	1 260 697.9	1 433 134.2
豆油	487 719.0	244 494.0	246 647.8	330 920.7	410 163.8	417 795.4
菜子油	92 308.0	57 845.0	70 417.3	160 763.2	122 019.2	152 253.4
棕榈油	109 840.0	101 417.7	166 631.6	138 375.6	132 006.1	139 766.6
食糖	6 078 449.2	6 106 321.7	1 501 733.3	1 373 460.2	1 487 253.8	2 172 465.9
蔬菜	4 328 036.8	4 415 333.2	4 498 994.4	4 997 315.7	4 958 160.9	5 777 796.6
水果						
苹果	687 714.1	867 109.0	908 563.2	861 096.0	1 168 399.1	1 236 828.9
柑橘	458 210.5	551 373.9	674 976.2	577 735.7	606 550.0	660 730.6
苹果汁	80 021.6	65 860.1	65 423.9	60 268.7	58 822.9	63 866.5
柑橘汁	84 637.8	91 297.8	102 571.3	96 345.1	88 919.0	102 979.5
水产品						
畜产品						
猪产品						
牛产品						
羊产品						
家禽产品						
蛋产品						
乳品	2 382 084.1	2 209 882.9	2 342 015.3	2 302 211.9	2 434 304.4	2 765 675.8
动物生皮	290 239.5	302 566.5	288 849.6	343 267.2	428 896.1	405 246.0
动物生毛皮	19 217.0	17 709.0	16 098.3	19 222.7	17 670.1	21 594.5
羊毛	54 961.2	59 776.9	79 458.0	63 599.1	77 163.3	84 201.8
茶	35 580.8	40 686.0	37 160.1	40 993.9	37 962.2	40 344.1

3-13-4 欧盟主要农产品进口量（一）

单位：吨

项 目	2000年	2001年	2002年	2003年	2004年
农产品					
谷物	8 440 622.8	10 748 691.5	18 064 084.7	14 228 468.2	14 096 556.0
小麦产品	3 855 115.3	5 443 496.7	12 197 226.6	6 817 583.6	7 019 064.7
玉米产品	2 717 081.4	3 129 219.1	2 405 024.0	4 126 572.3	4 347 930.9
稻谷产品	1 170 503.2	1 213 101.5	1 274 574.5	1 300 856.3	1 318 925.2
棉花	1 126 957.3	1 044 952.4	1 038 606.7	852 168.9	731 210.4
食用油籽	17 390 408.7	21 167 849.3	20 590 222.7	19 782 794.6	16 250 904.4
大豆	14 478 411.7	18 400 991.9	18 282 684.9	17 397 158.0	13 838 848.1
花生	514 461.9	545 340.6	536 912.9	534 286.6	563 876.9
油菜子			108 116.1	45 673.8	189 033.0
食用植物油	2 642 101.0	3 516 582.7	4 037 045.7	3 985 666.8	4 490 820.4
豆油	21 492.8	32 628.7	32 481.3	28 193.4	105 394.8
菜子油			7 184.9	23 913.0	34 016.0
棕榈油	2 044 135.6	2 848 297.3	2 972 585.9	2 994 345.1	3 407 540.4
食糖	2 471 666.6	2 648 890.5	2 876 596.0	2 764 288.9	3 120 570.7
蔬菜	2 256 551.8	2 585 288.6	2 913 948.8	3 148 721.7	3 624 274.5
水果					
苹果	551 416.3	677 419.2	716 136.9	839 063.7	924 200.0
柑橘	1 668 561.9	1 913 748.2	1 717 281.3	1 850 044.6	1 834 410.4
苹果汁			219 080.6	222 432.6	280 534.1
柑橘汁	1 068 946.2	1 128 208.2	1 226 679.3	1 335 505.4	1 410 486.6
水产品					
畜产品					
猪产品					
牛产品					
羊产品					
家禽产品					
蛋产品					
乳品	343 248.3	352 551.0	327 168.5	355 872.1	304 296.1
动物生皮	435 229.2	365 198.5	336 191.2	272 937.9	225 134.9
动物生毛皮	1 162.3	1 160.3	1 147.8		1 137.7
羊毛	379 215.2	342 153.2	293 734.3	274 710.4	266 649.3
茶	243 109.9	267 818.0	279 817.7	301 622.7	351 920.7

欧盟主要农产品进口量（二）

单位：吨

项　目	2005 年	2006 年	2007 年	2008 年	2009 年	2010 年
农产品						
谷物	11 526 856.8	11 413 837.7	22 211 631.3	22 550 974.5	11 055 762.8	10 107 848.8
小麦产品	7 114 778.8	5 631 480.2	6 428 329.0	6 873 315.1	6 428 363.2	4 334 494.7
玉米产品	2 631 536.8	3 743 771.2	10 853 796.1	9 760 053.4	2 829 702.5	3 868 737.8
稻谷产品	1 199 180.4	1 327 663.2	1 467 903.6	1 647 213.3	1 481 171.8	1 306 940.8
棉花	650 468.8	531 855.0	528 287.9	398 438.9	276 899.6	303 283.6
食用油籽	16 458 292.1	16 695 585.9	17 859 766.1	18 307 648.5	17 643 434.7	16 659 530.9
大豆	14 437 138.0	14 080 837.7	15 226 688.1	14 430 906.3	12 908 290.0	13 109 937.4
花生	615 959.0	600 485.6	596 730.8	624 614.1	557 991.0	583 499.2
油菜子	99 023.3	656 084.0	522 262.0	2 201 417.6	2 887 548.6	1 944 282.7
食用植物油	5 627 494.3	7 475 095.6	7 438 525.3	7 340 030.1	7 489 583.1	7 612 864.3
豆油	249 179.2	892 123.3	1002 696.3	1 099 772.6	530 675.7	687 377.9
菜子油	61 940.3	637 624.5	491 095.5	402 931.4	462 478.9	405 588.0
棕榈油	4 027 592.2	4 272 187.4	4 408 249.7	4 555 436.6	5 351 025.9	5 395 560.7
食糖	3 174 693.0	3 268 541.5	3 062 059.8	3 305 779.3	3 063 427.1	3 093 328.8
蔬菜	3 684 659.5	3 717 109.8	4 402 675.0	4 263 451.0	4 115 369.5	4 028 553.4
水果						
苹果	964 345.3	833 455.8	969 846.1	796 968.2	702 438.1	626 599.8
柑橘	2 180 984.5	2 040 792.3	2 198 677.7	2 252 329.9	2 037 928.2	2 195 681.1
苹果汁	398 276.9	342 403.8	419 008.0	281 947.2	263 536.6	234 781.7
柑橘汁	1 489 512.1	1 345 537.0	1 157 986.2	1 265 692.8	1 549 899.0	1 447 683.4
水产品						
畜产品						
猪产品						
牛产品						
羊产品						
家禽产品						
蛋产品						
乳品	254 973.0	287 106.6	291 411.0	260 888.3	258 536.7	217 577.2
动物生皮	203 895.8	203 039.1	180 739.8	142 481.3	143 152.5	177 019.5
动物生毛皮	1 112.9	1 350.4	1 122.9	1 123.4	872.1	792.4
羊毛	233 482.6	229 776.6	202 124.0	166 631.5	96 717.0	123 891.2
茶	375 858.3	387 918.4	402 697.3	413 606.3	339 044.9	275 706.6

3-14 俄罗斯主要农产品贸易情况

3-14-1 俄罗斯主要农产品出口额（一）

单位：万美元

项 目	2000 年	2001 年	2002 年	2003 年	2004 年
农产品	152 796.1	163 035.6	232 279.2	281 180.9	260 279.4
谷物	13 532.5	31 109.1	101 855.1	117 022.0	68 689.6
小麦产品	7 317.9	17 550.3	79 295.9	82 926.4	57 080.7
玉米产品	11.5	21.2	34.9	137.5	253.2
稻谷产品	1 045.0	722.9	522.5	602.5	394.5
棉花	46.7	53.0	24.8	51.3	45.4
食用油籽	18 143.0	4 270.5	2 334.9	8 039.9	4 986.3
大豆	898.4	232.1	10.2	30.2	147.6
花生	63.6	47.7	26.5	52.7	83.2
油菜子			346.8	605.6	1 382.0
食用植物油	7 350.0	4 834.2	4 381.9	5 019.3	9 951.9
豆油	80.0	108.7	205.2	73.5	50.9
菜子油			19.9	2.8	510.6
棕榈油	11.9	24.0	138.8	42.7	34.4
食糖	3 778.3	3 736.2	4 927.8	1 675.7	3 314.4
蔬菜	2 516.4	2 683.5	1 914.0	4 057.7	5 558.1
水果	2 732.6	2 909.2	2 917.3	5 577.0	6 259.3
苹果	39.4	52.6	54.7	77.2	74.6
柑橘	137.5	191.5	309.3	821.9	588.4
苹果汁			174.4	295.3	1 132.9
柑橘汁	72.7	102.7	204.6	213.7	254.4
水产品	37 803.0	45 382.2	42 606.7	43 786.1	36 772.1
畜产品	27 430.1	23 035.1	18 220.5	20 199.0	22 828.1
猪产品	50.3	45.5	34.9	53.1	89.1
牛产品	944.5	699.0	878.4	1 232.1	1 051.7
羊产品	13.4	30.4	55.2	229.8	294.9
家禽产品	403.1	406.1	199.5	137.4	164.8
蛋产品	656.3	502.6	516.1	605.6	729.9
乳品	8 854.8	7 402.9	5 601.3	6 795.0	9 149.0
动物生皮	11 854.8	8 600.6	4 486.7	2 732.9	2 032.5
动物生毛皮	2 470.4	2 787.2	3 616.9	4 567.6	5 617.2
羊毛	121.4	156.0	866.1	1 327.8	654.7
茶	368.1	238.8	498.1	877.4	2 302.6

俄罗斯主要农产品出口额（二）

单位：万美元

项 目	2005 年	2006 年	2007 年	2008 年	2009 年	2010 年
农产品	400 239.8	499 186.3	836 534.4	850 312.8	935 342.0	815 927.2
谷物	140 338.2	161 321.2	420 624.8	349 745.1	359 684.6	246 846.8
小麦产品	117 773.9	141 321.0	370 305.7	306 554.8	287 779.1	210 755.0
玉米产品	693.1	930.1	1 176.8	3 122.4	18 884.6	4 431.9
稻谷产品	816.8	1 389.5	1 631.0	3 710.1	7 287.6	9 611.3
棉花	100.1	39.8	6.1	2.0	20.2	185.2
食用油籽	8 316.1	8 567.0	7 671.5	8 708.4	10 633.9	8 027.7
大豆	219.1	122.3	519.5	168.5	79.9	41.4
花生	104.3	101.9	70.7	41.3	12.7	33.9
油菜子	1 474.8	1 776.8	2 734.9	2 443.5	4 384.8	2 570.7
食用植物油	19 647.7	42 044.6	49 518.5	80 178.1	77 342.0	61 546.1
豆油	2.5	98.3	416.5	3 673.2	12 342.7	14 465.3
菜子油	333.1	3 268.4	2 274.5	8 215.1	7 188.4	9 032.9
棕榈油	26.7	71.0	82.4	149.1	20.5	16.6
食糖	3 524.0	7 418.9	12 327.6	2 532.7	5 671.0	1 920.2
蔬菜	7 706.9	9 637.7	10 943.5	12 181.2	8 651.6	6 128.6
水果	5 750.0	10 062.9	8 499.8	8 508.6	6 324.2	3 944.7
苹果	173.9	203.9	266.1	239.5	169.0	121.0
柑橘	658.8	894.0	1 944.7	1 455.1	862.8	332.3
苹果汁	1 128.6	976.6	1 091.0	845.6	569.2	530.6
柑橘汁	288.8	590.2	267.1	317.8	284.5	206.9
水产品	52 275.9	59 358.1	59 717.6	56 999.1	181 027.7	228 889.7
畜产品	28 819.6	37 529.6	42 591.6	53 043.0	40 629.7	33 931.8
猪产品	116.7	258.5	251.5	238.0	296.1	140.8
牛产品	1 034.5	851.5	1 075.1	1 663.9	1 307.4	1 071.2
羊产品	133.9	76.2	28.2	38.7	211.4	24.7
家禽产品	859.1	454.3	665.8	1 316.3	1 279.1	2 235.3
蛋产品	626.7	1 336.6	1 571.9	1 511.4	1 738.3	1 302.9
乳品	12 477.2	16 314.3	22 828.7	27 910.9	20 738.4	15 402.1
动物生皮	607.4	289.0	94.5	88.9	28.0	28.8
动物生毛皮	7 358.7	10 489.7	6 141.1	7 682.1	5 073.2	5 316.7
羊毛	645.2	1 005.8	2 026.2	1 462.0	669.5	1 310.1
茶	3 467.3	4 541.6	6 058.8	7 759.4	6 315.0	5 623.0

3-14-2 俄罗斯主要农产品进口额（一）

单位：万美元

项 目	2000年	2001年	2002年	2003年	2004年
农产品	748 282.4	918 642.0	1 019 136.6	1 169 279.2	1 326 754.7
谷物	58 788.8	26 483.8	19 002.7	24 026.4	50 383.4
小麦产品	30 328.6	12 184.7	3 755.3	7 892.4	23 464.9
玉米产品	12 994.1	3 032.6	5 181.1	3 485.7	8 166.9
稻谷产品	7 177.4	5 822.9	7 026.0	6 603.8	9 063.8
棉花	38 513.9	34 032.4	23 649.6	23 158.9	27 626.4
食用油籽	5 051.6	4 677.7	6 290.8	6 011.3	8 761.9
大豆	894.8	819.2	1 944.9	674.6	453.1
花生	2 791.8	2 814.6	2 863.6	3 150.4	5 343.3
油菜子			36.0	44.5	88.0
食用植物油	26 084.6	35 035.6	46 848.6	43 882.7	40 121.0
豆油	8 279.6	15 065.6	20 286.3	8 777.7	3 833.0
菜子油			632.8	413.9	96.3
棕榈油	5 420.8	8 802.4	12 910.6	18 062.2	20 981.0
食糖	76 566.1	124 937.5	89 311.0	90 413.1	60 998.9
蔬菜	47 358.3	38 670.0	48 682.2	68 580.0	77 351.5
水果	74 830.6	84 338.5	100 415.8	137 737.1	182 569.0
苹果	8 225.4	9 815.6	11 391.0	19 831.1	23 750.0
柑橘	13 432.1	16 533.7	23 118.7	27 378.9	34 698.2
苹果汁			1 740.4	2 057.9	2 409.7
柑橘汁	838.6	1 728.3	4 948.0	5 905.1	6 910.4
水产品	18 129.0	34 060.9	43 665.0	55 280.8	76 822.3
畜产品	140 486.1	229 305.2	288 478.6	298 983.7	319 127.9
猪产品	24 944.9	38 672.2	74 980.1	73 583.5	75 814.9
牛产品	38 473.2	56 994.3	66 517.7	69 434.1	72 818.5
羊产品	378.5	352.4	465.3	448.6	532.3
家禽产品	37 676.5	77 526.4	83 433.2	72 910.0	70 249.8
蛋产品	225.5	675.0	1 020.4	1 309.0	1 884.6
乳品	24 155.1	39 134.3	41 584.1	61 018.8	73 791.0
动物生皮	558.0	608.3	636.3	647.3	935.0
动物生毛皮	227.9	176.0	300.5	73.1	54.6
羊毛	1 212.6	1 206.7	797.3	826.6	880.3
茶	22 621.3	20 815.1	22 973.3	24 750.5	29 781.2

俄罗斯主要农产品进口额（二）

单位：万美元

项　目	2005 年	2006 年	2007 年	2008 年	2009 年	2010 年
农产品	1 676 708.9	2 085 937.0	2 664 332.0	3 393 154.9	2 884 929.4	3 433 873.2
谷物	26 921.8	39 997.2	33 097.0	50 534.5	24 870.5	26 455.8
小麦产品	7 569.0	16 438.6	8 248.3	7 169.6	2 458.6	1 534.8
玉米产品	4 342.1	7 640.0	7 603.1	19 751.0	6 921.2	7 167.3
稻谷产品	9 526.3	11 400.4	9 188.8	16 959.6	14 255.9	13 015.5
棉花	27 765.1	27 775.2	26 161.1	27 423.2	18 289.2	18 421.7
食用油籽	11 879.1	15 463.4	22 712.4	58 507.1	68 174.0	77 077.3
大豆	1 372.7	387.4	5 507.4	33 055.5	44 526.6	48 921.0
花生	5 945.6	7 343.9	8 606.1	11 914.4	12 868.6	13 264.8
油菜子	165.7	384.0	725.2	1 216.4	457.2	570.2
食用植物油	49 530.8	43 148.2	68 093.2	118 002.4	60 010.0	91 114.9
豆油	5 334.1	1 496.8	2 782.6	12 771.1	1 769.0	2 225.1
菜子油	74.8	26.0	235.1	477.2	48.9	111.4
棕榈油	30 038.6	29 067.9	45 540.1	79 387.6	48 179.0	66 616.0
食糖	79 656.7	111 869.8	116 199.1	97 404.0	56 039.2	123 375.9
蔬菜	112 912.2	144 507.0	199 219.2	254 654.1	236 323.7	304 120.7
水果	242 601.3	330 845.6	410 530.7	479 806.0	455 290.7	563 631.8
苹果	29 495.5	35 104.8	45 323.0	52 041.1	54 750.0	66 759.6
柑橘	48 370.2	69 867.6	84 257.2	95 102.0	101 846.3	128 046.8
苹果汁	5 098.2	6 185.6	8 164.1	10 252.9	8 860.4	11 258.8
柑橘汁	7 563.2	12 018.9	14 233.4	14 633.1	9 548.2	11 698.6
水产品	113 963.1	137 592.2	193 822.8	232 725.0	192 184.8	229 025.3
畜产品	424 565.7	586 865.3	692 195.7	949 856.3	831 154.7	862 157.3
猪产品	102 716.5	171 913.2	199 753.8	271 156.1	243 805.8	234 218.1
牛产品	102 544.5	181 884.9	210 013.6	303 411.1	268 402.4	249 205.2
羊产品	953.8	2 783.9	2 575.9	5 543.2	4 210.1	4 315.7
家禽产品	89 728.0	98 060.5	113 438.4	145 104.7	119 055.7	96 574.6
蛋产品	3 470.6	4 589.0	6 683.5	7 442.5	7 407.1	10 619.9
乳品	95 327.9	87 227.0	116 911.5	148 572.3	117 925.3	195 254.1
动物生皮	1 223.7	1 817.9	1 289.2	1 435.6	674.0	977.5
动物生毛皮	216.6	83.0	211.2	735.2	437.8	2 027.8
羊毛	783.2	806.0	924.3	767.6	495.1	707.2
茶	32 587.7	37 954.1	46 689.0	56 156.5	53 339.5	60 715.1

3-14-3 俄罗斯主要农产品出口量（一）

单位：吨

项 目	2000年	2001年	2002年	2003年	2004年
农产品					
谷物	1 228 467.1	3 411 442.3	13 530 839.5	11 465 100.0	5 814 992.5
小麦产品	586 038.4	1 805 883.9	10 403 266.0	7 879 192.7	4 807 555.6
玉米产品	636.9	598.2	1 984.3	13 132.5	20 300.5
稻谷产品	44 142.5	34 975.5	25 409.6	22 101.0	12 085.9
棉花	615.0	738.9	467.1	713.5	533.9
食用油籽	1 193 900.4	275 016.9	120 301.1	367 971.2	222 123.4
大豆	47 541.0	12 244.3	243.2	1 193.5	4 461.0
花生	556.4	349.0	159.6	388.9	476.6
油菜子			19 665.3	25 960.8	60 401.0
食用植物油	196 698.8	117 905.2	80 464.9	85 604.4	155 937.3
豆油	1 311.1	1 902.4	3 336.9	798.4	507.4
菜子油			304.2	28.0	9 264.6
棕榈油	116.1	404.3	2 501.2	604.2	462.3
食糖	155 317.2	137 076.2	213 982.4	62 650.7	121 254.8
蔬菜	42 748.8	53 079.2	33 366.4	61 444.5	75 837.4
水果					
苹果	1 184.7	1 180.2	1 180.5	1 316.7	2 296.2
柑橘	2 821.8	4 107.8	5 752.2	10 704.4	8 551.9
苹果汁			3 739.6	5 313.0	21 612.0
柑橘汁	1 274.6	2 096.1	4 140.1	3 547.5	4 123.2
水产品					
畜产品					
猪产品					
牛产品					
羊产品					
家禽产品					
蛋产品					
乳品	91 967.8	72 792.3	73 399.8	77 604.5	87 173.7
动物生皮	127 715.6	78 893.0	19 935.7	11 384.9	12 192.7
动物生毛皮	108.8	126.8	159.9	235.0	200.9
羊毛	800.5	848.1	4 542.2	6 924.0	2 971.5
茶	2 117.0	925.0	1 855.7	3 010.7	5 872.6

俄罗斯主要农产品出口量（二）

单位：吨

项　目	2005年	2006年	2007年	2008年	2009年	2010年
农产品						
谷物	12 447 213.0	11 316 322.7	16 887 281.6	14 013 491.1	22 232 966.1	14 040 124.2
小麦产品	10 553 020.0	9 896 010.5	14 721 686.6	12 173 641.8	17 213 768.4	11 995 992.1
玉米产品	70 622.9	56 522.9	54 202.7	199 135.4	1 358 882.2	232 779.5
稻谷产品	24 464.4	34 495.7	30 881.9	51 370.9	122 845.3	208 641.4
棉花	1 099.0	318.4	18.1	20.0	195.0	916.2
食用油籽	385 465.6	388 503.3	244 819.6	193 890.3	330 164.3	172 371.2
大豆	6 846.1	4 382.2	17 443.5	5 165.3	2 056.3	932.3
花生	696.7	612.8	580.5	145.0	47.1	227.3
油菜子	64 130.6	63 235.3	75 522.5	48 056.7	130 906.9	64 366.0
食用植物油	320 253.2	737 741.6	648 411.4	603 103.5	984 208.0	671 064.2
豆油	25.7	1 192.2	5 215.3	40 422.9	161 932.3	173 467.3
菜子油	5 692.6	50 305.1	28 111.2	70 406.9	96 755.4	98 975.0
棕榈油	430.9	900.6	749.9	1 122.0	184.5	46.7
食糖	135 444.3	167 536.9	301 332.5	53 546.3	133 724.4	26 483.0
蔬菜	95 848.9	126 818.0	170 209.0	118 742.3	157 625.7	114 601.6
水果						
苹果	3 556.7	3 454.2	3 739.4	2 739.8	3 104.8	2 838.1
柑橘	11 253.5	14 344.1	24 845.3	19 381.5	9 818.4	3 959.3
苹果汁	20 322.5	15 419.6	15 693.4	9 360.3	6 311.5	6 223.1
柑橘汁	4 304.0	8 560.2	2 882.5	3 003.7	3 300.6	2 159.6
水产品						
畜产品						
猪产品						
牛产品						
羊产品						
家禽产品						
蛋产品						
乳品	108 334.0	123 876.0	145 738.3	147 302.1	133 602.1	91 994.1
动物生皮	2 752.0	1 488.6	713.2	499.1	820.4	204.6
动物生毛皮	234.0	234.5	127.4	129.0	165.9	121.2
羊毛	2 942.6	4 879.9	8 478.2	4 914.6	3 610.3	5 833.3
茶	9 637.5	9 581.7	10 827.9	11 792.9	9 742.9	9 233.9

3-14-4 俄罗斯主要农产品进口量（一）

单位：吨

项　目	2000年	2001年	2002年	2003年	2004年
农产品					
谷物	4 847 864.3	1 971 635.2	1 454 216.1	1 787 611.4	3 070 059.1
小麦产品	2 760 158.5	1 002 354.7	315 018.0	677 633.8	1 458 452.8
玉米产品	729 982.2	228 238.4	473 099.1	227 807.4	471 130.1
稻谷产品	359 497.9	354 255.8	469 166.6	472 235.6	471 020.8
棉花	306 908.0	353 831.5	319 852.6	303 754.0	328 149.3
食用油籽	130 040.2	138 101.4	200 152.3	137 113.5	137 573.6
大豆	43 774.9	26 955.1	83 823.0	21 181.3	9 760.6
花生	67 350.5	94 034.4	98 779.6	90 582.1	99 265.1
油菜子			98.0	114.5	977.2
食用植物油	651 481.5	930 386.4	998 059.9	792 929.1	703 732.2
豆油	251 569.5	441 068.5	473 382.8	166 151.8	71 672.6
菜子油			12 055.2	5 872.4	1 322.3
棕榈油	157 955.9	261 261.1	318 497.0	388 887.2	435 110.7
食糖	4 820 964.9	5 557 234.1	4 604 427.9	4 263 546.1	2 783 167.2
蔬菜	1 748 563.2	1 330 138.9	1 689 166.0	2 432 080.8	2 252 654.0
水果					
苹果	200 142.4	324 129.8	362 156.2	608 322.2	705 296.8
柑橘	472 195.7	565 498.4	699 594.0	780 339.2	860 033.4
苹果汁			34 762.1	38 931.7	46 328.1
柑橘汁	16 492.9	29 330.3	46 905.5	56 077.1	60 440.8
水产品					
畜产品					
猪产品					
牛产品					
羊产品					
家禽产品					
蛋产品					
乳品	251 193.3	328 968.6	301 855.0	400 647.9	433 632.1
动物生皮	9 598.9	10 755.6	10 969.6	10 481.1	14 087.7
动物生毛皮	258.5	270.8	173.3	75.8	123.7
羊毛	28 992.4	27 428.1	17 130.1	13 546.7	7 657.4
茶	158 960.5	156 913.9	166 479.7	170 902.2	175 227.3

俄罗斯主要农产品进口量（二）

单位：吨

项　目	2005 年	2006 年	2007 年	2008 年	2009 年	2010 年
农产品						
谷物	1 526 043.2	2 396 298.4	1 149 762.6	1 026 386.2	469 407.6	503 844.3
小麦产品	609 196.0	1 430 350.5	492 675.1	193 860.8	100 592.7	82 138.9
玉米产品	227 167.9	327 760.7	126 125.0	396 845.6	66 856.5	66 854.0
稻谷产品	370 072.6	357 925.6	234 393.7	272 703.5	259 073.5	230 901.4
棉花	325 728.8	312 745.4	274 049.6	239 507.2	158 782.4	120 399.6
食用油籽	184 826.2	145 979.3	270 438.1	705 128.1	1 075 065.8	1 215 367.3
大豆	46 295.7	8 174.5	128 788.4	567 763.5	962 871.1	1 068 600.4
花生	104 872.0	104 692.4	107 074.2	101 074.4	88 261.0	100 503.9
油菜子	590.5	585.3	4 770.4	7 183.4	468.6	588.3
食用植物油	843 241.4	684 800.9	767 718.2	938 137.1	607 928.4	823 897.0
豆油	93 574.5	24 580.5	36 555.8	108 187.4	18 280.4	19 966.3
菜子油	1 034.5	274.9	1 590.7	2 897.9	356.1	748.8
棕榈油	599 853.2	543 030.6	575 604.8	692 221.7	525 491.8	655 931.1
食糖	3 038 219.6	2 743 434.2	3 529 586.2	2 484 997.3	1 352 007.2	2 184 770.4
蔬菜	2 774 358.6	3 002 569.0	3 186 539.6	3 666 911.6	3 200 926.9	3 941 197.9
水果						
苹果	723 542.7	812 778.6	931 232.3	1 062 903.6	1 108 205.0	1 204 175.1
柑橘	952 514.8	1 187 356.6	1 260 174.7	1 288 437.1	1 280 010.6	1 491 388.2
苹果汁	102 061.8	124 337.9	157 465.1	92 593.9	88 524.6	118 099.6
柑橘汁	64 088.0	77 789.6	78 920.0	73 016.9	56 555.8	66 340.7
水产品						
畜产品						
猪产品						
牛产品						
羊产品						
家禽产品						
蛋产品						
乳品	472 031.5	409 948.6	415 446.3	444 395.9	386 998.2	544 258.1
动物生皮	20 507.5	27 745.2	18 808.6	20 959.3	10 746.8	15 524.0
动物生毛皮	336.2	73.8	21.3	69.2	38.4	158.3
羊毛	13 917.3	14 741.5	7 850.4	12 225.7	7 132.3	9 815.4
茶	183 985.4	177 912.9	186 150.8	186 886.0	185 317.5	185 239.0

3－15 白俄罗斯主要农产品贸易情况

3－15－1 白俄罗斯主要农产品出口额（一）

单位：万美元

项 目	2000 年	2001 年	2002 年	2003 年	2004 年
农产品	55 016.8	66 067.9	71 319.5	90 631.9	125 971.2
谷物	834.8	767.7	680.5	2 027.3	953.8
小麦产品	658.2	243.0	34.8	105.1	48.4
玉米产品	1.0		3.6	3.6	0.3
稻谷产品	108.2	32.2	34.2	46.6	10.3
棉花	22.1	12.5	16.7	16.1	21.6
食用油籽	18.0	27.5	55.2	32.8	123.2
大豆	1.0	2.7	2.3		0.7
花生	5.3	8.4	8.5	4.8	4.9
油菜子			11.3		46.9
食用植物油	158.7	313.1	354.9	568.4	994.6
豆油	10.7	0.3	9.8	3.9	0.4
菜子油			248.9	422.2	806.5
棕榈油		0.7			0.1
食糖	7 952.0	8 778.9	12 300.1	13 235.6	18 992.3
蔬菜	4 190.9	2 835.8	2 438.2	3 587.6	4 021.5
水果	2 314.9	1 408.4	1 599.6	1 820.4	1 886.1
苹果	489.9	328.0	102.7	258.3	262.2
柑橘	80.4	9.5	106.6	131.9	150.7
苹果汁			51.4	76.1	91.1
柑橘汁	50.1	11.0	10.6	23.6	7.6
水产品	1 918.2	1 567.6	2 082.2	4 035.5	5 223.4
畜产品	20 805.9	30 944.2	30 685.0	42 879.4	63 706.4
猪产品	1 952.7	4 925.8	2 808.3	2 550.9	4 054.0
牛产品	1 540.5	4 022.5	5 013.6	6 331.8	11 069.6
羊产品	0.1				
家禽产品	979.8	1 019.5	1 022.2	2 453.5	2 287.5
蛋产品	3 230.5	2 867.0	2 189.1	2 321.5	2 751.9
乳品	10 196.9	14 865.6	13 363.9	22 860.4	36 650.4
动物生皮	447.1	658.6	3 461.3	1 795.4	723.7
动物生毛皮	1 263.5	988.6	719.1	1 472.5	1 175.8
羊毛	367.0	483.2	439.9	421.6	92.9
茶	101.2	86.3	81.2	78.2	49.1

白俄罗斯主要农产品出口额（二）

单位：万美元

项 目	2005 年	2006 年	2007 年	2008 年	2009 年	2010 年
农产品	143 090.9	157 113.0	192 780.3	236 349.7	240 050.7	338 564.6
谷物	292.6	406.6	1 077.2	2 034.1	588.9	2 517.8
小麦产品	10.3	9.2	41.8	412.6	42.8	397.6
玉米产品	2.6		0.1	31.5		63.0
稻谷产品	4.8	1.3	16.4	78.1	7.8	196.4
棉花	16.9	9.8	6.0	2.1	10.5	9.1
食用油籽	696.8	76.3	78.2	20.9	5 541.5	1 000.9
大豆	0.6	10.2				22.2
花生	2.0	2.9	2.6	0.2	0.5	14.4
油菜子	533.8	7.3	14.1	6.2	5 390.7	806.3
食用植物油	1 153.6	2 071.8	1 897.1	1 876.2	5 309.4	4 183.1
豆油				2.7	6.7	
菜子油	1 071.8	2 015.8	1 890.2	1 868.0	5 299.0	4 174.0
棕榈油						
食糖	21 633.1	12 672.5	12 700.8	16 379.0	23 684.7	35 815.1
蔬菜	2 692.8	3 060.8	5 082.8	7 666.4	7 116.0	10 121.8
水果	1 527.2	4 189.3	4 992.5	3 519.9	3 478.5	3 018.9
苹果	175.3	713.3	211.8	57.1	128.6	105.9
柑橘	41.5					7.7
苹果汁	176.0	184.5	187.1	15.8	11.4	184.3
柑橘汁	5.0	13.1	1.9	9.7	11.4	12.1
水产品	6 093.3	8 389.8	10 748.9	13 885.0	9 832.4	11 364.4
畜产品	82 447.9	103 137.7	130 804.1	166 211.7	164 889.6	242 609.1
猪产品	6 778.6	10 602.6	4 892.7	15 181.3	7 931.9	16 937.2
牛产品	13 182.3	19 462.5	18 186.8	25 729.3	38 890.0	48 570.6
羊产品					1.1	
家禽产品	2 435.4	1 470.9	1 810.2	1 535.5	4 419.1	7 901.2
蛋产品	1 838.3	2 141.5	2 626.1	3 542.4	2 896.7	3 312.1
乳品	48 218.0	60 415.9	90 708.2	109 121.5	100 554.6	147 296.8
动物生皮	667.3	468.6	290.5	27.3	802.5	1 753.7
动物生毛皮	1 557.2	2 004.9	1 914.4	2 220.6	1 767.7	2 625.3
羊毛	76.7	95.5	196.7	95.6	271.7	459.2
茶	27.6	35.6	30.2	7.7	1.4	11.8

3-15-2 白俄罗斯主要农产品进口额（一）

单位：万美元

项 目	2000年	2001年	2002年	2003年	2004年
农产品	112 708.2	116 310.8	130 623.2	147 736.8	181 510.2
谷物	33 156.7	11 125.8	11 044.7	9 759.5	19 593.9
小麦产品	17 817.6	5 148.4	5 475.0	4 446.6	9 241.0
玉米产品	3 201.0	2 369.7	2 497.0	1 799.5	4 070.0
稻谷产品	1 161.9	980.9	955.0	1 115.9	1 342.8
棉花	2 221.3	1 964.8	1 193.8	1 821.4	2 003.4
食用油籽	920.7	433.1	555.3	1 000.5	1 099.2
大豆	120.5	54.0	45.5	117.4	112.4
花生	370.8	186.6	189.0	235.2	298.4
油菜子			0.8	26.3	144.5
食用植物油	5 306.6	7 269.6	4 979.8	5 601.4	6 851.1
豆油	214.9	771.4	1 496.5	643.2	558.9
菜子油			23.3	14.1	12.3
棕榈油	106.9	239.0	110.4	129.1	257.7
食糖	10 691.0	12 660.1	12 112.0	10 350.2	10 906.6
蔬菜	3 005.6	2 749.0	3 733.7	5 141.3	5 330.7
水果	6 149.9	5 357.2	5 675.3	8 435.2	11 119.7
苹果	215.0	93.0	365.0	1 762.7	1 553.9
柑橘	1 456.2	979.5	1 253.5	1 508.4	2 025.5
苹果汁			691.8	2 306.1	1 961.4
柑橘汁	163.2	234.1	727.8	987.6	582.6
水产品	8 803.6	12 073.6	14 719.6	14 480.3	19 508.6
畜产品	10 500.2	9 419.7	13 039.8	17 018.8	20 396.8
猪产品	990.9	1 014.5	1 439.8	4 023.7	5 992.5
牛产品	436.4	342.1	413.3	342.7	1 123.5
羊产品	0.8	6.1	1.1	1.8	2.3
家禽产品	2 008.0	1 473.8	1 738.4	2 994.3	3 646.9
蛋产品	54.3	143.0	134.2	239.8	171.7
乳品	1 294.7	1 329.0	1 690.9	1 746.0	2 261.3
动物生皮	381.7	1 494.8	3 825.3	2 804.3	1 842.4
动物生毛皮	441.1	343.9	546.1	802.4	247.1
羊毛	2 614.6	1 623.3	1 656.5	1 922.2	1 974.5
茶	701.1	419.5	440.7	596.6	892.5

白俄罗斯主要农产品进口额（二）

单位：万美元

项 目	2005年	2006年	2007年	2008年	2009年	2010年
农产品	184 029.6	214 736.7	233 606.2	318 196.9	238 450.5	293 122.4
谷物	10 344.5	12 976.9	17 012.8	21 809.2	9 803.5	8 430.2
小麦产品	4 653.3	5 666.1	6 588.9	7 177.9	2 511.4	1 279.8
玉米产品	3 710.0	3 835.5	5 567.4	7 407.6	4 107.6	3 893.4
稻谷产品	1 308.9	1 707.4	1 996.4	3 570.5	2 282.1	2 399.7
棉花	1 548.8	1 698.6	1 851.9	2 232.8	2 032.5	2 695.9
食用油籽	976.6	1 722.5	2 329.2	3 406.3	2 323.5	3 817.3
大豆	138.9	241.2	442.6	414.1	246.0	472.3
花生	376.8	587.7	647.5	1 056.0	663.6	860.9
油菜子	6.4	280.0	93.9	241.3	113.9	180.3
食用植物油	7 233.0	9 079.7	12 715.4	16 364.8	10 387.7	13 796.9
豆油	702.4	612.5	1 063.3	3 784.3	1 339.1	1 624.7
菜子油	37.3	1.0	8.6	50.3	11.8	38.0
棕榈油	287.9	263.5	128.3	385.2	266.2	438.4
食糖	11 337.1	9 182.1	62.5	8 566.4	7 694.7	22 200.8
蔬菜	6 667.3	9 216.2	10 574.6	15 151.5	11 880.1	15 580.8
水果	12 399.2	15 367.2	18 812.3	25 392.9	20 437.4	24 063.4
苹果	2 442.1	3 278.0	3 240.4	3 590.7	2 423.7	2 528.2
柑橘	3 236.8	3 526.0	4 966.2	6 809.2	6 270.2	6 654.0
苹果汁	332.4	451.3	1 153.8	1 207.0	573.5	766.0
柑橘汁	535.1	698.8	783.5	1 013.6	901.6	996.5
水产品	25 892.6	30 691.1	34 456.0	40 496.4	29 948.6	27 914.5
畜产品	20 128.5	23 706.4	13 676.6	29 504.2	17 301.2	29 887.8
猪产品	6 644.9	8 358.3	2 281.8	14 511.7	6 708.7	17 616.5
牛产品	2 397.5	4 403.1	882.3	1 323.6	496.3	664.7
羊产品	5.3	17.3	5.7	6.8	0.2	0.2
家禽产品	3 878.6	2 969.6	2 696.8	3 264.5	2 534.0	2 224.6
蛋产品	57.5	40.8	22.5	183.0	431.1	450.2
乳品	1 760.7	2 946.6	3 710.9	4 383.3	3 652.4	4 538.3
动物生皮	1 508.9	1 186.3	628.5	803.7	113.1	98.4
动物生毛皮	186.8	129.2	445.9	303.2	380.3	381.1
羊毛	1 184.8	1 321.7	1 591.2	1 687.8	1 195.1	1 634.5
茶	1 693.0	2 563.6	3 607.2	4 717.8	4 196.4	4 569.2

3-15-3 白俄罗斯主要农产品出口量（一）

单位：吨

项　目	2000 年	2001 年	2002 年	2003 年	2004 年
农产品					
谷物	43 489.3	42 695.6	92 241.9	253 531.5	54 991.7
小麦产品	38 241.6	8 060.8	3 028.1	7 723.1	1 154.2
玉米产品	9.5		57.4	149.9	3.5
稻谷产品	3 054.4	1 371.0	1 236.9	2 223.9	261.2
棉花	334.8	310.2	421.2	398.1	707.8
食用油籽	227.9	437.3	2 083.4	807.9	4 926.5
大豆	12.5	72.0	61.4		12.4
花生	26.1	52.6	53.6	41.9	31.1
油菜子			808.6		2 008.0
食用植物油	2 192.0	7 599.6	8 663.6	10 575.9	18 386.5
豆油	77.1	3.9	182.0	37.4	3.6
菜子油			6 693.2	8 484.5	16 003.7
棕榈油	0.1	10.0			1.2
食糖	256 284.9	244 698.5	332 116.9	311 817.8	436 872.4
蔬菜	144 150.9	82 843.0	55 196.9	93 828.8	95 589.7
水果					
苹果	20 058.9	17 856.7	4 637.8	8 747.3	7 412.9
柑橘	1 435.5	277.1	1 991.6	2 157.3	2 391.5
苹果汁			1 068.4	1 369.0	1 778.4
柑橘汁	931.0	178.1	190.8	295.6	93.6
水产品					
畜产品					
猪产品					
牛产品					
羊产品					
家禽产品					
蛋产品					
乳品	86 995.8	139 680.1	135 195.8	220 661.3	318 424.1
动物生皮	4 137.7	5 358.7	38 091.4	1 355.7	6 234.2
动物生毛皮	137.9	92.1	53.3	669.1	66.4
羊毛	1 746.4	2 576.6	2 249.3	2 210.7	740.3
茶	293.3	183.6	321.0	164.5	111.8

白俄罗斯主要农产品出口量（二）

单位：吨

项　目	2005年	2006年	2007年	2008年	2009年	2010年
农产品						
谷物	19 035.2	30 242.5	53 348.1	67 733.1	37 648.6	124 580.0
小麦产品	382.3	318.4	1 326.3	10 755.3	1 727.9	15 768.4
玉米产品	249.2		1.2	206.8		188.9
稻谷产品	134.2	42.6	382.8	1 574.3	221.2	3 881.6
棉花	434.6	302.9	200.7	67.2	213.7	186.4
食用油籽	28 626.0	1 763.9	1 248.8	266.6	177 443.6	26 651.3
大豆	12.2	185.5				177.2
花生	12.4	22.5	56.3	0.4	1.2	73.9
油菜子	23 038.3	100.0	153.6	137.8	173 719.6	23 310.1
食用植物油	20 663.0	35 273.8	27 932.1	21 722.9	81 463.6	53 652.2
豆油		0.1		21.9	85.3	
菜子油	19 689.7	34 534.3	27 838.7	21 664.2	81 346.9	53 589.9
棕榈油						
食糖	481 574.9	250 533.3	272 065.2	323 466.2	439 890.1	493 403.5
蔬菜	44 026.1	37 689.8	70 364.3	100 592.3	105 889.3	130 360.3
水果						
苹果	6 245.1	25 308.9	3 671.7	901.2	2 536.9	2 030.2
柑橘	526.3		0.1			68.9
苹果汁	2 213.1	1 465.6	1 359.9	154.4	149.8	1 546.9
柑橘汁	118.8	113.2	26.2	123.7	144.4	159.5
水产品						
畜产品						
猪产品						
牛产品						
羊产品						
家禽产品						
蛋产品						
乳品	400 298.3	449 913.0	434 182.7	423 885.1	524 993.4	589 403.8
动物生皮	5 780.0	3 082.4	1 645.9	170.9	10 132.4	11 201.5
动物生毛皮	76.3	86.2	78.1	92.7	99.3	95.1
羊毛	488.8	581.7	982.9	494.6	1 212.0	1 549.5
茶	89.6	60.6	39.8	60.0	0.5	19.0

3-15-4 白俄罗斯主要农产品进口量（一）

单位：吨

项目	2000年	2001年	2002年	2003年	2004年
农产品					
谷物	2 176 285.7	832 475.2	886 333.1	602 994.7	929 582.0
小麦产品	1 241 090.4	429 790.9	532 237.6	354 168.6	401 882.4
玉米产品	188 005.9	155 455.0	139 832.1	71 104.7	215 597.8
稻谷产品	30 975.5	37 400.4	39 018.5	33 480.3	39 771.2
棉花	16 821.4	16 894.1	11 813.5	12 747.5	13 320.0
食用油籽	13 959.0	8 004.9	10 027.5	25 297.3	19 845.8
大豆	4 150.4	1 030.4	1 143.5	2 664.3	1 670.5
花生	2 375.5	2 035.3	2 097.1	2 224.9	2 337.7
油菜子			1.3	1 227.0	5 174.3
食用植物油	78 259.5	112 326.5	69 359.4	71 564.0	81 069.4
豆油	3 969.8	13 863.1	24 210.2	8 679.8	6 943.4
菜子油			397.5	182.5	164.8
棕榈油	1 431.6	5 617.9	2 230.8	1 630.9	3 091.3
食糖	476 571.9	483 480.2	592 443.8	450 626.1	503 087.3
蔬菜	38 914.9	49 589.3	73 975.6	127 891.7	85 225.4
水果					
苹果	8 239.5	3 227.4	16 386.6	82 238.5	65 159.8
柑橘	31 706.3	24 881.3	33 163.7	36 523.7	40 073.4
苹果汁			8 555.3	30 424.8	41 370.4
柑橘汁	1 494.0	3 136.7	9 633.5	11 768.7	7 374.6
水产品					
畜产品					
猪产品					
牛产品					
羊产品					
家禽产品					
蛋产品					
乳品	9 568.0	12 704.0	13 798.5	11 712.0	13 212.8
动物生皮	4 615.6	13 897.3	44 515.8	2 784.4	21 791.2
动物生毛皮	183.5	67.5	106.7	275.3	34.9
羊毛	12 938.5	9 248.6	8 267.9	8 717.9	5 288.0
茶	2 294.8	1 534.0	1 554.3	1 729.3	2 175.6

白俄罗斯主要农产品进口量（二）

单位：吨

项　目	2005 年	2006 年	2007 年	2008 年	2009 年	2010 年
农产品						
谷物	625 710.8	668 907.8	663 062.5	547 547.9	288 307.3	166 602.0
小麦产品	285 043.4	313 875.7	316 334.8	224 780.6	93 850.4	43 875.5
玉米产品	283 674.3	235 539.0	208 533.4	181 739.1	128 944.2	70 113.9
稻谷产品	35 142.0	39 762.4	42 482.9	46 109.5	41 369.5	38 062.1
棉花	11 952.7	12 746.4	13 333.3	13 233.1	13 721.5	10 345.1
食用油籽	13 432.7	27 035.7	24 763.4	21 109.0	19 507.2	34 741.2
大豆	2 129.5	3 932.5	6 723.5	4 535.9	3 141.4	8 468.8
花生	3 232.4	5 339.6	5 111.7	5 288.3	4 539.3	5 398.5
油菜子	9.4	9 205.8	2 208.3	160.1	410.0	193.6
食用植物油	92 044.2	123 107.7	121 363.2	105 100.8	113 001.7	120 712.8
豆油	9 525.0	7 780.7	9 965.3	25 806.3	15 009.8	15 958.2
菜子油	619.9	6.7	55.0	276.6	112.3	359.8
棕榈油	5 108.2	4 465.6	1 400.5	3 113.6	2 723.0	3 866.5
食糖	444 589.0	220 489.7	911.8	220 977.3	214 076.0	407 035.1
蔬菜	111 224.1	131 595.2	122 617.5	133 687.4	105 153.8	147 437.7
水果						
苹果	91 950.2	120 269.6	89 989.0	50 404.0	62 185.8	60 324.2
柑橘	47 164.7	54 926.6	65 769.6	61 915.2	61 377.8	65 692.9
苹果汁	6 050.1	7 254.5	17 641.7	9 595.8	5 099.1	6 614.4
柑橘汁	6 943.6	8 682.1	8 245.7	8 267.0	5 932.8	6 572.3
水产品						
畜产品						
猪产品						
牛产品						
羊产品						
家禽产品						
蛋产品						
乳品	12 806.8	17 649.2	18 737.6	20 495.0	18 470.1	26 289.4
动物生皮	17 684.5	12 960.7	6 677.0	7 932.5	2 069.8	1 014.0
动物生毛皮	9.7	12.8	38.2	25.6	28.0	27.0
羊毛	4 096.2	4 455.6	6 144.1	4 182.8	3 824.1	6 098.0
茶	3 419.1	5 037.9	6 386.2	5 738.1	4 498.7	5 077.8

3-16 乌克兰主要农产品贸易情况

3-16-1 乌克兰主要农产品出口额（一）

单位：万美元

项 目	2000年	2001年	2002年	2003年	2004年
农产品	149 979.6	196 474.1	251 775.6	285 694.4	363 809.6
谷物	13 124.3	49 199.6	101 023.2	41 645.8	86 589.3
小麦产品	1 936.9	23 342.2	68 339.6	8 149.6	29 032.9
玉米产品	1 718.5	3 889.4	4 614.7	10 558.5	17 150.2
稻谷产品	298.3	352.7	416.2	470.2	778.4
棉花	4.1		27.5	14.4	
食用油籽	13 751.9	10 065.2	2 096.9	23 237.8	12 587.3
大豆	130.1	42.6	77.3	1 033.4	961.6
花生	6.0	0.5	1.5	3.6	15.8
油菜子					
食用植物油	23 530.7	22 144.5	33 825.6	55 146.0	53 408.3
豆油	33.9	34.5	32.1	195.5	145.8
菜子油					
棕榈油		7.7	4.2	4.6	
食糖	604.2	245.6	3 793.4	10 464.4	3 933.5
蔬菜	2 087.0	2 574.1	2 554.6	4 005.2	5 971.3
水果	3 306.7	3 539.7	5 127.5	8 965.7	9 261.9
苹果	3.7	0.5	0.3	96.9	33.2
柑橘	1.0			1.2	
苹果汁					
柑橘汁	19.6	38.6	33.8	119.2	284.2
水产品	3 054.8	3 312.6	2 137.6	1 779.5	1 619.3
畜产品	38 545.4	46 464.9	42 748.7	58 480.6	72 037.7
猪产品	1 295.1	274.1	256.0	1 908.7	1 341.3
牛产品	19 453.0	15 754.1	20 971.2	23 391.9	17 185.0
羊产品	38.5	24.9	40.2	75.1	26.8
家禽产品	72.3	96.8	373.2	476.3	758.9
蛋产品	24.8	8.3	6.4	35.3	40.4
乳品	13 725.9	26 407.2	14 044.2	24 447.4	43 841.8
动物生皮	2 625.4	2 689.7	5 277.3	5 677.9	6 254.0
动物生毛皮	39.4	34.2	42.4	98.6	89.9
羊毛	63.2	18.4	58.3	38.4	55.5
茶	7.8	12.7	24.9	29.6	43.8

乌克兰主要农产品出口额（二）

单位：万美元

项 目	2005 年	2006 年	2007 年	2008 年	2009 年	2010 年
农产品	446 827.2	480 226.1	637 722.0	1 090 833.6	955 766.8	999 667.3
谷物	140 293.2	137 644.3	81 638.6	385 595.8	362 523.0	252 425.2
小麦产品	65 563.5	59 826.3	22 195.0	172 971.5	181 898.1	93 060.3
玉米产品	27 132.0	18 039.2	18 416.8	68 490.4	102 120.9	79 664.1
稻谷产品	573.8	723.4	680.6	686.4	664.4	789.5
棉花	12.3	33.7	58.6	6.4	12.3	6.7
食用油籽	6 982.0	13 788.5	24 280.2	138 607.7	99 454.9	103 369.0
大豆	3 837.3	6 232.0	9 874.5	7 298.1	8 332.2	17 424.9
花生	17.0	29.6	17.6	65.9	101.2	146.2
油菜子				125 759.0	67 198.0	63 140.9
食用植物油	56 479.7	93 783.9	168 359.4	187 713.4	173 990.2	252 541.1
豆油	451.8	382.7	693.7	1 210.7	2 722.1	3 962.9
菜子油				3 931.7	354.3	24.4
棕榈油	26.2	213.4	13 088.4	19 888.3	8 378.1	10 783.6
食糖	1 357.7	883.1	222.0	573.8	1 176.5	21.9
蔬菜	7 327.7	11 572.3	16 595.2	17 853.7	21 635.9	23 490.3
水果	13 309.7	15 974.3	24 013.9	9 608.0	9 917.3	12 721.7
苹果	420.2	140.6	735.8	717.1	2 286.4	3 448.1
柑橘	9.6	0.9	31.8	24.7	8.8	15.2
苹果汁				5 468.4	3 591.5	6 417.4
柑橘汁	314.8	332.4	464.6	605.7	336.8	374.4
水产品	2 365.5	2 224.1	3 372.7	3 989.3	6 082.8	6 580.0
畜产品	79 155.3	41 735.7	76 219.7	79 004.4	57 767.4	75 984.6
猪产品	1 230.2	502.8	600.3	112.4	32.5	336.5
牛产品	14 748.3	3 787.7	10 124.6	6 955.7	6 904.6	4 804.5
羊产品	9.7		0.1	0.8	0.4	5.3
家禽产品	696.6	262.3	780.2	1 235.2	2 036.3	4 393.6
蛋产品	338.7	284.0	2 339.1	2 926.4	6 324.6	8 554.4
乳品	54 505.7	32 827.9	59 363.4	65 272.3	39 602.7	54 328.7
动物生皮	5 423.9	1 272.8	829.8	95.7	138.0	171.9
动物生毛皮	44.1	506.8	391.6	535.9	253.9	316.5
羊毛	13.4	25.5	11.2	3.2	15.3	22.6
茶	85.3	98.6	123.1	181.8	114.5	148.4

3-16-2 乌克兰主要农产品进口额（一）

单位：万美元

项　目	2000年	2001年	2002年	2003年	2004年
农产品	94 478.1	117 445.2	115 755.8	222 188.9	197 644.2
谷物	14 038.9	7 337.2	2 590.0	55 375.5	17 753.7
小麦产品	10 379.6	4 654.4	129.0	49 310.7	11 483.1
玉米产品	1 619.9	344.2	610.6	1 216.0	2 399.1
稻谷产品	1 443.2	1 556.2	1 441.0	2 007.9	2 593.5
棉花	1 113.8	1 652.3	1 068.2	1 078.5	2 234.0
食用油籽	1 551.5	2 184.1	1 745.9	2 280.9	2 856.0
大豆	215.9	936.2	338.6	40.5	19.1
花生	977.9	1 009.5	995.1	1 451.5	1 791.4
油菜子					
食用植物油	1 060.0	3 163.3	4 672.9	4 775.0	7 295.9
豆油	6.0	18.2	145.1	26.5	1.0
菜子油					
棕榈油	1 033.0	3 088.7	4 486.0	4 666.3	7 222.6
食糖	6 896.0	12 107.3	8 708.9	31 479.7	9 056.3
蔬菜	2 403.6	2 869.4	3 170.5	3 122.4	4 142.3
水果	5 995.4	7 554.2	8 301.6	10 295.3	10 554.1
苹果	66.3	45.5	3.3	2.0	9.1
柑橘	2 400.2	2 859.2	2 826.6	3 088.2	3 233.4
苹果汁					
柑橘汁	290.0	389.7	556.9	729.7	923.5
水产品	9 197.1	10 210.8	9 426.8	11 416.4	13 921.0
畜产品	5 282.9	12 861.2	9 364.9	12 415.0	23 816.1
猪产品	170.1	441.4	399.5	742.1	3 150.7
牛产品	464.5	455.2	475.6	563.8	556.8
羊产品	3.1	0.7	3.6	0.4	1.2
家禽产品	2 057.7	7 016.5	3 622.4	5 283.4	13 606.4
蛋产品	216.0	436.2	868.9	1 024.7	1 226.4
乳品	933.7	1 755.0	1 965.5	2 369.5	2 557.8
动物生皮	440.8	488.7	375.1	340.0	488.5
动物生毛皮	554.3	1 120.9	840.4	869.5	536.4
羊毛	199.9	257.4	222.2	240.0	553.8
茶	2 312.0	3 101.4	3 508.5	3 933.8	4 744.3

乌克兰主要农产品进口额（二）

单位：万美元

项 目	2005 年	2006 年	2007 年	2008 年	2009 年	2010 年
农产品	276 936. 5	324 180. 5	419 497. 8	656 161. 2	500 715. 9	584 384. 3
谷物	5 967. 7	6 342. 4	10 526. 4	16 208. 2	10 278. 5	15 495. 1
小麦产品	243. 5	157. 6	545. 5	379. 4	246. 1	353. 7
玉米产品	2 693. 8	3 178. 9	5 402. 6	10 378. 2	6 289. 9	10 960. 7
稻谷产品	2 895. 4	2 293. 8	2 558. 6	3 557. 4	3 441. 1	3 341. 3
棉花	1 696. 2	1 570. 2	2 029. 2	2 255. 4	1 603. 8	1 326. 8
食用油籽	4 631. 6	5 018. 2	6 721. 6	16 990. 8	9 321. 2	12 846. 4
大豆	17. 0	81. 8	55. 3	108. 8	98. 9	162. 0
花生	2 302. 6	1 879. 0	2 079. 2	3 719. 9	2 335. 6	3 817. 4
油菜子				6 375. 0	2 172. 4	2 306. 1
食用植物油	10 652. 8	9 886. 6	24 861. 2	42 729. 8	22 764. 2	28 395. 2
豆油	2. 6	3. 4	11. 1	16. 4	10. 3	4. 7
菜子油				12. 7	10. 0	25. 3
棕榈油	10 469. 0	9 675. 2	24 465. 7	41 888. 9	21 954. 7	27 395. 4
食糖	6 248. 9	1 520. 3	715. 5	3 312. 0	6 154. 3	18 315. 8
蔬菜	7 990. 5	11 608. 9	12 739. 2	25 074. 5	20 020. 1	24 626. 0
水果	22 709. 3	34 517. 5	41 571. 5	64 989. 3	66 230. 8	77 956. 4
苹果	629. 1	2 580. 1	2 801. 4	5 486. 0	8 803. 0	7 335. 9
柑橘	5 647. 8	7 354. 6	8 137. 8	18 998. 2	23 184. 5	26 948. 6
苹果汁				1 997. 9	1 011. 6	940. 4
柑橘汁	1 135. 6	1 902. 5	2 422. 5	2 966. 6	2 018. 0	2 588. 1
水产品	29 698. 4	45 869. 0	54 701. 3	74 607. 7	54 497. 4	65 843. 6
畜产品	34 433. 0	34 211. 0	37 304. 4	115 863. 0	82 276. 6	70 268. 8
猪产品	7 109. 1	8 283. 6	10 323. 9	47 214. 4	31 325. 3	24 834. 2
牛产品	2 984. 2	2 037. 3	2 151. 6	3 351. 7	2 660. 5	2 130. 1
羊产品	2. 4	3. 6	21. 3	18. 8	22. 7	17. 4
家禽产品	9 804. 4	10 139. 0	10 128. 0	40 741. 4	26 651. 5	23 081. 3
蛋产品	2 005. 4	1 461. 0	1 110. 9	3 380. 0	2 999. 7	2 408. 0
乳品	4 123. 0	6 118. 4	8 832. 5	10 725. 3	11 034. 2	11 083. 6
动物生皮	1 225. 9	992. 2	549. 8	372. 3	44. 4	62. 6
动物生毛皮	767. 0	669. 2	543. 4	1 023. 8	353. 5	249. 2
羊毛	777. 6	565. 6	689. 7	672. 2	232. 8	141. 9
茶	6 419. 8	7 758. 8	9 501. 2	12 273. 7	10 933. 8	13 187. 3

3-16-3 乌克兰主要农产品出口量（一）

单位：吨

项 目	2000年	2001年	2002年	2003年	2004年
农产品					
谷物	1 310 042.3	5 573 547.0	12 225 781.9	3 900 552.4	7 688 081.0
小麦产品	202 531.0	2 854 386.4	8 308 992.7	904 791.9	2 559 397.6
玉米产品	163 482.8	368 618.0	499 613.4	945 558.8	1 244 895.9
稻谷产品	8 156.9	14 684.8	19 166.0	12 726.2	20 344.7
棉花	52.8		261.4	83.0	0.1
食用油籽	842 055.3	585 888.6	78 181.4	952 888.4	472 416.0
大豆	7 974.4	1 235.7	3 461.4	42 620.7	38 522.8
花生	64.8	5.3	15.3	24.7	109.5
油菜子					
食用植物油	589 220.0	487 656.5		930 475.6	879 531.3
豆油	1 058.8	1 054.6	658.3	3 986.7	2 626.5
菜子油					
棕榈油		196.8	108.8	41.1	
食糖	12 842.3	6 901.8	170 357.8	416 975.0	157 730.1
蔬菜				63 009.6	95 907.9
水果					
苹果	148.8	18.0	19.5	9 524.5	1 237.0
柑橘	37.2	0.2	0.1	40.2	0.2
苹果汁					
柑橘汁					
水产品					
畜产品					
猪产品					
牛产品					
羊产品					
家禽产品					
蛋产品					
乳品				155 444.9	249 775.4
动物生皮	25 482.5	16 568.2	30 647.7	26 802.5	21 476.2
动物生毛皮	151.7	85.0	171.1	280.5	143.6
羊毛	455.7	177.5	282.5	182.5	224.9
茶	60.3	58.1	101.0	105.8	103.4

乌克兰主要农产品出口量（二）

单位：吨

项 目	2005 年	2006 年	2007 年	2008 年	2009 年	2010 年
农产品						
谷物	12 562 388.1	11 085 302.7	4 357 382.6	16 475 468.6	26 002 043.8	14 070 832.3
小麦产品	6 028 277.3	4 682 487.8	1 150 170.0	7 785 139.2	13 056 729.9	4 949 039.1
玉米产品	2 807 745.2	1 697 823.5	985 445.2	2 849 931.6	7 209 672.8	4 087 698.4
稻谷产品	15 021.5	14 946.2	12 406.5	9 488.9	13 644.7	10 701.6
棉花	25.0	169.9	314.3	28.3	67.6	57.3
食用油籽	292 871.2	552 239.2	725 384.7	2 709 077.0	2 916 775.5	2 442 727.9
大豆	174 643.9	270 781.9	320 040.7	201 541.0	263 340.3	449 469.2
花生	88.2	188.1	79.4	258.8	334.0	412.4
油菜子				2 387 062.5	1 856 103.0	1 508 837.3
食用植物油	885 061.8	1 653 268.7	2 121 383.0	1 564 969.0	2 475 310.7	2 853 857.9
豆油	7 528.4	6 609.0	9 324.0	9 645.8	38 024.6	46 362.7
菜子油				35 262.1	4 747.6	263.5
棕榈油	376.1	3 326.3	159 742.9	173 944.0	89 710.4	98 049.0
食糖	41 732.0	22 454.1	5 196.7	11 620.1	25 857.2	324.2
蔬菜	105 617.1	134 963.6	232 605.8	166 579.3	310 682.2	248 636.6
水果						
苹果	20 227.6	6 160.1	25 158.4	19 874.2	59 214.7	98 200.5
柑橘	200.5	27.6	688.0	268.9	102.3	122.5
苹果汁				34 799.5	49 037.8	62 523.2
柑橘汁						5 395.1
水产品						
畜产品						
猪产品						
牛产品						
羊产品						
家禽产品						
蛋产品						
乳品	253 000.8	165 935.5	177 982.8	192 766.0	156 574.8	153 655.2
动物生皮	13 837.2	3 014.4	1 264.1	565.9	878.8	1 192.0
动物生毛皮	101.3	300.1	330.8	223.2	253.3	243.4
羊毛	67.4	160.8	67.0	9.5	64.1	151.6
茶	165.6	177.5	230.8	361.8	243.2	347.6

3-16-4 乌克兰主要农产品进口量（一）

单位：吨

项目	2000年	2001年	2002年	2003年	2004年
农产品					
谷物	983 716.6	411 776.4	112 680.8	3 667 858.8	793 621.9
小麦产品	786 070.1	287 333.5	8 799.5	3 219 785.3	610 510.0
玉米产品	92 202.3	3 377.8	4 755.6	21 760.3	14 520.3
稻谷产品	65 968.3	76 372.1	78 984.7	87 384.1	102 419.0
棉花	11 035.6	15 706.6	12 781.4	9 890.2	17 451.9
食用油籽	25 701.3	57 149.8	41 847.3	34 896.5	39 089.1
大豆	8 527.1	35 372.0	13 106.9	671.7	249.9
花生	15 822.6	20 168.2	27 558.6	30 088.8	33 758.4
油菜子					
食用植物油	25 018.1	89 828.9	115 987.2	95 792.2	131 670.2
豆油	109.3	278.7	1 750.9	291.5	11.5
菜子油					
棕榈油	24 686.4	89 172.1	113 860.3	94 140.5	130 278.2
食糖	318 087.7	449 294.1	436 815.8	1 481 288.8	402 005.6
蔬菜				30 142.0	40 781.0
水果					
苹果	1 823.5	1 244.5	160.7	106.2	612.3
柑橘	79 161.5	102 393.9	123 675.3	136 688.3	141 415.9
苹果汁					
柑橘汁					
水产品					
畜产品					
猪产品					
牛产品					
羊产品					
家禽产品					
蛋产品					
乳品				24 252.3	23 602.4
动物生皮	7 032.0	7 234.4	6 838.7	5 412.2	6 424.8
动物生毛皮	53.1	80.1	72.6	95.5	74.1
羊毛	1 531.3	1 884.7	1 528.8	1 946.7	3 630.4
茶	15 212.2	18 015.2	18 364.5	18 313.6	18 346.6

乌克兰主要农产品进口量（二）

单位：吨

项 目	2005 年	2006 年	2007 年	2008 年	2009 年	2010 年
农产品						
谷物	157 400.4	158 685.8	227 305.7	144 430.2	101 784.8	123 816.3
小麦产品	14 367.2	4 066.4	20 211.5	5 176.8	3 849.9	5 422.0
玉米产品	13 664.4	15 955.6	24 202.1	33 468.0	18 240.0	30 850.5
稻谷产品	127 399.0	111 500.7	124 002.6	76 163.7	76 951.3	63 798.4
棉花	15 445.7	13 230.3	14 936.6	13 944.4	10 985.0	7 189.5
食用油籽	49 152.9	43 524.8	46 302.6	55 355.6	32 731.7	44 354.9
大豆	280.9	1 767.5	474.7	645.6	854.0	932.6
花生	41 561.8	34 407.9	36 962.6	37 771.0	22 459.8	29 869.8
油菜子				4 594.4	1 834.7	1 957.3
食用植物油	205 544.2	186 489.1	343 531.7	417 430.1	269 050.3	284 727.7
豆油	29.7	33.8	81.3	80.9	99.9	23.5
菜子油				41.3	34.4	123.4
棕榈油	203 827.1	185 460.3	341 634.4	413 300.0	265 430.5	279 880.5
食糖	219 992.4	28 286.1	18 162.0	80 039.1	116 924.7	315 878.0
蔬菜	99 360.1	155 739.1	131 332.2	322 295.4	215 582.0	299 019.5
水果						
苹果	43 595.5	121 410.6	141 021.8	176 870.7	251 394.2	203 061.5
柑橘	256 448.8	328 968.4	364 983.4	344 395.3	342 142.2	363 394.6
苹果汁				13 155.1	11 228.8	8 907.1
柑橘汁						12 474.8
水产品						
畜产品						
猪产品						
牛产品						
羊产品						
家禽产品						
蛋产品						
乳品	33 113.5	41 396.6	50 581.9	43 793.8	45 628.2	33 007.8
动物生皮	21 268.1	12 547.8	6 681.4	5 593.2	730.7	1 000.1
动物生毛皮	95.1	112.4	97.0	95.3	178.5	75.7
羊毛	3 987.9	3 436.0	3 207.0	3 008.2	1 012.8	854.1
茶	22 609.9	23 758.9	25 111.7	29 079.0	27 337.7	29 483.1

3－17 美国主要农产品贸易情况

3－17－1 美国主要农产品出口额（一）

单位：万美元

项 目	2000年	2001年	2002年	2003年	2004年
农产品	6 128 982.1	6 196 419.9	6 055 392.4	6 725 659.3	6 944 503.9
谷物	1 002 738.8	999 118.6	1 075 470.2	1 121 243.5	1 365 362.4
小麦产品	352 439.8	350 172.4	379 515.3	407 275.7	528 726.7
玉米产品	483 221.0	493 750.5	542 698.6	533 868.6	649 475.2
稻谷产品	85 593.5	73 206.4	79 851.9	105 136.5	118 678.4
棉花	198 053.8	222 047.6	210 803.0	345 368.6	435 726.6
食用油籽	581 076.3	591 509.7	624 669.7	845 428.1	747 563.9
大豆	539 772.1	554 460.3	573 712.9	802 242.0	691 990.4
花生	25 541.9	17 993.0	23 975.8	16 978.9	22 706.7
油菜子			7 095.1	7 986.8	11 623.0
食用植物油	74 447.4	71 374.1	97 323.5	102 563.8	85 619.7
豆油	24 969.5	25 826.9	47 144.7	54 860.9	29 080.2
菜子油			3 872.4	4 761.2	10 330.8
棕榈油	378.0	641.8	426.8	578.1	1 264.1
食糖	3 988.3	5 201.4	5 204.8	4 103.6	6 912.7
蔬菜	304 377.7	297 706.2	303 897.3	313 709.3	334 263.8
水果	396 083.4	396 016.4	380 440.1	401 556.3	412 892.7
苹果	38 802.8	41 169.7	37 978.6	36 442.5	38 372.9
柑橘	63 541.0	62 990.1	64 474.0	68 037.2	69 231.7
苹果汁			1 964.1	1 818.0	1 881.6
柑橘汁	35 377.7	29 548.3	43 580.5	40 555.5	37 243.7
水产品	322 079.2	346 981.2	340 974.7	353 155.2	398 567.3
畜产品	1 176 528.9	1 208 042.8	1 075 456.9	1 201 203.8	987 365.0
猪产品	149 280.5	155 068.5	150 530.3	156 616.9	216 067.7
牛产品	410 571.2	350 017.4	312 055.9	368 323.9	67 540.9
羊产品	2 659.7	2 787.5	2 819.8	1 974.5	1 910.5
家禽产品	205 917.5	238 668.8	183 796.1	203 603.6	228 816.4
蛋产品	14 876.3	15 161.3	14 906.6	15 507.6	18 877.0
乳品	57 112.2	62 208.9	52 895.7	59 711.0	98 306.4
动物生皮	151 483.0	182 426.0	159 357.2	166 133.1	159 228.8
动物生毛皮	14 480.3	16 351.7	15 772.9	14 250.0	16 829.7
羊毛	1 351.6	887.3	1 254.2	1 830.2	2 014.9
茶	4 891.7	5 506.2	5 767.9	7 424.7	7 882.5

美国主要农产品出口额（二）

单位：万美元

项　目	2005年	2006年	2007年	2008年	2009年	2010年
农产品	7 152 776.2	8 014 166.1	9 965 012.7	12 550 133.2	10 748 043.4	12 652 283.2
谷物	1 190 038.4	1 425 223.0	2 208 679.4	2 946 799.5	1 789 435.3	2 051 412.5
小麦产品	446 775.2	434 098.3	854 494.6	1 152 303.7	556 423.6	692 559.0
玉米产品	543 840.9	785 838.1	1 080 471.6	1 411 279.5	930 145.0	1 028 985.5
稻谷产品	130 966.0	130 783.4	142 432.6	224 552.4	221 258.5	238 663.5
棉花	402 651.4	465 346.8	473 382.3	495 743.0	352 866.6	598 519.3
食用油籽	717 218.1	783 880.4	1 117 443.2	1 700 608.6	1 770 089.7	1 984 187.2
大豆	667 642.1	728 916.8	1 046 562.2	1 613 585.2	1 695 921.6	1 899 443.9
花生	21 345.8	22 670.5	25 538.0	34 011.7	31 981.4	34 176.5
油菜子	4 741.0	4 899.5	11 412.7	16 500.7	9 560.2	12 182.7
食用植物油	80 654.8	99 908.2	147 652.6	238 862.6	189 405.4	254 045.1
豆油	29 483.0	36 026.7	72 681.3	136 877.3	103 602.5	156 888.2
菜子油	8 245.5	19 076.2	19 372.4	21 066.6	20 891.3	30 818.2
棕榈油	1 284.6	2 872.4	4 342.5	4 353.3	7 154.1	7 931.0
食糖	9 059.9	15 727.5	19 353.7	13 935.9	10 460.9	18 068.7
蔬菜	366 042.3	397 862.1	442 338.3	503 313.1	498 979.1	552 405.6
水果	458 673.1	506 797.3	557 185.7	647 389.6	623 475.3	711 092.4
苹果	49 960.0	56 078.1	65 129.2	74 928.6	76 179.1	83 916.4
柑橘	64 968.8	72 121.9	72 468.9	83 942.4	77 213.7	95 411.4
苹果汁	2 169.6	2 569.3	2 953.3	3 572.9	3 834.8	3 747.4
柑橘汁	38 563.4	47 193.3	56 104.4	56 542.1	52 815.2	60 314.9
水产品	441 003.8	456 245.3	460 701.5	462 436.7	431 114.4	487 350.3
畜产品	1 165 287.8	1 292 315.4	1 635 495.3	2 113 221.4	1 735 940.7	2 139 922.0
猪产品	255 338.4	273 272.8	299 462.4	464 007.8	409 456.1	457 756.6
牛产品	113 837.6	178 554.6	231 480.6	328 790.6	298 296.8	414 083.8
羊产品	3 051.7	3 460.8	2 101.7	3 639.3	3 587.8	3 066.7
家禽产品	278 541.2	258 799.6	365 538.9	460 935.6	430 001.6	429 818.9
蛋产品	21 574.9	22 476.4	28 006.9	29 059.5	33 242.0	34 485.2
乳品	110 454.8	129 154.5	221 698.6	299 445.8	160 028.5	285 496.0
动物生皮	161 238.2	183 214.4	192 074.0	179 952.8	129 977.9	204 024.5
动物生毛皮	17 393.7	22 277.3	26 110.5	26 731.7	16 929.5	24 638.7
羊毛	2 403.5	2 924.6	3 349.0	2 316.1	2 034.1	2 312.6
茶	8 288.8	11 852.3	15 615.7	19 268.1	19 415.5	23 486.1

3-17-2 美国主要农产品进口额（一）

单位：万美元

项　目	2000年	2001年	2002年	2003年	2004年
农产品	5 664 167.7	5 721 702.6	6 033 369.6	6 622 046.6	7 290 590.8
谷物	100 666.8	111 575.9	111 363.6	105 243.6	110 872.7
小麦产品	29 450.5	35 643.4	35 634.8	22 127.5	24 824.8
玉米产品	18 081.5	15 567.6	16 006.8	18 762.2	17 526.5
稻谷产品	21 716.9	20 642.9	22 819.5	27 951.0	32 406.3
棉花	3 935.8	3 452.0	3 339.3	3 633.1	3 579.6
食用油籽	33 627.3	28 087.9	29 602.8	28 373.9	40 247.6
大豆	4 092.4	3 716.9	3 292.7	5 400.6	6 867.0
花生	12 075.9	9 178.0	6 893.7	5 020.0	3 873.2
油菜子			4 652.8	3 409.5	13 103.4
食用植物油	80 767.0	75 092.1	85 510.1	102 819.0	151 418.1
豆油	2 217.8	1 479.5	1 141.3	1 941.1	8 911.0
菜子油			20 037.8	24 823.1	33 025.2
棕榈油	5 953.8	5 871.9	7 622.6	8 922.2	14 213.4
食糖	55 213.5	56 319.9	61 417.4	61 976.1	60 764.0
蔬菜	459 833.4	484 961.3	504 789.6	583 026.9	660 215.7
水果	569 196.6	565 993.5	569 130.1	621 407.3	646 105.4
苹果	11 401.7	11 757.9	12 987.9	16 521.8	21 587.9
柑橘	28 783.5	27 619.7	27 705.4	37 519.4	37 624.6
苹果汁			24 460.2	30 079.3	35 183.7
柑橘汁	30 317.2	22 018.1	27 037.7	31 814.3	21 262.7
水产品	1 103 174.1	1 082 845.1	1 113 754.2	1 210 794.0	1 249 875.0
畜产品	794 999.3	867 752.6	869 735.4	845 694.2	988 235.1
猪产品	133 288.2	144 932.3	134 853.1	162 724.7	195 241.6
牛产品	380 533.6	441 505.8	441 171.2	368 626.5	438 858.6
羊产品	24 311.0	27 379.8	31 277.4	38 333.7	45 247.9
家禽产品	6 883.3	9 543.1	10 976.6	12 401.4	16 677.6
蛋产品	1 726.8	1 964.3	2 542.4	2 105.7	2 003.6
乳品	99 419.9	107 004.9	108 818.1	120 038.8	140 890.1
动物生皮	10 777.4	9 857.4	8 262.3	7 395.9	8 026.7
动物生毛皮	5 901.8	6 240.3	5 868.2	5 904.6	7 537.1
羊毛	7 311.2	5 835.6	3 588.5	3 740.5	4 545.2
茶	23 156.3	25 238.4	26 073.9	28 358.0	31 365.0

美国主要农产品进口额（二）

单位：万美元

项　目	2005 年	2006 年	2007 年	2008 年	2009 年	2010 年
农产品	7 953 338.7	8 840 122.3	9 565 259.7	10 420 462.0	9 416 741.5	10 523 935.1
谷物	108 978.4	152 089.9	212 293.1	340 127.7	254 329.0	234 613.3
小麦产品	25 789.9	42 216.3	61 884.3	126 428.4	84 145.1	70 520.7
玉米产品	17 263.4	23 704.9	37 641.2	47 386.9	36 305.6	38 722.4
稻谷产品	30 812.0	42 022.0	50 184.8	68 768.8	72 273.8	71 352.6
棉花	3 186.8	2 550.3	3 778.2	3 877.8	1 611.1	3 142.5
食用油籽	43 540.0	47 151.8	66 294.9	115 745.1	79 568.5	80 171.4
大豆	8 889.1	6 915.7	11 182.5	20 981.0	22 759.5	24 004.8
花生	4 480.0	4 837.8	6 520.8	9 344.7	6 666.8	6 802.0
油菜子	11 747.6	19 779.8	24 598.0	50 658.9	22 998.6	24 251.7
食用植物油	156 771.8	197 954.7	245 753.2	379 417.8	279 626.8	304 283.4
豆油	752.8	854.3	1 591.5	3 557.5	3 619.8	5 079.2
菜子油	31 180.4	44 478.7	67 623.7	134 413.8	92 363.6	104 710.5
棕榈油	19 035.2	30 924.1	56 061.2	103 236.6	71 440.1	82 716.8
食糖	92 578.9	145 193.3	91 714.3	122 362.4	127 480.5	208 420.2
蔬菜	691 885.2	759 252.9	832 953.8	883 542.5	853 774.4	994 593.6
水果	743 251.6	833 194.6	972 941.7	1 011 987.5	1 024 242.6	1 127 861.3
苹果	12 395.1	15 979.6	21 053.1	17 350.9	16 966.1	21 270.0
柑橘	43 388.0	50 699.0	62 354.0	51 291.7	51 530.8	61 098.9
苹果汁	35 515.1	37 805.4	61 952.9	86 993.0	48 640.2	49 904.6
柑橘汁	29 406.8	34 355.0	64 444.8	58 784.9	50 769.1	57 675.5
水产品	1 332 296.1	1 465 677.5	1 503 464.6	1 558 038.6	1 434 435.5	1 609 621.0
畜产品	1 068 925.1	1 071 409.5	1 151 317.0	1 102 465.2	941 881.1	1 042 595.5
猪产品	192 445.2	180 744.1	184 166.6	157 871.3	130 715.9	159 290.1
牛产品	494 960.5	501 859.7	544 746.3	508 450.2	426 370.8	463 252.1
羊产品	52 386.1	49 296.5	51 773.9	50 380.3	48 913.3	59 130.0
家禽产品	16 720.0	19 347.4	24 222.1	25 619.1	26 391.0	30 209.1
蛋产品	2 051.2	2 955.2	2 887.3	3 368.2	2 449.9	3 379.5
乳品	152 492.5	149 508.3	161 155.3	167 954.9	143 166.0	141 654.7
动物生皮	8 149.1	6 372.5	5 695.6	5 349.6	3 055.3	5 528.1
动物生毛皮	6 701.6	8 752.2	9 641.2	10 637.0	8 581.0	11 988.4
羊毛	4 026.5	3 825.7	3 334.4	3 382.4	1 966.3	2 134.3
茶	35 273.0	40 267.4	42 444.9	46 437.9	46 310.7	54 677.1

3-17-3 美国主要农产品出口量（一）

单位：吨

项 目	2000 年	2001 年	2002 年	2003 年	2004 年
农产品					
谷物	86 154 685.6	84 062 522.3	81 563 958.5	82 181 755.9	91 639 814.8
小麦产品	28 582 986.9	26 179 418.2	24 912 501.7	25 851 953.0	31 976 724.5
玉米产品	46 823 809.5	48 243 627.0	46 623 764.0	45 898 751.5	51 001 025.8
稻谷产品	3 236 390.6	3 018 419.8	3 942 699.8	4 559 016.0	3 584 769.8
棉花	1 637 148.0	1 937 404.1	102 009.4	2 783 447.2	3 012 186.6
食用油籽	28 149 563.4	29 877 252.9	29 016 549.5	32 292 611.9	27 530 122.8
大豆	27 495 533.8	29 203 860.1	27 908 383.0	31 335 753.0	26 400 491.6
花生	272 815.2	178 839.3	272 332.5	164 498.3	213 632.4
油菜子			266 714.7	282 854.5	373 003.0
食用植物油	1 501 749.7	1 614 946.8	2 031 638.0	1 622 454.4	1 201 106.0
豆油	587 756.6	681 147.8	1 125 248.1	960 130.9	455 024.8
菜子油			77 912.3	79 551.1	139 146.6
棕榈油	4 247.5	7 123.9	5 311.3	7 804.5	16 159.2
食糖	93 922.0	121 389.8	121 344.5	101 586.2	166 497.8
蔬菜	3 733 415.1	3 650 793.8	3 685 431.9	3 600 048.2	3 630 470.3
水果					
苹果	662 150.9	702 615.5	596 126.0	546 244.0	491 676.2
柑橘	1 116 870.0	1 036 809.6	1 104 223.9	1 188 030.8	1 103 850.8
苹果汁					
柑橘汁	588 250.9	491 422.8			
水产品					
畜产品					
猪产品					
牛产品					
羊产品					
家禽产品					
蛋产品					
乳品					
动物生皮					
动物生毛皮					
羊毛	7 217.5	5 596.0	7 138.9	9 115.5	8 604.1
茶	13 256.6	16 969.8	15 790.1	18 886.8	17 677.5

美国主要农产品出口量（二）

单位：吨

项　目	2005 年	2006 年	2007 年	2008 年	2009 年	2010 年
农产品						
谷物	86 012 706.5	94 527 797.6	104 070 750.1		78 383 047.3	88 234 080.3
小麦产品	27 500 270.6	23 761 858.2	33 496 435.0	49 108 767.3	22 370 346.1	28 048 498.6
玉米产品	48 409 848.7	61 580 533.5	60 426 918.4	71 982 353.4	48 449 908.9	51 398 906.6
稻谷产品	4 486 507.7	3 898 751.8	3 545 349.5	4 703 190.4	3 493 994.8	4 541 686.3
棉花	3 482 394.5	3 631 907.2	3 360 849.7	3 887 782.9	2 674 290.1	3 115 703.2
食用油籽	27 941 028.5	30 803 733.2	32 726 994.9		42 515 800.2	44 353 277.4
大豆	26 970 932.1	29 644 735.8	31 318 384.4	52 789 884.7	41 637 551.3	43 332 270.1
花生	191 896.5	219 454.7	229 328.5	324 132.8	257 808.7	246 001.0
油菜子	177 211.6	183 707.2	375 830.2		208 430.6	263 610.3
食用植物油	1 183 491.9	1 500 544.4	1 726 637.7		2 195 531.3	2 624 710.5
豆油	503 563.5	601 324.8	881 140.0	1 846 995.1	1 253 649.3	1 656 733.7
菜子油	134 983.3	289 957.7	237 037.2	207 881.2	249 242.8	328 426.5
棕榈油	17 701.5	38 047.1	51 553.4	51 844.4	78 086.1	79 694.7
食糖	182 323.8	263 432.6	330 839.8	242 575.9	159 369.4	294 906.8
蔬菜	3 758 878.0	3 749 291.5	3 851 762.1		4 041 790.4	4 340 560.3
水果						
苹果	685 431.1	649 660.8	663 465.2	1 144 709.1	816 167.4	790 376.3
柑橘	937 318.8	980 359.7	893 308.6	1 387 052.1	893 368.4	1 070 691.6
苹果汁	29 652.4		31 598.5	36 729.4	31 240.3	40 161.3
柑橘汁	554 167.2		694 378.0	501 914.9	606 802.6	777 679.6
水产品						
畜产品						
猪产品						
牛产品						
羊产品						
家禽产品						
蛋产品						
乳品	695 511.9		957 553.5	995 650.5	853 834.9	1 260 590.4
动物生皮	945 479.0					
动物生毛皮						
羊毛	9 060.2	12 543.6	11 077.3		8 127.4	7 954.5
茶	17 455.8	18 280.8	21 398.3	30 188.7	27 912.4	32 930.4

3-17-4 美国主要农产品进口量（一）

单位：吨

项 目	2000年	2001年	2002年	2003年	2004年
农产品					
谷物	61 372 568.8	650 046 110.0	27 035 494.7	4 371 735.8	4 623 705.3
小麦产品	2 015 263.4	2 272 660.2	2 132 732.8	1 272 265.9	1 338 762.1
玉米产品	312 930.0	30 593 395.7	350 378.1	410 538.3	436 190.4
稻谷产品	318 280.2	421 511.4	517 186.6	536 500.7	594 179.8
棉花	49 175.1	58 809.6	32 365.9	28 909.9	27 519.2
食用油籽	881 932.5	752 639.9	842 855.9	642 554.3	901 842.3
大豆	139 510.5	115 099.4	114 473.0	187 016.8	144 410.1
花生	120 262.2	87 310.4	67 322.5	45 674.3	30 461.0
油菜子			157 364.1	113 407.3	453 460.4
食用植物油	947 325.5	966 031.2	980 842.2	972 965.5	1 310 186.1
豆油	42 864.8	30 450.8	20 226.2	30 753.1	150 036.4
菜子油			412 933.3	390 175.1	477 603.0
棕榈油	165 106.9	171 076.6	219 017.1	211 172.4	273 685.7
食糖	1 407 006.0	1 349 469.6	1 407 263.4	1 521 653.9	1 521 218.3
蔬菜	4 706 484.0	5 093 996.1	5 518 387.6	5 860 413.8	6 170 587.8
水果					
苹果	163 894.2	157 119.5	170 353.5	186 763.4	207 378.4
柑橘	362 025.1	390 384.0	419 063.9	449 187.9	478 361.9
苹果汁					357 278.4
柑橘汁	1 381 662.9	1 057 308.7			
水产品					
畜产品					
猪产品					
牛产品					
羊产品					
家禽产品					
蛋产品					
乳品					
动物生皮					
动物生毛皮					
羊毛	27 314.8	22 666.4	13 768.5	12 153.1	13 150.6
茶	158 724.4	162 931.2	161 322.8	164 103.5	184 287.0

美国主要农产品进口量（二）

单位：吨

项　目	2005 年	2006 年	2007 年	2008 年	2009 年	2010 年
农产品						
谷物	4 565 312.4	5 683 797.6	6 526 305.8		6 478 680.9	6 105 240.4
小麦产品	1 498 717.6	2 259 179.7	2 546 266.5	4 303 831.2	2 796 570.3	2 699 927.1
玉米产品	382 625.5	283 881.1	434 385.6	621 700.3	375 235.6	468 225.5
稻谷产品	541 637.3	753 219.4	825 328.2	785 680.1	831 171.6	720 042.7
棉花	33 974.4	21 947.6	39 116.2	41 322.7	14 965.3	24 420.7
食用油籽	994 417.3	1 212 204.1	1 406 420.9		1 337 273.9	1 364 966.5
大豆	218 387.6	157 248.1	287 239.7	489 205.7	421 149.3	468 958.8
花生	34 773.7	35 173.8	44 725.5	44 725.6	36 298.7	35 732.3
油菜子	443 986.1	733 963.3	636 287.2		569 926.1	553 174.0
食用植物油	1 305 324.7	1 712 828.8	1 978 965.9		2 403 856.3	2 472 961.7
豆油	11 761.8	13 818.8	20 138.1	34 420.1	44 456.3	53 784.2
菜子油	500 120.8	682 736.3	746 336.0	1 043 728.8	998 803.2	1 086 406.0
棕榈油	415 889.1	629 454.8	787 825.0	996 966.5	979 009.0	948 111.6
食糖	2 088 006.2	2 919 387.5	1 947 577.8	2 466 021.8	2 511 299.6	2 916 697.4
蔬菜	6 302 961.1	6 575 391.8	7 137 532.5		7 296 342.4	8 083 656.2
水果						
苹果	122 773.2	156 650.9	206 599.9	193 219.6	155 775.4	191 578.5
柑橘	522 297.5	534 670.2	678 959.2	539 752.9	633 310.3	652 128.1
苹果汁	430 131.4	378 972.8	495 789.0	553 406.7	296 664.1	472 051.5
柑橘汁	255 287.5		1 401 548.8	356 235.0	1 164 727.3	892 440.9
水产品						
畜产品						
猪产品						
牛产品						
羊产品						
家禽产品						
蛋产品						
乳品	420 263.4		384 397.3	382 884.1	302 366.2	258 488.6
动物生皮	57 753.1					29 279.7
动物生毛皮						
羊毛	11 274.0	10 914.9	8 668.4		5 651.1	5 268.4
茶	174 140.8	185 551.7	185 662.3	135 177.9	189 384.6	203 187.2

3-18 加拿大主要农产品贸易情况

3-18-1 加拿大主要农产品出口额（一）

单位：万美元

项　目	2000年	2001年	2002年	2003年	2004年
农产品	1 861 007.4	2 023 542.8	1 983 103.6	2 115 959.1	2 442 152.5
谷物	307 141.2	314 591.5	251 674.6	261 145.0	343 106.1
小麦产品	253 637.0	257 020.7	203 926.9	209 992.8	277 578.9
玉米产品	4 099.5	2 837.4	4 727.6	5 203.5	6 781.6
稻谷产品	434.5	493.9	3 967.8	3 762.7	3 773.6
棉花	183.5	76.6	20.3	37.9	553.7
食用油籽	36 230.3	37 876.4	104 516.5	148 238.4	167 196.7
大豆	17 919.2	14 006.3	16 770.7	23 781.4	29 577.2
花生	2 638.2	2 699.1	2 387.5	2 233.7	2 289.7
油菜子			58 813.7	92 827.6	109 047.4
食用植物油	27 246.3	29 327.9	27 661.8	46 090.5	75 413.7
豆油	1 753.6	1 281.9	928.1	1 245.2	1 019.2
菜子油			24 447.1	42 551.7	71 003.2
棕榈油	12.8	128.7	15.1	20.3	34.2
食糖	695.5	611.4	732.4	844.2	619.5
蔬菜	109 601.6	117 736.5	126 180.0	150 106.4	173 539.0
水果	26 546.6	27 185.3	27 085.9	34 295.2	41 369.1
苹果	3 696.1	3 435.8	3 782.6	3 520.7	3 116.0
柑橘	2.9	6.8	0.6	18.5	5.0
苹果汁			994.6	1 508.4	1 360.6
柑橘汁	627.4	702.7	810.7	1 110.0	1 094.9
水产品	283 253.3	281 779.6	310 780.4	331 410.3	350 613.2
畜产品	450 012.9	543 930.1	541 845.1	468 428.0	533 777.4
猪产品	147 093.8	174 445.0	165 972.6	201 766.4	250 916.4
牛产品	205 154.5	253 117.8	258 764.6	147 378.7	149 200.9
羊产品	731.6	1 002.3	1 403.6	877.0	47.6
家禽产品	10 288.9	13 461.0	14 871.1	15 631.3	19 762.6
蛋产品	2 937.1	2 900.8	3 855.8	3 987.5	3 992.2
乳品	17 601.0	26 812.5	21 292.0	21 033.4	18 896.3
动物生皮	16 624.3	18 384.2	19 064.6	20 647.6	24 866.7
动物生毛皮	11 833.4	12 535.3	12 588.5	15 101.0	17 910.2
羊毛	217.1	191.8	168.7	221.7	305.9
茶	5 090.8	5 669.2	5 889.6	6 118.6	7 044.2

加拿大主要农产品出口额（二）

单位：万美元

项　目	2005年	2006年	2007年	2008年	2009年	2010年
农产品	2 562 564.4	2 862 755.3	3 349 749.0	4 099 282.6	3 463 569.5	3 890 046.0
谷物	304 925.2	412 748.2	579 881.4	867 050.4	653 735.7	588 176.4
小麦产品	232 436.5	331 690.7	448 888.8	675 388.2	540 392.5	464 873.2
玉米产品	5 575.6	5 335.5	13 864.2	27 484.3	10 419.2	25 505.0
稻谷产品	4 675.6	5 138.2	6 694.4	10 208.5	9 379.0	8 222.9
棉花	116.3	102.6	539.9	255.7	30.6	27.4
食用油籽	172 576.8	226 795.5	323 517.7	525 870.2	448 966.1	517 332.2
大豆	34 334.6	41 787.8	64 010.2	86 625.1	97 240.7	138 254.3
花生	2 429.5	2 825.5	3 046.6	4 337.7	3 477.1	3 056.7
油菜子	107 488.1	154 898.0	213 143.5	366 531.9	305 416.1	330 208.2
食用植物油	58 482.1	81 121.9	111 968.1	189 335.5	142 575.3	220 000.1
豆油	1 101.5	1 326.8	2 676.8	6 237.9	3 691.0	5 014.6
菜子油	52 934.7	75 564.8	105 001.8	176 558.8	135 615.4	212 550.2
棕榈油	58.4	57.3	59.5	62.6	20.7	32.1
食糖	1 762.0	5 195.7	2 382.9	7 556.9	1 636.5	6 201.7
蔬菜	176 532.8	194 387.4	210 769.4	226 858.7	215 514.9	233 588.5
水果	47 868.5	58 157.1	64 837.8	68 024.1	56 199.6	59 346.1
苹果	3 533.4	3 864.7	3 352.5	3 453.0	2 116.0	2 393.2
柑橘	1.6	10.7	12.7	8.0	5.6	9.4
苹果汁	1 127.4	904.9	903.9	1 912.9	1 845.1	1 586.1
柑橘汁	1 230.3	1 169.2	1 116.0	1 110.3	875.6	716.3
水产品	362 957.8	368 423.6	371 114.3	373 440.2	326 414.1	387 915.9
畜产品	640 414.0	659 940.1	720 450.7	775 431.1	613 595.1	742 733.1
猪产品	286 901.4	273 079.3	280 888.0	294 541.8	247 597.0	295 839.6
牛产品	206 250.2	223 542.2	261 079.4	284 107.2	210 305.8	248 791.5
羊产品	138.9	125.8	166.8	150.6	189.5	208.3
家禽产品	22 127.5	23 098.3	32 061.6	34 709.6	32 896.2	35 889.9
蛋产品	4 038.4	4 478.9	4 170.8	4 156.6	3 974.6	5 466.7
乳品	16 874.6	19 689.7	21 574.8	19 715.1	15 049.3	16 593.4
动物生皮	30 240.0	28 195.7	29 505.5	26 815.6	15 975.0	28 391.1
动物生毛皮	21 180.2	30 993.7	28 920.8	35 168.0	25 739.8	39 952.6
羊毛	210.4	206.1	219.2	156.5	182.0	226.2
茶	7 558.6	8 145.9	7 754.9	8 247.7	9 868.7	10 968.0

3-18-2 加拿大主要农产品进口额（一）

单位：万美元

项 目	2000 年	2001 年	2002 年	2003 年	2004 年
农产品	1 308 329.6	1 373 433.5	1 437 302.6	1 599 703.8	1 710 503.8
谷物	34 459.4	49 969.9	62 697.1	60 338.5	48 403.7
小麦产品	1 290.3	2 047.7	2 621.5	1 628.8	1 671.3
玉米产品	19 645.9	34 560.9	45 693.6	41 454.5	28 166.5
稻谷产品	11 831.7	10 718.5	10 652.4	13 001.4	16 192.8
棉花	11 540.3	10 822.7	8 472.3	11 342.1	10 923.2
食用油籽	18 335.0	23 944.3	31 206.3	33 610.4	34 238.9
大豆	8 440.9	14 133.9	15 010.1	16 115.1	15 666.0
花生	7 942.4	7 311.2	7 733.2	7 850.1	9 922.0
油菜子			5 518.9	6 866.8	5 107.3
食用植物油	16 983.0	14 653.4	18 413.6	22 237.7	27 468.5
豆油	1 495.5	2 386.8	4 858.6	6 984.9	6 072.9
菜子油			1 714.0	1 833.5	3 468.8
棕榈油	283.9	296.0	311.6	442.3	964.1
食糖	20 956.2	25 296.1	19 828.6	25 518.6	24 656.6
蔬菜	142 004.3	147 577.6	163 994.5	173 885.7	186 705.4
水果	180 582.7	181 130.9	185 867.8	201 158.9	213 754.7
苹果	8 298.3	8 345.0	10 635.4	11 727.6	12 439.3
柑橘	23 888.7	24 578.4	25 277.6	25 915.7	28 360.5
苹果汁			2 646.3	2 936.6	3 802.8
柑橘汁	19 048.6	17 708.0	21 816.8	23 136.4	22 325.2
水产品	143 616.5	141 653.1	139 775.0	147 240.9	159 038.7
畜产品	174 440.0	188 464.7	178 697.1	186 290.2	176 800.6
猪产品	14 272.0	17 854.1	17 612.0	22 566.3	30 095.5
牛产品	70 557.5	73 048.5	64 120.2	62 449.5	28 255.7
羊产品	4 808.4	4 952.4	5 211.9	7 033.3	7 664.6
家禽产品	24 984.2	27 876.1	27 769.7	29 060.1	39 027.5
蛋产品	3 857.9	4 521.4	4 152.5	3 923.5	6 507.1
乳品	24 280.1	27 066.4	25 603.6	28 140.9	34 009.6
动物生皮	5 676.9	4 437.5	4 167.3	3 375.6	2 457.6
动物生毛皮	4 711.6	5 529.6	6 175.6	6 665.6	6 871.5
羊毛	913.9	743.6	590.1	547.6	630.1
茶	8 504.6	8 646.6	8 487.7	10 960.0	11 877.4

加拿大主要农产品进口额（二）

单位：万美元

项　目	2005 年	2006 年	2007 年	2008 年	2009 年	2010 年
农产品	1 893 670.2	2 144 553.0	2 512 185.9	2 811 825.6	2 679 014.4	2 973 644.2
谷物	46 234.4	49 810.9	78 794.6	110 092.7	83 914.1	79 363.6
小麦产品	2 257.6	2 747.5	5 446.2	9 182.5	5 927.1	5 216.5
玉米产品	26 203.1	26 750.2	49 005.7	65 053.3	42 561.9	37 117.1
稻谷产品	15 352.2	17 864.7	21 142.5	31 671.8	32 167.2	33 550.7
棉花	6 447.6	4 942.7	3 625.6	1 354.2	829.6	1 085.3
食用油籽	27 585.9	25 297.0	29 417.4	49 376.6	46 136.4	39 835.1
大豆	9 765.4	8 267.5	7 801.2	18 862.6	17 526.8	11 486.5
花生	10 061.7	9 626.5	10 994.9	15 883.8	12 729.8	13 177.3
油菜子	2 992.8	4 451.9	7 588.7	9 803.9	10 921.5	10 587.0
食用植物油	28 256.5	35 637.5	44 130.3	51 098.2	52 104.2	57 831.4
豆油	4 466.4	4 830.4	6 042.8	9 096.5	4 557.5	4 453.0
菜子油	3 209.2	5 105.4	9 305.1	6 876.7	12 979.7	21 778.1
棕榈油	1 019.7	2 518.6	2 797.5	4 364.6	6 458.3	7 837.3
食糖	29 877.8	41 462.7	34 014.5	42 368.9	42 231.8	56 773.5
蔬菜	206 849.3	229 341.0	261 098.2	278 615.3	279 352.6	313 257.4
水果	245 799.5	280 924.4	317 542.6	352 712.0	343 995.4	379 463.5
苹果	11 515.5	14 812.4	17 873.6	18 705.1	16 056.1	18 422.3
柑橘	32 674.8	33 945.4	39 142.8	40 841.1	40 409.9	44 434.0
苹果汁	3 918.2	4 706.8	6 065.4	8 845.9	6 222.4	6 414.8
柑橘汁	25 462.8	30 591.9	36 801.0	32 847.6	31 294.0	31 945.2
水产品	172 468.2	188 729.0	206 517.7	211 690.8	208 047.2	233 471.4
畜产品	201 634.0	228 675.4	284 677.5	300 608.8	281 026.2	316 492.0
猪产品	41 694.1	45 016.0	49 246.8	56 716.3	52 223.3	61 907.1
牛产品	39 256.6	58 131.8	80 650.2	84 516.7	80 800.4	89 384.5
羊产品	9 578.8	10 435.8	11 475.0	11 655.5	12 378.3	12 397.6
家禽产品	36 107.3	38 531.9	49 246.8	51 420.1	51 121.1	56 246.6
蛋产品	4 863.5	4 255.5	5 353.2	6 489.1	6 437.6	6 767.0
乳品	37 515.4	34 447.8	43 337.2	43 935.3	33 592.0	38 717.2
动物生皮	1 256.8	484.0	541.6	675.5	1 037.4	987.0
动物生毛皮	7 519.8	10 863.6	14 432.2	10 696.3	8 947.3	8 846.8
羊毛	437.3	670.2	483.4	549.1	278.9	443.8
茶	13 227.6	14 835.2	17 215.9	18 938.0	19 206.0	20 898.1

3-18-3 加拿大主要农产品出口量（一）

单位：吨

项　目	2000年	2001年	2002年	2003年	2004年
农产品					
谷物	22 985 150.1	21 480 087.2	17 810 894.5	14 635 251.8	19 249 047.4
小麦产品	18 897 795.0	17 560 707.9	15 075 489.2	11 931 901.6	15 364 908.1
玉米产品	287 691.2	164 374.2	293 617.7	318 338.0	393 028.8
稻谷产品	9 396.2	11 921.8	115 288.8	106 012.6	116 481.1
棉花	3 503.6	1 301.6	611.8	659.3	2 565.7
食用油籽	1 506 012.2	1 539 208.8	3 921 987.1	5 049 758.4	5 322 396.4
大豆	769 268.0	606 344.5	681 583.2	876 108.6	986 453.3
花生	16 505.0	17 420.0	16 093.0	15 493.6	15 290.3
油菜子			2 277 302.6	3 243 461.3	3 587 372.1
食用植物油	622 910.9	682 250.9	556 195.7	749 356.4	1 157 979.1
豆油	36 876.6	30 272.6	19 927.1	20 165.1	13 643.1
菜子油			503 200.3	700 986.5	1 108 437.3
棕榈油	224.3	1 664.2	336.6	320.4	442.6
食糖	12 543.0	14 400.0	16.8	16 633.1	12 558.6
蔬菜			1 428 180.9	2 148 735.4	2 355 221.8
水果					
苹果	63 846.3	61 432.4	62 908.3	49 179.2	44 247.0
柑橘	45.8	47.5	2.7	98.5	15.9
苹果汁			28 874.6		
柑橘汁					
水产品					
畜产品					
猪产品					
牛产品					
羊产品					
家禽产品					
蛋产品					
乳品			164 890.6		102 272.5
动物生皮					
动物生毛皮					
羊毛	1 603.8	1 588.4	1 507.6	1 300.3	1 585.1
茶	49 179.7	50 184.3	52 783.5	50 912.0	51 901.4

加拿大主要农产品出口量（二）

单位：吨

项目	2005 年	2006 年	2007 年	2008 年	2009 年	2010 年
农产品						
谷物	18 481 600.8	23 095 751.6	23 137 196.6	21 770 359.2	23 612 795.7	23 134 305.7
小麦产品	14 146 583.5	18 746 022.8	17 808 122.2	15 709 656.9	19 457 509.0	18 592 191.0
玉米产品	313 106.4	249 819.5	523 690.8	907 634.1	265 544.2	883 156.1
稻谷产品	132 911.5	136 681.4	151 099.5	199 052.3	186 683.3	188 256.4
棉花	1 958.2	1 240.9	2 725.8	2 785.8	309.8	340.4
食用油籽	5 927 451.7	7 899 150.6	8 377 582.0	9 447 021.8	10 722 921.8	11 172 703.9
大豆	1 185 652.2	1 475 277.4	1 889 123.4	1 854 296.2	2 300 180.0	2 815 446.8
花生	14 995.8	16 605.7	15 865.3	17 222.1	13 307.1	12 037.4
油菜子	4 001 211.5	5 551 807.3	5 401 629.2	6 668 025.5	7 676 499.8	7 466 589.6
食用植物油	928 002.4	1 234 686.8	1 305 220.6	1 489 352.3	1 606 336.8	2 303 511.8
豆油	15 103.7	17 774.8	29 480.2	51 438.7	44 756.7	53 094.4
菜子油	872 475.0	1 179 633.4	1 231 376.8	1 399 510.4	1 533 182.0	2 232 579.6
棕榈油	676.8	505.9	881.5	512.7	203.1	179.2
食糖	31 050.0	74 716.2	35 654.1	99 772.0	22 260.1	86 380.3
蔬菜	2 213 941.1	2 270 410.0	2 486 783.0	2 474 629.8	2 261 412.2	2 280 083.8
水果						
苹果	54 200.1	48 601.0	38 890.1	42 492.8	25 517.7	25 978.3
柑橘	7.7	109.5	152.5	57.8	37.5	62.3
苹果汁			12 703.8	21 110.8	19 508.7	18 674.6
柑橘汁			22 285.9	27 870.6	16 090.9	8 217.1
水产品						
畜产品						
猪产品						
牛产品						
羊产品						
家禽产品						
蛋产品						
乳品		109 839.0	94 726.4	73 660.6	67 852.9	69 554.3
动物生皮						
动物生毛皮						
羊毛	1 138.5	1 072.5	1 022.1	565.3	795.6	749.5
茶	45 354.0	52 883.6	47 505.6	46 996.8	59 083.4	60 907.8

3-18-4 加拿大主要农产品进口量（一）

单位：吨

项 目	2000年	2001年	2002年	2003年	2004年
农产品					
谷物	2 069 809.5	3 905 716.4	266 335.0	4 445 889.8	2 743 916.2
小麦产品	65 507.5	132 290.5	1 538.9	82 259.5	59 735.5
玉米产品	1 647 877.4	3 326 764.2	72 463.7	3 858 233.1	2 217 559.9
稻谷产品	273 933.3	278 746.1	11 822.6	285 823.7	356 287.8
棉花	88 519.9	86 250.9	71 799.1	79 127.6	77 798.8
食用油籽	538 957.2	905 153.3	1 162 536.4	1 059 221.2	870 356.8
大豆	410 004.6	758 035.6	790 234.7	666 382.0	523 829.5
花生	93 955.2	87 296.8	94 552.2	87 669.1	101 523.7
油菜子			226 663.0	251 032.6	174 644.2
食用植物油	246 604.0	229 906.3	267 933.3	259 826.7	267 219.2
豆油	28 034.8	56 269.8	109 983.8	120 961.7	86 628.1
菜子油			31 504.0	28 101.3	48 885.5
棕榈油	4 382.8	6 042.6	6 924.4	7 539.1	14 344.9
食糖	1 166 377.6	1 183 019.1	1 178.0	1 443 269.7	1 313 450.5
蔬菜			2 022 689.2	1 973 122.7	2 124 863.3
水果					
苹果	112 771.2	118 326.3	165 334.4	173 646.3	153 785.5
柑橘	401 091.8	383 913.5	411 148.2	381 900.8	419 614.3
苹果汁			31 501.3		
柑橘汁					
水产品					
畜产品					
猪产品					
牛产品					
羊产品					
家禽产品					
蛋产品					
乳品			130 066.3		161 594.9
动物生皮					
动物生毛皮					
羊毛	4 084.8	3 461.5	3 182.9	2 647.3	2 511.8
茶	21 935.0	22 985.1	22 997.7	27 077.5	23 735.9

加拿大主要农产品进口量（二）

单位：吨

项　目	2005 年	2006 年	2007 年	2008 年	2009 年	2010 年
农产品						
谷物	2 790 183.0	2 532 004.0	3 272 543.2	3 454 076.0	2 723 211.3	2 287 057.8
小麦产品	73 979.6	91 977.2	143 313.2	149 060.4	206 768.2	143 038.4
玉米产品	2 245 241.6	1 978 771.4	2 654 478.6	2 803 575.2	2 026 408.8	1 660 641.1
稻谷产品	351 537.1	366 856.0	375 627.6	397 686.9	401 626.3	389 537.6
棉花	53 986.5	38 427.4	28 297.3	11 148.7	8 685.5	10 324.3
食用油籽	707 563.2	662 057.4	601 352.4	701 230.8	732 222.0	599 527.4
大豆	410 434.5	346 686.0	257 859.8	413 931.6	439 652.2	262 594.1
花生	103 970.7	105 935.2	106 024.6	108 968.3	102 918.4	106 827.2
油菜子	102 341.9	162 798.7	202 050.6	138 754.3	141 746.0	180 749.6
食用植物油	258 429.2	311 754.7	354 322.8	275 178.4	378 156.0	466 938.2
豆油	74 539.3	80 509.8	77 594.8	71 559.7	41 216.0	40 366.2
菜子油	49 091.2	75 234.0	112 003.3	41 286.6	148 828.4	248 619.1
棕榈油	14 494.5	35 043.1	28 898.4	34 387.6	65 462.7	72 742.7
食糖	1 222 946.5	1 216 853.1	1 276 550.8	1 319 448.5	1 056 458.9	1 004 748.6
蔬菜	2 102 274.4	2 249 033.1	2 268 689.8	2 265 889.0	2 316 346.9	2 457 471.3
水果						
苹果	159 156.0	156 693.7	180 528.1	166 201.1	182 155.3	191 682.5
柑橘	427 455.7	431 754.6	407 834.6	437 878.5	416 450.5	437 183.1
苹果汁			50 447.3	64 041.3	39 533.5	61 363.8
柑橘汁			366 794.2	308 754.4	276 261.2	274 985.3
水产品						
畜产品						
猪产品						
牛产品						
羊产品						
家禽产品						
蛋产品						
乳品		172 009.7	192 510.2	199 312.9	284 351.3	246 608.3
动物生皮						
动物生毛皮						
羊毛	1 622.0	2 492.4	1 614.7	1 924.9	904.8	1 325.2
茶	26 660.0	21 710.5	26 081.9	25 573.6	23 812.1	29 150.3

3-19 墨西哥主要农产品贸易情况

3-19-1 墨西哥主要农产品出口额（一）

单位：万美元

项 目	2000年	2001年	2002年	2003年	2004年
农产品	836 807.8	820 195.8	832 953.7	929 769.9	1 047 344.8
谷物	8 681.4	9 386.4	10 661.8	12 605.1	8 787.6
小麦产品	7 862.1	8 488.4	7 621.2	11 393.7	6 348.8
玉米产品	539.4	661.1	2 955.3	1 120.6	2 272.6
稻谷产品	160.9	75.7	63.4	52.3	146.1
棉花	5 053.7	3 855.8	2 672.7	2 793.9	5 786.0
食用油籽	3 621.6	3 507.7	2 122.8	2 390.2	2 722.2
大豆	418.4	245.5	31.2	99.7	170.1
花生	1 291.8	1 284.0	883.8	953.6	596.6
油菜子					
食用植物油	3 533.5	2 498.7	2 260.1	4 606.6	4 788.6
豆油	573.8	209.1	182.0	602.3	156.5
菜子油			6.1	0.2	
棕榈油	29.9	0.6	2.4	5.9	27.2
食糖	5 081.8	4 242.2	11 297.5	976.1	1 333.0
蔬菜	221 855.7	236 852.3	234 575.8	276 304.2	321 286.0
水果	91 933.6	88 928.1	86 657.6	108 750.9	123 195.8
苹果	8.5	1.6	1.4	4.1	22.4
柑橘	8 051.7	8 913.5	9 010.3	12 227.2	17 627.8
苹果汁			634.4	1 066.5	854.0
柑橘汁	5 057.3	4 061.0	6 688.4	2 712.9	4 496.3
水产品	70 510.8	64 055.0	59 925.2	63 295.8	63 427.6
畜产品	74 736.1	76 460.7	70 262.9	80 530.3	94 168.2
猪产品	18 054.8	19 031.1	18 004.9	14 253.7	17 281.6
牛产品	44 156.3	44 462.6	38 120.1	51 555.7	61 824.3
羊产品	10.0	6.0	1.1	2.1	15.8
家禽产品	889.6	1 090.3	883.0	223.1	602.0
蛋产品	67.2	131.1	214.4	160.8	263.4
乳品	4 450.9	4 891.3	4 212.7	4 687.8	4 907.5
动物生皮	253.0	540.0	284.9	596.5	628.2
动物生毛皮	3.7	24.7	8.5	11.9	4.5
羊毛	50.6	115.6	44.3	49.2	20.6
茶	1 481.0	1 080.2	971.0	1 711.4	3 762.6

墨西哥主要农产品出口额（二）

单位：万美元

项　目	2005年	2006年	2007年	2008年	2009年	2010年
农产品	1 182 615.9	1 386 655.1	1 489 577.0	1 647 533.2	1 616 883.8	1 819 285.7
谷物	12 095.7	15 797.7	28 681.8	71 585.6	44 949.8	32 646.3
小麦产品	8 287.4	9 931.4	18 136.7	65 004.6	32 262.8	13 542.2
玉米产品	3 620.6	5 618.9	9 942.8	5 902.3	12 226.0	18 670.5
稻谷产品	161.2	186.3	542.7	671.9	442.8	389.1
棉花	6 500.6	6 299.6	7 560.3	9 151.4	5 896.8	7 133.2
食用油籽	2 983.3	2 870.2	3 371.2	5 524.7	4 458.2	4 692.4
大豆	112.4	20.0	32.0	18.2	15.8	20.9
花生	1 087.9	1 242.7	1 886.8	2 963.8	2 636.4	2 695.6
油菜子	2.3			37.2	3.1	
食用植物油	5 137.5	5 298.9	7 557.4	8 885.0	5 673.7	6 788.2
豆油	112.8	25.9	55.8	323.1	269.3	548.8
菜子油	1.5	1.6	32.8	225.0	333.6	290.3
棕榈油	14.0	51.1	65.8	36.1	172.2	
食糖	12 966.2	38 992.1	9 412.7	40 318.0	50 786.6	68 253.9
蔬菜	337 927.5	369 360.6	378 405.8	403 970.7	388 030.8	454 932.3
水果	156 059.2	171 926.1	226 493.4	233 439.2	239 654.3	260 508.9
苹果	14.7	16.1	36.2	44.5	31.7	39.3
柑橘	17 109.9	20 817.7	24 491.9	26 288.8	20 801.0	25 880.6
苹果汁	643.5	795.6	878.1	871.2	1 066.1	1 142.7
柑橘汁	11 137.5	10 475.7	18 354.5	24 140.2	18 726.5	24 002.3
水产品	63 319.9	71 115.3	79 818.1	83 354.1	80 736.6	77 768.4
畜产品	100 993.6	121 014.8	113 836.8	112 434.4	110 478.1	144 693.1
猪产品	19 197.5	20 578.4	24 361.5	33 359.9	23 794.5	27 763.7
牛产品	64 770.5	81 304.6	65 305.1	48 965.9	59 439.5	85 653.3
羊产品	36.8	49.2	14.9	42.2	72.5	84.3
家禽产品	205.0	207.4	698.9	1 240.4	1 676.8	2 384.6
蛋产品	129.5	53.0	37.1	170.3	193.3	347.5
乳品	7 415.2	6 840.9	7 353.0	9 102.1	7 976.7	10 038.5
动物生皮	266.9	322.8	471.5	335.6	368.5	529.3
动物生毛皮	1.3		8.0	4.5		12.8
羊毛	140.4	62.1	24.3	24.8	36.4	43.6
茶	3 904.9	1 422.7	1 937.4	522.7	767.0	546.1

3-19-2 墨西哥主要农产品进口额（一）

单位：万美元

项　目	2000 年	2001 年	2002 年	2003 年	2004 年
农产品	999 652.7	1 131 696.0	1 169 780.6	1 272 120.4	1 405 438.3
谷物	157 493.1	186 236.7	204 366.3	224 483.5	236 784.8
小麦产品	34 005.2	43 032.4	47 861.9	57 873.0	63 263.2
玉米产品	60 013.2	76 133.0	90 379.7	107 485.6	107 271.8
稻谷产品	10 171.1	10 530.0	8 789.2	13 693.8	18 655.3
棉花	55 257.6	52 320.1	45 093.2	54 358.5	57 798.5
食用油籽	92 426.9	100 078.2	121 069.5	146 826.8	166 581.2
大豆	78 899.6	86 401.3	89 812.9	108 264.7	112 308.7
花生	6 668.2	6 555.0	6 597.0	6 555.7	8 745.2
油菜子			18 798.3	21 932.2	36 248.6
食用植物油	22 196.3	17 927.0	27 472.4	30 708.8	38 979.6
豆油	4 171.5	4 050.6	9 628.2	7 143.7	5 498.4
菜子油			2 722.0	4 909.3	7 688.3
棕榈油	5 065.0	5 138.6	7 425.1	9 309.0	12 654.3
食糖	1 099.5	1 692.1	1 836.1	5 446.6	11 289.1
蔬菜	35 923.0	40 377.9	44 429.6	48 850.8	55 252.7
水果	51 027.3	55 698.6	55 806.9	58 074.1	55 257.1
苹果	14 591.2	17 889.6	14 053.4	14 737.6	13 689.2
柑橘	1 071.1	794.5	871.3	1 167.0	657.3
苹果汁			381.7	623.4	742.8
柑橘汁	1 034.5	676.2	680.1	644.5	622.5
水产品	15 930.3	17 794.0	19 534.3	23 993.2	32 172.7
畜产品	292 425.3	345 600.7	330 083.4	330 831.3	365 222.5
猪产品	39 534.1	47 394.0	46 219.1	51 823.0	79 031.4
牛产品	102 627.3	117 253.0	126 988.0	102 758.4	83 630.8
羊产品	7 463.6	9 306.3	9 484.4	8 352.1	7 244.4
家禽产品	30 093.1	34 536.9	28 643.1	36 212.1	42 426.3
蛋产品	2 238.5	2 137.6	2 765.1	2 959.3	2 103.0
乳品	57 052.2	78 786.3	62 633.8	70 188.3	87 622.4
动物生皮	17 461.7	17 395.4	14 046.5	14 844.5	13 609.0
动物生毛皮	7.4	6.6	3.4	2.7	1.3
羊毛	1 497.5	1 137.1	888.3	673.0	929.2
茶	735.1	766.7	798.9	1 019.8	1 460.9

墨西哥主要农产品进口额（二）

单位：万美元

项　目	2005 年	2006 年	2007 年	2008 年	2009 年	2010 年
农产品	1 498 733.1	1 675 312.5	2 009 004.7	2 390 792.8	1 893 448.2	2 159 037.2
谷物	224 050.6	290 093.2	369 168.7	466 600.2	315 122.5	336 888.4
小麦产品	62 816.4	70 946.1	88 149.1	128 254.4	75 667.6	87 938.7
玉米产品	105 512.7	157 004.9	211 042.9	246 028.2	150 227.6	165 717.5
稻谷产品	16 643.4	20 591.9	25 102.8	37 416.4	34 823.8	32 321.1
棉花	46 729.6	49 738.3	46 953.9	54 576.7	41 813.3	64 149.4
食用油籽	146 665.1	155 792.0	201 024.7	316 769.1	229 095.9	266 931.0
大豆	100 639.3	103 015.2	131 694.4	199 979.2	159 400.6	177 333.5
花生	8 378.0	8 329.3	11 632.2	15 403.1	12 386.4	14 063.1
油菜子	28 906.3	34 514.1	47 987.8	88 856.6	49 349.3	66 711.9
食用植物油	39 825.1	38 174.9	52 532.2	82 438.7	54 643.4	60 701.9
豆油	8 894.2	6 116.4	13 338.7	27 944.3	16 637.4	18 004.4
菜子油	4 395.9	3 820.5	3 011.1	6 681.4	1 990.8	1 611.7
棕榈油	12 991.6	16 837.9	22 105.8	34 851.2	26 597.7	31 430.3
食糖	5 157.8	22 750.4	13 326.4	9 207.3	32 453.4	32 727.3
蔬菜	61 987.8	71 055.4	76 621.8	85 114.0	75 565.1	83 745.0
水果	59 878.5	69 998.8	83 401.1	87 589.7	63 919.6	73 279.0
苹果	16 308.1	20 630.0	24 795.8	24 064.4	19 577.1	23 048.8
柑橘	1 127.3	821.0	994.8	957.5	546.8	872.6
苹果汁	601.3	687.3	1 357.6	1 809.8	1 341.2	1 258.9
柑橘汁	727.7	752.9	865.5	845.3	589.7	583.5
水产品	38 155.3	45 915.6	56 105.8	61 066.5	40 633.4	55 251.0
畜产品	431 542.0	443 892.5	547 596.7	588 036.2	468 999.7	556 792.0
猪产品	75 117.9	76 364.9	75 668.1	93 808.9	96 110.3	128 458.8
牛产品	110 982.4	121 997.5	137 502.8	152 677.5	103 050.0	110 530.3
羊产品	8 003.1	7 327.1	8 292.4	7 626.7	5 122.0	4 955.4
家禽产品	57 809.7	65 301.9	73 089.1	81 818.2	75 923.3	89 247.4
蛋产品	2 737.4	3 969.6	3 496.0	2 966.6	3 289.1	3 547.3
乳品	112 015.2	99 037.7	163 414.4	146 984.2	103 232.9	123 396.8
动物生皮	15 538.9	15 957.5	15 308.7	14 087.2	10 623.3	15 169.7
动物生毛皮	2.1	2.3	2.0	0.7	0.7	2.2
羊毛	1 191.7	1 091.6	916.6	1 087.1	747.6	942.4
茶	1 479.9	1 307.4	1 666.4	3 407.9	3 963.8	5 065.5

3-19-3 墨西哥主要农产品出口量（一）

单位：吨

项 目	2000年	2001年	2002年	2003年	2004年
农产品					
谷物	579 461.8	559 673.0	647 871.5	622 488.5	538 796.8
小麦产品	555 465.5	536 898.1	473 370.9	601 051.8	486 768.6
玉米产品	11 775.5	19 206.3	173 266.2	20 448.5	49 611.7
稻谷产品	10 630.9	1 381.7	1 008.0	721.7	1 979.0
棉花	51 852.1	40 477.8	43 571.2	35 523.3	54 283.3
食用油籽	42 570.4	33 725.3	19 293.6	22 842.4	18 677.9
大豆	14 475.4	6 058.2	334.0	2 091.3	2 376.3
花生	12 616.1	10 183.0	7 030.9	7 636.6	3 736.9
油菜子					
食用植物油	47 612.1	35 826.7	26 147.2	58 483.9	49 785.2
豆油	8 334.4	3 827.9	3 536.0	12 334.1	1 837.8
菜子油			114.6	1.7	
棕榈油	70.1	4.0	32.0	75.1	237.4
食糖	288 292.7	121 192.1	390 801.2	26 620.8	24 715.5
蔬菜	2 987 694.4	3 056 587.6	3 223 483.3	3 320 979.5	3 443 515.1
水果					
苹果	106.8	14.8	20.6	74.3	243.5
柑橘	282 322.3	322 188.8	350 677.7	350 073.9	403 010.0
苹果汁				15 674.1	12 269.2
柑橘汁	43 256.1	43 473.0		26 667.2	48 699.7
水产品					
畜产品					
猪产品					
牛产品					
羊产品					
家禽产品					
蛋产品					
乳品	17 950.0	18 970.9	17 692.9	22 167.8	24 596.1
动物生皮	1 709.1	2 391.0	1 538.5	3 424.9	4 592.5
动物生毛皮	4.7	20.4	0.5	29.3	0.2
羊毛	777.6	541.5	364.8	590.4	313.2
茶	22 711.7	14 278.3	12 720.8	20 676.7	36 991.0

墨西哥主要农产品出口量（二）

单位：吨

项　目	2005年	2006年	2007年	2008年	2009年	2010年
农产品						
谷物	699 302.1	827 323.6	984 520.5		1 583 880.1	1 157 261.3
小麦产品	445 160.9	586 121.0	645 074.1	1 499 599.0	1 224 210.6	536 099.9
玉米产品	249 909.4	234 088.9	324 299.8	126 877.4	351 592.5	614 753.0
稻谷产品	2 870.5	3 698.5	14 659.4	11 145.9	7 793.7	5 948.9
棉花	72 493.1	63 261.7	68 238.0	66 347.4	47 863.4	46 430.0
食用油籽	20 187.0	18 765.1		23 631.9	18 813.5	21 130.5
大豆	1 069.4	229.1	383.4	216.4	208.2	156.9
花生	7 669.9	8 187.4	10 922.2	13 624.5	10 767.8	11 819.3
油菜子	11.2	0.2		560.4	11.0	0.3
食用植物油	48 472.5	44 880.4	59 246.4	49 008.1	36 004.2	42 459.5
豆油	1 432.0	343.7	463.9	2 036.6	1 836.4	4 426.0
菜子油	6.8	1.9	309.9	2 599.6	3 660.7	1 575.9
棕榈油	178.8	667.0	636.0	342.7	1 906.7	
食糖	291 685.2	833 934.4	195 447.7	983 605.8	992 615.5	875 690.1
蔬菜	3 616 870.1	3 802 499.8	3 914 210.0	4 336 813.1	4 388 002.0	5 034 933.5
水果						
苹果	115.3	142.2	252.2	312.0	252.5	304.2
柑橘	413 744.0	462 389.7	511 243.3	530 177.0	504 766.7	495 570.5
苹果汁			12 534.4	10 751.7	11 662.0	13 570.7
柑橘汁			84 202.2	126 366.0	112 161.8	121 583.1
水产品						
畜产品						
猪产品						
牛产品						
羊产品						
家禽产品						
蛋产品						
乳品	32 111.9	31 237.4	32 198.8	34 686.4	38 657.9	64 124.6
动物生皮	1 301.0	1 036.8	1 585.1	978.0	3 020.6	3 634.8
动物生毛皮			26.1	15.5		50.1
羊毛	591.5	567.5	474.3	373.9	417.3	512.4
茶	31 393.0	17 350.8	22 007.2	4 273.4	4 481.5	3 143.3

3-19-4 墨西哥主要农产品进口量（一）

单位：吨

项　目	2000年	2001年	2002年	2003年	2004年
农产品					
谷物	14 590 500.1	16 449 423.9	16 442 385.1	16 362 868.3	15 571 825.3
小麦产品	2 819 627.7	3 415 052.9	3 179 064.6	3 544 000.0	3 634 146.6
玉米产品	5 663 020.5	7 080 692.7	7 605 679.1	8 490 512.9	7 861 714.9
稻谷产品	621 468.7	679 849.7	703 277.7	753 892.4	678 637.4
棉花	462 927.6	435 542.4	490 215.4	459 334.7	417 670.3
食用油籽	4 394 710.1	4 969 045.9	5 530 633.7	5 475 234.7	5 148 029.7
大豆	4 012 713.7	4 538 315.7	4 411 469.0	4 236 594.1	3 596 208.1
花生	80 665.0	84 065.4	94 186.4	78 645.1	100 431.4
油菜子			727 973.6	780 199.0	1 116 273.4
食用植物油	520 091.1	475 548.2	590 080.2	533 998.7	637 329.4
豆油	107 857.2	112 496.3	217 151.2	127 845.1	91 821.8
菜子油			62 355.3	85 213.5	116 489.8
棕榈油	138 894.7	166 725.1	186 575.5	200 785.6	287 745.2
食糖	30 298.7	44 630.6	51 433.6	178 504.5	312 861.1
蔬菜	424 651.1	447 002.7	511 831.2	521 570.8	587 441.6
水果					
苹果	184 450.9	221 121.2	171 719.1	180 774.1	154 050.8
柑橘	45 930.2	37 430.8	41 320.0	51 114.0	26 678.8
苹果汁				8 307.5	9 579.4
柑橘汁	7 798.3			6 185.6	6 618.0
水产品					
畜产品					
猪产品					
牛产品					
羊产品					
家禽产品					
蛋产品					
乳品	369 170.7	436 339.0	440 881.7	465 345.9	529 250.4
动物生皮	131 919.7	114 758.5	94 653.9	104 071.6	99 550.0
动物生毛皮	20.4	22.2	12.2	10.2	3.5
羊毛	4 297.5	3 184.5	2 874.4	2 112.9	2 533.4
茶	1 262.1	1 677.8	2 096.7	2 324.5	2 954.3

墨西哥主要农产品进口量（二）

单位：吨

项 目	2005 年	2006 年	2007 年	2008 年	2009 年	2010 年
农产品						
谷物	16 281 255.2	18 098 662.6	17 144 138.8		13 853 899.8	14 980 730.7
小麦产品	3 767 532.8	3 502 288.2	3 313 562.9		2 832 745.7	3 571 756.8
玉米产品	8 543 054.2	10 863 842.3	10 822 330.1	9 359 102.0	7 458 863.4	8 091 735.1
稻谷产品	727 886.4	807 140.6	828 378.7	802 953.6	826 254.5	847 416.9
棉花	404 661.3	401 864.1	357 809.9	353 992.7	308 621.1	335 106.2
食用油籽	5 477 631.4	5 954 393.8	5 695 775.0	5 703 784.3	5 253 111.8	6 029 042.9
大豆	3 963 985.0	4 235 841.0	4 109 773.5	4 015 130.1	3 852 038.1	4 257 001.0
花生	103 406.5	105 349.2	116 284.3	107 696.3	112 218.8	117 925.8
油菜子	1 059 322.8	1 207 040.7	1 128 545.0	1 337 182.3	1 155 936.2	1 442 636.3
食用植物油	667 627.0	597 158.1	615 997.4	645 603.6	610 244.9	633 953.5
豆油	161 304.5	108 331.9	159 221.7	214 042.5	174 723.0	195 849.0
菜子油	77 589.7	61 413.2	37 077.6	47 304.1	17 846.2	14 344.9
棕榈油	280 702.5	335 663.1	302 411.4	326 571.5	359 556.6	370 312.1
食糖	127 964.5	467 221.7	266 913.3	181 279.8	580 691.9	9 729 297.6
蔬菜	623 806.0	691 123.3	635 120.3	658 555.0	570 784.7	600 053.2
水果						
苹果	195 171.7	204 400.4	219 814.5	188 423.4	222 208.6	221 300.9
柑橘	39 823.3	30 013.0	31 661.2	35 295.8	21 215.8	34 079.3
苹果汁			12 276.1	13 253.5	8 282.9	12 224.9
柑橘汁			7 963.4	6 511.3	4 999.1	4 896.0
水产品						
畜产品						
猪产品						
牛产品						
羊产品						
家禽产品						
蛋产品						
乳品	549 025.6	469 540.1	574 343.5	467 529.5	480 102.5	439 126.2
动物生皮	106 258.5	113 597.9	102 289.7	95 104.1	112 739.4	109 947.4
动物生毛皮	6.9	1.4	0.6	0.2	0.3	3.5
羊毛	2 914.0	2 862.6	2 450.1	2 579.5	2 023.0	2 098.7
茶	2 950.7	2 357.3	2 888.7	3 478.4	2 610.8	2 690.2

3－20 巴西主要农产品贸易情况

3－20－1 巴西主要农产品出口额（一）

单位：万美元

项 目	2000年	2001年	2002年	2003年	2004年
农产品	1 316 932.4	1 660 130.3	1 744 776.0	2 174 457.1	2 839 429.5
谷物	1 962.1	51 324.1	27 959.7	42 557.6	83 642.4
小麦产品	54.6	60.4	117.6	826.7	20 840.4
玉米产品	1 208.3	49 946.2	27 115.1	38 172.5	60 502.7
稻谷产品	657.6	558.0	616.4	505.7	780.0
棉花	3 597.1	16 418.9	9 771.9	19 481.9	41 250.0
食用油籽	218 986.8	273 114.5	303 735.6	430 277.4	543 711.0
大豆	218 788.7	272 550.9	303 207.8	429 058.9	539 497.9
花生	136.3	469.8	410.4	1 017.6	2 892.6
油菜子					24.0
食用植物油	37 771.4	53 246.5	81 521.9	127 196.3	145 122.4
豆油	35 903.1	50 588.2	77 805.8	123 255.0	138 209.4
菜子油			16.2	70.4	52.9
棕榈油	819.8	739.1	273.4	52.1	677.8
食糖	119 911.1	227 906.0	209 364.4	214 002.2	264 022.9
蔬菜	12 928.6	12 650.2	11 231.9	11 018.1	12 631.8
水果	129 001.5	112 819.8	129 725.2	151 972.8	141 949.2
苹果	3 075.7	1 813.9	3 140.3	3 783.7	7 255.0
柑橘	2 497.7	4 225.0	2 528.2	3 694.2	4 853.7
苹果汁			1 667.9	1 302.1	2 059.6
柑橘汁	103 364.6	84 509.5	104 564.4	119 848.8	106 617.3
水产品	26 698.3	30 248.3	35 712.1	43 277.8	44 261.0
畜产品	201 757.3	301 999.5	331 630.8	435 437.6	651 682.9
猪产品	17 896.6	37 017.9	48 220.1	54 335.0	76 662.0
牛产品	78 628.1	102 255.4	110 731.3	154 666.5	249 485.5
羊产品	3.1	5.0	2.7	5.5	0.3
家禽产品	90 778.3	144 261.7	150 061.9	196 154.7	282 210.4
蛋产品	1 092.8	1 480.9	965.5	1 102.4	1 943.3
乳品	1 340.1	2 505.0	4 031.8	4 853.2	9 542.6
动物生皮	143.3	559.7	493.3	274.6	239.4
动物生毛皮	14.1	4.2	0.7	0.7	6.2
羊毛	276.2	555.1	636.8	767.5	646.5
茶	3 486.4	3 484.3	2 673.4	2 214.6	2 374.7

巴西主要农产品出口额（二）

单位：万美元

项　目	2005 年	2006 年	2007 年	2008 年	2009 年	2010 年
农产品	3 225 941.9	3 698 532.5	4 494 858.8	5 841 884.7	5 487 858.5	6 380 748.8
谷物	20 928.8	62 526.5	207 367.2	197 628.9	167 953.2	264 141.4
小麦产品	1 518.8	6 509.7	3 090.8	20 580.3	6 339.8	22 750.7
玉米产品	13 348.1	49 811.3	194 769.4	144 654.9	134 459.0	224 870.2
稻谷产品	5 694.0	5 998.1	5 364.2	31 294.3	26 826.4	16 317.5
棉花	45 779.3	35 153.6	51 222.0	70 856.1	69 734.3	83 514.3
食用油籽	538 663.3	569 551.5	674 475.5	1 101 378.8	1 149 683.4	1 110 107.7
大豆	534 566.2	566 404.9	671 114.3	1 095 282.3	1 142 441.9	1 104 303.6
花生	3 685.6	3 110.0	2 955.5	5 619.7	5 248.7	5 346.3
油菜子	57.2		0.6			0.8
食用植物油	136 193.3	128 914.7	177 897.0	279 791.0	132 116.8	142 926.8
豆油	126 663.8	122 863.8	171 971.0	267 068.9	123 392.5	135 242.9
菜子油	273.2	41.8	84.9	551.1	247.6	241.6
棕榈油	1 740.6	1 099.3	225.9	725.7	1 600.4	1 485.2
食糖	391 885.0	616 701.5	510 053.0	548 303.7	837 782.8	1 276 173.1
蔬菜	12 483.7	14 091.7	21 200.8	19 162.1	17 412.5	17 884.5
水果	150 831.8	190 305.5	280 734.4	259 466.7	200 676.4	218 249.3
苹果	4 577.2	3 191.9	6 861.8	8 092.9	5 632.8	5 536.6
柑橘	4 205.0	5 575.5	6 554.3	7 428.2	5 873.8	6 886.8
苹果汁	2 460.4	1 958.2	2 962.3	3 629.8	1 944.3	3 291.7
柑橘汁	111 493.5	147 836.8	226 682.0	201 797.7	163 432.1	179 387.1
水产品	42 630.7	39 732.7	35 533.0	37 115.5	24 995.5	26 652.8
畜产品	850 574.6	901 217.8	1 203 653.6	1 572 342.7	1 265 969.6	1 479 015.8
猪产品	115 430.7	102 246.2	121 010.2	144 824.8	120 518.8	132 223.6
牛产品	304 592.3	396 334.2	461 874.8	547 124.1	433 325.6	522 294.2
羊产品	11.4	3.5	19.8	112.5	44.1	12.8
家禽产品	377 819.8	348 174.7	503 413.6	694 039.5	572 175.9	672 467.0
蛋产品	2 981.0	2 762.7	4 945.4	9 164.9	8 209.8	10 992.9
乳品	13 012.7	13 853.5	27 328.7	50 926.8	14 779.4	13 164.6
动物生皮	526.3	300.2	165.3	251.2	172.0	596.6
动物生毛皮	18.8	34.9	46.6	96.4	48.3	84.1
羊毛	647.1	850.1	1 002.3	986.8	1 649.1	1 984.0
茶	3 167.0	3 833.2	4 477.1	5 524.7	5 189.5	6 237.0

3-20-2 巴西主要农产品进口额（一）

单位：万美元

项 目	2000年	2001年	2002年	2003年	2004年
农产品	429 396.5	359 441.9	351 979.3	380 042.0	353 455.9
谷物	127 815.0	115 451.2	108 640.4	144 328.6	105 618.3
小麦产品	90 508.2	90 724.7	89 778.7	101 931.4	74 208.5
玉米产品	17 878.1	6 205.5	3 476.6	7 061.6	3 448.5
稻谷产品	13 309.7	13 613.8	11 393.0	29 978.5	23 577.9
棉花	32 605.0	9 743.8	6 482.6	13 509.8	16 321.6
食用油籽	14 318.2	14 321.0	18 077.1	23 937.7	8 163.6
大豆	13 295.8	13 787.4	17 483.4	23 134.9	7 307.9
花生	411.1	97.0	130.2	94.1	122.3
油菜子			51.2	75.7	202.5
食用植物油	15 144.6	11 338.8	14 003.5	11 770.1	12 984.6
豆油	3 468.3	2 234.4	5 271.1	1 822.2	1 594.4
菜子油			908.7	584.8	707.8
棕榈油	571.6	409.6	297.0	1 012.6	1 063.7
食糖	3.4	2.7	2.9	2.6	11.8
蔬菜	25 477.0	23 365.2	20 814.6	18 524.0	23 639.5
水果	18 674.8	17 378.8	13 533.1	11 501.1	14 080.6
苹果	2 113.4	2 923.2	1 795.7	1 576.4	1 764.1
柑橘	80.7	73.5	92.3	62.5	49.4
苹果汁			2.5	0.5	0.7
柑橘汁	19.1	3.3	44.6	4.6	13.2
水产品	31 841.7	28 340.4	24 292.3	23 649.7	28 610.9
畜产品	61 463.0	32 466.4	42 611.5	26 253.1	25 951.0
猪产品	224.1	150.6	141.6	120.4	145.1
牛产品	12 821.5	6 488.5	8 395.8	6 609.5	7 628.7
羊产品	1 586.4	700.6	579.7	618.4	622.9
家禽产品	1 401.3	1 318.7	1 615.9	726.9	421.5
蛋产品	478.3	393.5	886.2	735.9	1 194.6
乳品	37 318.9	17 863.7	24 755.7	11 229.2	8 392.3
动物生皮	497.9	307.7	1 360.4	1 183.0	859.8
动物生毛皮	1.6	3.4	1.3	0.4	1.6
羊毛	120.3	49.4	32.2	55.2	85.1
茶	564.2	550.6	403.3	223.5	299.0

巴西主要农产品进口额（二）

单位：万美元

项 目	2005 年	2006 年	2007 年	2008 年	2009 年	2010 年
农产品	359 766.4	458 931.4	615 377.8	822 151.3	726 977.6	909 558.9
谷物	89 048.7	132 203.8	200 838.4	267 480.0	197 279.8	229 043.0
小麦产品	65 981.6	102 373.6	157 413.9	217 849.0	141 125.6	175 457.3
玉米产品	5 878.5	8 090.1	13 338.0	14 996.5	16 282.7	7 630.5
稻谷产品	12 949.9	17 468.8	23 677.6	22 687.2	27 272.8	37 685.9
棉花	4 261.1	10 177.4	12 740.6	5 651.0	2 038.6	7 012.2
食用油籽	7 969.9	2 105.6	4 382.5	6 225.3	5 900.0	7 359.0
大豆	6 881.6	978.2	2 951.3	4 010.9	3 809.7	4 355.9
花生	80.4	205.4	171.8	62.2	17.9	31.1
油菜子	393.9	557.0	512.7	857.0	426.1	1 168.2
食用植物油	14 165.9	20 846.7	31 622.2	49 420.3	36 093.0	42 143.9
豆油	215.6	1 165.3	4 314.8	2 918.0	2 135.6	1 393.7
菜子油	524.0	466.7	980.0	2 257.7	948.1	762.7
棕榈油	1 514.9	3 753.9	6 555.9	17 193.9	9 188.3	12 481.6
食糖	4.3	8.3	13.8	21.4	20.3	35.0
蔬菜	28 855.2	32 564.1	41 949.2	53 454.8	54 508.6	92 624.0
水果	19 823.4	26 944.9	31 831.8	37 791.7	41 325.5	53 988.5
苹果	3 004.4	4 140.4	4 254.7	4 811.9	4 618.7	6 004.7
柑橘	140.1	136.3	253.2	208.0	400.0	942.1
苹果汁	2.8	3.2	2.4	4.6	4.5	14.0
柑橘汁	11.0	11.7	30.3	6.4	10.0	526.3
水产品	33 424.2	48 527.6	60 792.5	73 084.7	75 799.8	105 336.2
畜产品	32 404.1	34 713.5	42 077.1	61 288.7	63 224.3	75 273.7
猪产品	167.2	222.6	279.5	366.1	399.3	644.4
牛产品	8 579.6	6 800.9	10 386.3	14 806.7	13 653.8	17 393.6
羊产品	1 115.0	1 503.7	1 851.6	2 412.5	2 249.6	3 501.6
家禽产品	533.6	136.3	190.3	769.5	1 188.0	510.9
蛋产品	1 635.9	1 608.1	2 156.0	1 996.0	1 117.8	2 059.4
乳品	12 119.3	15 468.9	15 083.4	21 159.4	26 194.3	32 697.9
动物生皮	1 038.8	688.6	737.5	742.9	469.6	713.4
动物生毛皮	1.7		2.0	2.5	0.1	0.9
羊毛	88.7	104.4	122.9	105.2	98.1	115.9
茶	410.1	589.6	906.9	953.7	814.8	1 033.7

3-20-3 巴西主要农产品出口量（一）

单位：吨

项　目	2000年	2001年	2002年	2003年	2004年
农产品					
谷物	47 016.5	5 748 701.1	2 811 708.0	3 977 169.9	6 567 119.6
小麦产品	1 918.4	2 179.0	3 805.3	52 314.1	1 324 956.2
玉米产品	17 394.6	5 639 337.4	2 766 141.3	3 601 143.9	5 069 136.8
稻谷产品	26 547.3	22 232.0	30 368.9	20 000.5	37 003.0
棉花	41 676.7	171 139.7	120 909.0	197 138.5	348 343.7
食用油籽	11 520 082.5	15 690 855.8	15 979 777.0	19 909 015.4	19 395 383.4
大豆	11 517 284.0	15 675 547.1	15 970 260.9	19 890 855.9	19 247 860.7
花生	1 392.5	7 504.3	6 786.6	14 222.1	41 139.1
油菜子					26.0
食用植物油	1 134 711.0	1 737 968.5	2 025 919.4	2 554 085.6	2 630 289.7
豆油	1 072 994.0	1 651 525.4	1 934 387.0	2 485 986.8	2 517 243.8
菜子油			156.8	557.4	418.6
棕榈油	31 143.9	29 215.7	7 311.1	639.5	13 669.0
食糖	6 502 373.1	11 173 215.3	13 354 331.5	12 914 409.8	15 763 929.3
蔬菜	139 777.3	169 397.5	123 691.9	120 517.8	120 752.0
水果					
苹果	64 480.2	35 786.1	65 927.3	76 467.2	153 043.4
柑橘	96 141.1	172 225.6	82 390.5	120 823.1	145 656.9
苹果汁			21 232.0	20 663.4	31 538.2
柑橘汁	1 276 820.4	1 348 195.7	1 335 731.8	1 597 774.7	1 594 605.9
水产品					
畜产品					
猪产品					
牛产品					
羊产品					
家禽产品					
蛋产品					
乳品	8 935.0	19 375.3	40 167.5	44 459.3	68 254.6
动物生皮	3 035.7	7 060.8	6 661.6	4 673.3	3 787.0
动物生毛皮	0.5	0.2			0.9
羊毛	2 578.8	4 940.7	3 863.9	3 751.0	2 855.8
茶	30 305.6	30 908.3	29 548.2	30 036.7	32 211.8

巴西主要农产品出口量（二）

单位：吨

项　目	2005年	2006年	2007年	2008年	2009年	2010年
农产品						
谷物	1 587 406.2	4 956 913.6	11 577 227.2	7 750 270.7	8 901 862.7	12 677 133.6
小麦产品	157 513.4	652 997.6	105 383.6	645 825.1	385 612.3	1 325 466.5
玉米产品	1 130 958.9	4 010 704.0	11 040 919.4	6 543 220.1	7 902 095.6	10 915 592.8
稻谷产品	272 665.1	290 607.1	202 213.7	520 295.7	603 352.6	430 855.2
棉花	410 300.8	341 704.7	435 933.8	559 420.9	541 631.7	529 953.6
食用油籽	22 516 530.1	25 011 710.7	23 781 453.9	24 560 742.4	28 692 913.2	29 131 415.2
大豆	22 436 508.0	24 959 300.8	23 736 795.3	24 500 302.3	28 562 884.2	29 073 196.2
花生	61 697.1	52 115.0	34 531.9	46 455.1	54 964.6	53 973.9
油菜子	62.5		2.0			14.0
食用植物油	2 872 419.3	2 524 375.9	2 411 993.3	2 398 627.6	1 695 743.2	1 638 123.0
豆油	2 697 054.3	2 419 377.9	2 342 541.3	2 315 837.4	1 593 649.0	1 563 760.7
菜子油	3 868.3	331.2	521.7	2 202.5	1 060.5	1 169.4
棕榈油	44 869.4	24 741.5	2 402.8	8 951.7	24 595.4	16 523.7
食糖	18 147 063.1	18 870 166.8	19 359 021.2	19 472 520.4	24 294 097.8	27 999 859.4
蔬菜	111 158.2	95 434.9	173 910.3	99 240.0	98 255.4	85 315.2
水果						
苹果	99 332.8	57 153.3	112 075.6	112 249.6	98 264.0	90 839.4
柑橘	87 464.9	112 367.2	114 167.7	105 397.1	96 987.1	102 932.1
苹果汁	33 795.8	22 641.8	30 134.4	30 661.8	22 069.5	38 405.6
柑橘汁	1 783 044.1	1 782 788.9	2 080 167.3	2 072 927.7	2 080 410.9	1 986 922.8
水产品						
畜产品						
猪产品						
牛产品						
羊产品						
家禽产品						
蛋产品						
乳品	78 375.7	89 058.2	96 578.5	142 347.3	64 419.1	53 569.3
动物生皮	6 785.3	5 209.6	1 226.9	1 932.0	2 408.1	6 531.9
动物生毛皮	0.8	1.0	1.3	1.4	1.0	1.8
羊毛	3 026.7	5 422.6	4 862.4	4 589.9	8 731.0	7 651.7
茶	34 878.0	34 905.5	34 496.7	34 798.1	33 509.1	35 912.9

3-20-4 巴西主要农产品进口量（一）

单位：吨

项 目	2000年	2001年	2002年	2003年	2004年
农产品					
谷物	10 799 145.1	8 888 886.9	7 848 942.9	9 032 745.8	6 373 540.8
小麦产品	7 735 766.8	7 188 239.9	6 676 504.7	6 649 106.7	4 895 028.3
玉米产品	1 770 543.4	624 374.6	345 270.7	797 692.9	330 510.5
稻谷产品	729 586.3	775 900.2	639 411.8	1 293 770.2	926 799.3
棉花	306 410.1	85 783.3	68 154.8	121 096.9	108 191.7
食用油籽	825 714.8	862 429.2	1 055 324.3	1 219 110.4	366 700.8
大豆	807 515.9	849 731.0	1 045 292.1	1 189 327.4	348 398.0
花生	5 713.8	986.8	2 247.8	1 256.7	1 368.8
油菜子			358.0	2 503.6	7 113.2
食用植物油	223 891.4	165 898.9	209 304.7	123 398.2	97 840.0
豆油	105 439.8	72 551.1	133 818.2	36 434.7	26 906.9
菜子油			18 742.3	9 976.0	10 330.7
棕榈油	20 503.9	19 402.7	9 269.0	24 375.1	21 093.7
食糖	26.7	15.6	22.2	5.5	255.7
蔬菜	349 845.1	385 215.9	372 665.9	427 560.2	487 656.4
水果					
苹果	43 650.8	48 981.0	53 486.7	42 362.9	42 478.4
柑橘	1 863.1	2 022.5	3 355.6	2 075.0	1 674.6
苹果汁			37.3	9.1	11.7
柑橘汁	339.3	50.7	318.6	48.2	152.8
水产品					
畜产品					
猪产品					
牛产品					
羊产品					
家禽产品					
蛋产品					
乳品	307 117.6	141 213.7	215 332.0	83 556.7	55 886.1
动物生皮	5 004.6	2 401.5	9 430.8	7 347.5	7 335.4
动物生毛皮	0.6	14.7	1.9		1.9
羊毛	870.5	383.4	278.4	309.2	497.1
茶	13 721.3	12 854.4	12 108.2	8 004.8	3 325.1

巴西主要农产品进口量（二）

单位：吨

项 目	2005 年	2006 年	2007 年	2008 年	2009 年	2010 年
农产品						
谷物	6 431 861.1	8 526 663.2	9 377 335.7	8 258 675.2	8 392 198.7	8 553 355.8
小麦产品	5 031 702.0	6 679 166.3	7 278 759.0	6 728 571.4	6 096 472.3	6 976 550.3
玉米产品	596 098.9	956 612.0	1 096 142.1	770 462.2	1 138 297.2	463 144.8
稻谷产品	532 537.1	652 957.9	721 064.2	447 192.9	674 474.4	783 639.2
棉花	41 059.3	83 755.9	100 396.4	34 987.5	15 085.5	40 844.5
食用油籽	393 653.6	82 226.9	123 496.4	122 948.4	125 925.1	167 824.9
大豆	367 784.8	48 865.9	97 936.0	96 286.5	99 416.3	117 840.2
花生	875.3	2 395.0	1 609.8	452.5	110.3	219.7
油菜子	18 439.1	26 975.1	17 668.3	18 283.8	12 343.8	31 451.2
食用植物油	92 322.4	160 951.3	215 130.8	267 516.5	234 457.5	271 663.1
豆油	3 185.4	25 364.6	44 049.7	27 421.6	27 409.1	16 255.3
菜子油	9 136.7	7 275.2	11 658.9	17 057.3	10 412.7	8 883.4
棕榈油	39 293.4	86 743.5	98 607.5	158 368.7	128 293.1	155 812.8
食糖	8.0	28.2	63.5	94.6	51.4	35.8
蔬菜	516 538.2	541 700.2	523 769.2	621 871.8	631 789.4	857 327.4
水果						
苹果	67 510.1	77 741.1	68 574.1	55 041.9	61 343.1	76 879.1
柑橘	4 594.0	2 835.3	4 605.6	2 545.1	4 459.7	11 002.3
苹果汁	31.4	74.9	41.0	77.2	62.0	158.0
柑橘汁	136.2	202.0	278.7	82.3	97.2	19 886.0
水产品						
畜产品						
猪产品						
牛产品						
羊产品						
家禽产品						
蛋产品						
乳品	72 821.1	94 043.0	63 621.3	77 481.5	131 984.6	112 021.2
动物生皮	6 898.8	6 919.9	6 569.6	4 694.3	3 150.0	4 280.8
动物生毛皮	1.9		1.7	2.1	0.5	2.8
羊毛	484.6	541.4	576.3	474.5	380.6	363.6
茶	2 803.2	4 691.4	6 952.2	5 985.8	4 463.8	6 781.8

3-21 阿根廷主要农产品贸易情况

3-21-1 阿根廷主要农产品出口额（一）

单位：万美元

项　目	2000年	2001年	2002年	2003年	2004年
农产品	1 176 548.9	1 206 012.2	1 197 838.0	1 490 053.3	1 677 153.8
谷物	249 277.6	251 674.2	216 737.0	231 964.4	270 426.6
小麦产品	128 472.4	137 017.3	113 205.6	94 632.1	137 460.2
玉米产品	102 695.2	99 446.5	93 032.6	124 177.7	119 999.4
稻谷产品	10 369.8	7 660.5	4 764.2	5 658.9	7 394.7
棉花	5 536.6	7 553.7	1 308.9	490.1	1 430.1
食用油籽	103 784.8	144 691.3	133 443.3	206 073.1	191 487.2
大豆	77 838.3	124 444.2	111 877.3	184 034.0	174 014.3
花生	18 929.6	16 996.0	12 089.5	14 919.4	14 419.1
油菜子			3.4	8.4	3.2
食用植物油	159 222.8	153 435.6	195 660.8	271 601.0	298 433.6
豆油	94 218.3	105 550.5	134 550.5	208 340.0	233 574.9
菜子油			59.3	111.7	402.1
棕榈油		0.2			
食糖	4 942.7	3 665.5	6 173.1	3 957.6	4 839.7
蔬菜	21 085.3	19 783.1	15 791.4	18 497.3	24 495.1
水果	62 608.2	71 879.5	48 523.3	59 573.4	66 851.9
苹果	5 426.5	9 684.7	6 319.2	8 198.7	9 066.9
柑橘	13 263.7	18 183.0	12 893.1	18 154.7	21 229.6
苹果汁			2 917.7	4 911.0	4 204.8
柑橘汁	133.2	186.3	4 771.7	3 846.8	4 148.9
水产品	84 311.8	95 570.0	73 152.7	89 225.0	82 060.0
畜产品	132 341.8	82 628.2	108 379.8	127 347.4	201 186.2
猪产品	16.7	11.2	16.5	28.4	41.5
牛产品	69 881.8	26 139.8	48 453.3	62 084.8	106 008.5
羊产品	397.7	197.8	401.8	1 115.5	1 965.2
家禽产品	1 618.3	1 984.8	2 282.0	4 014.4	6 549.5
蛋产品	53.1	154.0	195.3	250.1	940.1
乳品	32 074.0	28 251.1	29 981.5	27 083.5	52 139.5
动物生皮	366.5	1 363.3	426.3	413.8	494.4
动物生毛皮	102.4	113.9	65.6	61.7	67.3
羊毛	6 130.9	4 829.0	5 338.1	5 780.8	6 339.9
茶	6 396.2	6 526.6	5 947.2	5 298.2	5 941.0

阿根廷主要农产品出口额（二）

单位：万美元

项　目	2005 年	2006 年	2007 年	2008 年	2009 年	2010 年
农产品	1 896 464.6	2 109 562.0	2 859 672.3	3 733 596.3	2 808 750.4	
谷物	282 321.2	300 126.0	492 724.8	724 156.8	354 774.3	
小麦产品	128 650.8	151 090.1	227 068.1	299 174.1	130 358.7	
玉米产品	137 555.1	127 070.8	226 304.9	355 079.5	164 057.3	
稻谷产品	9 011.9	13 605.1	14 858.1	23 710.5	27 251.1	
棉花	2 831.7	551.7	1 242.5	354.7	1 873.8	
食用油籽	254 173.5	210 368.6	390 341.9	516 813.4	220 150.4	
大豆	229 569.0	177 917.9	343 530.5	458 326.6	167 517.6	
花生	18 396.0	28 578.1	40 732.0	50 833.3	41 252.7	
油菜子	15.0	21.6	352.8	209.5	680.8	
食用植物油	311 632.5	364 200.2	519 563.6	659 976.6	419 636.2	
豆油	224 701.0	278 959.8	441 905.0	489 592.9	326 121.0	
菜子油	401.5	252.3	0.9	841.1	1 478.8	
棕榈油					0.6	
食糖	12 451.7	24 236.9	11 012.5	13 493.0	30 368.1	
蔬菜	27 734.5	33 970.5	42 755.8	48 034.3	43 626.7	
水果	85 237.5	95 173.2	117 116.4	153 215.2	116 991.3	
苹果	12 526.6	11 665.0	15 840.8	17 539.6	14 635.2	
柑橘	24 774.1	23 464.5	32 574.0	55 338.4	30 294.5	
苹果汁	4 679.6	5 415.2	6 382.0	7 256.2	4 144.4	
柑橘汁	5 064.9	5 290.7	6 136.5	10 341.2	13 447.2	
水产品	81 678.5	125 325.9	111 270.6	131 691.1	113 703.6	
畜产品	252 923.4	269 574.8	283 963.9	344 825.3	334 042.4	
猪产品	71.4	105.7	144.1	363.3	368.5	
牛产品	140 314.5	135 812.0	149 215.0	173 438.5	188 669.2	
羊产品	2 760.4	2 333.6	1 779.1	2 247.0	2 722.6	
家禽产品	12 130.4	12 687.1	20 073.0	29 849.7	27 554.4	
蛋产品	949.4	1 059.6	1 470.0	2 064.8	1 222.3	
乳品	59 766.7	76 743.0	63 600.6	81 304.1	63 646.3	
动物生皮	324.3	311.3	575.6	281.2	1 099.8	
动物生毛皮	141.6	157.2	241.7	355.0	131.4	
羊毛	5 516.2	5 464.8	9 467.3	7 052.7	4 578.5	
茶	6 664.9	7 685.3	8 694.8	9 899.5	11 152.4	

3-21-2 阿根廷主要农产品进口额（一）

单位：万美元

项　目	2000年	2001年	2002年	2003年	2004年
农产品	145 908.4	133 399.2	53 981.2	78 431.5	94 268.9
谷物	2 469.4	1 250.5	925.7	1 383.4	1 317.7
小麦产品	58.1	51.5	36.8	173.8	69.4
玉米产品	1 443.4	846.3	547.1	488.1	459.1
稻谷产品	401.8	325.5	258.7	514.2	347.1
棉花	979.4	411.4	2 262.8	6 925.0	4 108.2
食用油籽	5 942.8	6 268.9	4 947.0	7 694.3	15 925.2
大豆	4 516.8	5 873.2	4 575.5	7 070.1	14 851.3
花生	95.9	53.5	12.9	40.0	20.8
油菜子			0.6	1.9	4.8
食用植物油	2 152.9	1 077.1	116.6	222.8	701.1
豆油	0.3	0.3	6.1	0.7	
菜子油			22.6	26.7	40.4
棕榈油	8.9	0.3	11.4	2.0	23.5
食糖	36.6	40.9	41.8	113.3	162.9
蔬菜	11 039.3	9 966.6	3 475.4	3 312.7	3 092.2
水果	22 027.6	18 252.9	5 283.9	7 116.4	8 907.7
苹果	705.7	216.3	17.9	26.5	18.5
柑橘	1 116.0	694.2	63.9	81.1	77.0
苹果汁			19.7	40.4	72.4
柑橘汁	1 119.3	793.1	115.9	240.0	274.2
水产品	8 855.0	7 972.2	1 645.1	3 160.8	4 895.2
畜产品	26 529.3	23 001.6	6 497.9	12 678.3	11 430.3
猪产品	10 776.3	9 117.8	1 447.1	4 527.6	4 804.8
牛产品	3 020.4	2 402.1	703.7	724.4	357.1
羊产品	314.3	192.4	43.2	33.7	45.4
家禽产品	5 185.9	3 463.4	340.6	1 118.6	792.5
蛋产品	589.8	755.0	29.5	47.6	70.9
乳品	2 790.3	3 146.6	1 190.6	1 930.1	1 429.2
动物生皮	179.2	423.7	229.1	115.7	350.5
动物生毛皮	41.6	36.9	20.8	4.0	4.3
羊毛	42.5	89.3	79.6	152.1	285.2
茶	300.6	255.4	69.6	100.6	103.1

阿根廷主要农产品进口额（二）

单位：万美元

项　目	2005年	2006年	2007年	2008年	2009年	2010年
农产品	101 153.2	113 482.6	192 097.0	291 788.1	173 398.1	
谷物	1 023.3	1 096.5	2 491.3	3 351.8	2 298.8	
小麦产品	11.4	3.9	36.6	31.1	53.7	
玉米产品	569.9	756.0	1 743.2	2 463.6	1 431.3	
稻谷产品	252.1	203.9	440.9	591.9	479.0	
棉花	2 470.1	5 542.3	4 408.5	6 051.4	2 267.9	
食用油籽	15 987.8	16 397.0	66 133.4	136 938.4	37 190.4	
大豆	15 634.3	15 597.2	64 675.8	134 344.2	30 641.0	
花生	15.4	13.7	18.3	26.0	12.2	
油菜子	2.4	7.0	35.1	49.9	6.9	
食用植物油	449.7	340.7	689.2	769.6	579.8	
豆油	8.1	0.2	0.2	9.7	0.2	
菜子油	50.3	139.3	156.4	354.5	230.3	
棕榈油	74.7	78.6	133.2	281.8	219.1	
食糖	64.9	5.4	43.0	853.1	101.8	
蔬菜	3 145.0	4 027.5	8 125.9	9 055.8	6 664.3	
水果	9 076.5	9 622.9	14 676.3	17 717.3	17 285.6	
苹果	3.9	8.4	1.8	62.5	97.5	
柑橘	51.7	90.1	133.8	272.5	462.8	
苹果汁	61.5	35.1	37.7	18.0	1.8	
柑橘汁	158.0	178.9	1 269.3	792.5	555.0	
水产品	6 514.0	8 088.9	10 556.5	10 634.3	10 439.3	
畜产品	11 898.3	12 193.5	16 215.8	20 179.7	16 516.1	
猪产品	4 114.8	4 214.6	6 051.5	7 584.7	7 045.5	
牛产品	465.2	609.7	623.9	680.2	557.2	
羊产品	114.5	63.0	38.9	16.0	22.1	
家禽产品	1 200.4	1 272.5	1 957.2	2 358.2	2 172.2	
蛋产品	14.0	2.4	3.8	44.8	27.6	
乳品	1 825.6	1 130.6	1 756.0	1 998.9	1 749.6	
动物生皮	347.2	804.8	413.3	450.0	323.0	
动物生毛皮	58.6	67.1	55.3	62.3	13.0	
羊毛	163.8	333.6	584.4	286.1	196.2	
茶	137.5	154.1	231.1	266.2	144.2	

3-21-3 阿根廷主要农产品出口量（一）

单位：吨

项 目	2000年	2001年	2002年	2003年	2004年
农产品					
谷物	23 759 461.0	23 221 580.1	19 585 329.3	19 058 015.4	21 410 600.4
小麦产品	11 400 522.3	11 160 570.1	9 239 549.8	6 191 099.7	10 011 276.2
玉米产品	10 953 585.1	10 936 583.0	9 512 350.0	11 945 396.4	10 721 846.6
稻谷产品	537 765.5	422 981.7	275 282.1	192 340.7	274 377.3
棉花	56 783.5	93 393.8	20 196.4	6 230.0	12 444.5
食用油籽	4 695 832.2	7 693 254.8	6 713 688.5	9 157 516.2	6 760 909.3
大豆	4 130 341.7	7 364 719.9	6 163 409.5	8 709 600.0	6 519 849.5
花生	251 305.3	223 695.0	198 120.3	207 815.6	176 315.9
油菜子			123.6	312.2	56.5
食用植物油	4 654 237.8		4 532 528.0	5 284 811.4	5 347 117.3
豆油	2 976 761.2	3 338 140.3	3 399 698.8	4 188 075.5	4 340 966.1
菜子油			1 412.6	1 562.5	5 304.0
棕榈油		0.4			
食糖	191 043.0	119 255.1	276 165.0	168 744.3	213 841.5
蔬菜	320 605.5	338 104.6		461 904.7	530 998.2
水果					
苹果	95 924.7	194 489.7	165 943.9	200 430.8	206 040.9
柑橘	286 536.7	412 300.3	421 534.8	487 121.3	548 976.1
苹果汁			42 578.5	63 812.4	44 307.8
柑橘汁	1 258.3	2 270.3	52 905.4	43 771.3	46 133.3
水产品					
畜产品					
猪产品					
牛产品					
羊产品					
家禽产品					
蛋产品					
乳品	191 881.7	149 307.8	214 290.4	154 741.3	262 432.5
动物生皮	2 483.0	7 404.8	3 898.9	3 345.3	3 918.5
动物生毛皮	206.1	167.5	134.7	143.0	175.1
羊毛	27 622.9	24 006.6	26 174.6	23 650.0	24 597.3
茶	90 049.1	94 410.8	96 186.7	98 331.6	98 204.6

阿根廷主要农产品出口量（二）

单位：吨

项　目	2005 年	2006 年	2007 年	2008 年	2009 年	2010 年
农产品						
谷物	26 163 109.0	21 426 108.6	27 631 375.6	27 806 130.1	17 507 597.7	
小麦产品	10 451 807.2	9 861 301.4	10 532 815.7	9 768 024.7	6 079 658.5	
玉米产品	14 682 888.6	10 431 487.8	15 026 034.6	15 454 203.5	8 694 104.1	
稻谷产品	363 607.4	507 795.2	452 470.0	425 743.2	636 700.1	
棉花	32 842.0	6 188.1	12 385.2	3 024.5	17 754.0	
食用油籽	10 350 724.8	8 343 321.9	12 381 600.4	12 207 448.6	4 850 335.9	
大豆	9 962 127.9	7 872 958.8	11 842 805.2	11 733 589.9	4 291 731.7	
花生	262 999.1	404 937.1	432 625.1	407 719.9	449 242.7	
油菜子	148.4	31.3	11 849.7	3 998.4	20 882.1	
食用植物油	6 184 257.8	7 106 950.3	7 356 059.4	6 192 537.1	5 549 375.9	
豆油	4 850 818.7	5 741 989.2	6 403 549.8	4 944 193.6	4 439 404.4	
菜子油	7 191.7	4 442.9	3.7	6 749.2	17 983.2	
棕榈油					1.8	
食糖	520 564.1	695 408.0	344 871.4	395 099.2	780 065.4	
蔬菜	524 024.0	614 819.5	607 976.4		567 583.3	
水果						
苹果	273 623.7	237 300.5	283 210.5	235 861.5	207 195.5	
柑橘	644 565.8	593 341.4	676 091.3	686 796.7	518 495.1	
苹果汁	65 123.9	60 829.1	58 226.7	43 000.3	42 229.3	
柑橘汁	65 601.5	61 761.7	55 070.4	50 687.7	59 906.5	
水产品						
畜产品						
猪产品						
牛产品						
羊产品						
家禽产品						
蛋产品						
乳品	274 037.7	362 040.9	228 657.1	246 830.7	294 469.3	
动物生皮	2 591.5	2 228.1	3 584.6	2 308.6	10 879.7	
动物生毛皮	556.6	439.6	290.3	310.8	198.6	
羊毛	21 290.2	19 810.9	29 460.6	22 913.4	19 288.3	
茶	97 073.6	103 290.0	111 404.5	115 466.5	108 055.3	

3-21-4 阿根廷主要农产品进口量（一）

单位：吨

项 目	2000 年	2001 年	2002 年	2003 年	2004 年
农产品					
谷物	95 285.1	63 300.5	14 480.5	31 804.9	26 262.3
小麦产品	2 748.8	2 419.5	953.8	4 456.3	1 740.5
玉米产品	56 440.5	44 037.3	1 939.6	3 140.9	2 026.7
稻谷产品	16 006.4	16 036.6	10 259.9	19 271.4	8 755.2
棉花	9 481.9	3 995.2	24 869.4	61 473.7	33 416.1
食用油籽	253 167.5	333 132.9	264 280.9	343 891.5	589 204.3
大豆	238 546.8	328 759.0	260 673.8	338 076.8	559 438.0
花生	910.8	1 411.6	154.3	427.3	177.6
油菜子			0.4	0.8	1.7
食用植物油	10 800.8		831.1	1 030.8	3 685.0
豆油	0.8	0.1	82.2	0.3	0.2
菜子油			206.8	240.2	355.0
棕榈油	76.9	1.2	105.6	13.6	240.4
食糖	1 467.8	1 257.9	949.5	5 326.5	7 385.7
蔬菜	161 780.2	174 193.9		55 025.9	46 525.4
水果					
苹果	13 280.2	4 396.3	368.7	517.9	354.3
柑橘	20 371.9	12 918.1	1 321.3	3 609.8	3 005.0
苹果汁			240.9	566.8	1 180.2
柑橘汁	13 471.7	11 358.4	1 605.2	3 287.5	3 522.1
水产品					
畜产品					
猪产品					
牛产品					
羊产品					
家禽产品					
蛋产品					
乳品	11 514.9	20 645.9	8 919.2	41 643.5	41 841.0
动物生皮	611.5	1 737.6	1 195.0	604.4	1 347.0
动物生毛皮	22.0	17.4	5.7	2.2	20.7
羊毛	472.1	907.7	649.5	730.7	1 142.3
茶	1 656.4	1 051.8	297.7	303.4	444.4

阿根廷主要农产品进口量（二）

单位：吨

项　目	2005 年	2006 年	2007 年	2008 年	2009 年	2010 年
农产品						
谷物	12 466.4	9 801.7	20 299.8	18 638.8	18 088.9	
小麦产品	251.1	61.5	1 298.1	730.1	1 634.9	
玉米产品	2 463.0	1 585.0	5 506.1	6 134.4	4 166.0	
稻谷产品	6 545.0	5 730.1	9 930.5	8 913.2	7 221.9	
棉花	22 692.9	47 289.0	35 765.6	39 859.2	16 911.2	
食用油籽	750 302.4	734 011.5		2 921 787.3	1 028 945.0	
大豆	747 732.5	712 442.3	2 245 408.9	2 891 772.1	823 924.2	
花生	136.9	110.0		158.8	114.9	
油菜子	3.2	21.6	106.0	63.5	15.1	
食用植物油	3 340.6	2 480.8	4 920.3	3 681.2	3 722.3	
豆油	99.2	0.2	0.3	101.1	0.5	
菜子油	405.9	1 198.1	1 152.0	1 402.1	1 241.3	
棕榈油	1 103.6	990.4	1 267.1	1 943.8	2 133.9	
食糖	2 642.1	50.8	1 542.5	28 186.6	2 813.0	
蔬菜	40 413.9	37 762.7	116 901.1		44 342.6	
水果						
苹果	65.3	152.1	23.2	805.4	1 374.7	
柑橘	1 410.7	1 760.2	2 138.2	4 252.8	7 655.2	
苹果汁	1 333.7	379.7	292.2	100.6	21.6	
柑橘汁	1 787.5	1 342.3	5 588.1	4 578.4	3 848.5	
水产品						
畜产品						
猪产品						
牛产品						
羊产品						
家禽产品						
蛋产品						
乳品	15 915.0	10 632.1	7 933.0	12 275.1	7 000.2	
动物生皮	1 519.6	3 911.5	1 729.7	2 021.9	2 616.3	
动物生毛皮	38.1	13.9	10.9	18.6	14.1	
羊毛	406.9	911.7	880.7	475.4	317.6	
茶	640.3	612.5	916.8	959.3	374.6	

3－22 智利主要农产品贸易情况

3－22－1 智利主要农产品出口额（一）

单位：万美元

项 目	2000 年	2001 年	2002 年	2003 年	2004 年
农产品	478 925.8	525 925.2	512 195.2	632 363.9	748 075.0
谷物	7 575.4	7 990.2	8 244.8	9 525.8	10 359.6
小麦产品	1.5	5.5	6.8	9.2	6.6
玉米产品	6 672.4	6 543.1	6 542.3	6 910.7	7 711.5
稻谷产品	25.8	13.0	15.1	41.2	34.1
棉花					
食用油籽	1 513.9	457.7	402.5	737.6	796.4
大豆	116.3	70.6	84.5	141.6	59.8
花生	2.5	1.9	1.0	10.2	11.1
油菜子			9.0	8.4	62.3
食用植物油	34.1	45.9	23.3	39.2	78.0
豆油	0.3	23.7	3.1	3.7	7.1
菜子油			2.8	6.6	26.7
棕榈油					
食糖	13.2	5.1	3.4	0.9	10.1
蔬菜	20 711.6	22 133.5	18 832.0	20 131.2	23 271.3
水果	136 973.5	141 381.6	145 059.2	208 310.8	240 894.8
苹果	18 170.5	23 620.3	23 300.4	31 978.2	39 960.2
柑橘	2 018.7	2 690.5	3 081.7	3 745.0	4 982.6
苹果汁			3 475.4	5 118.9	5 521.2
柑橘汁	17.8	45.1	40.1	17.4	31.8
水产品	195 968.0	210 763.0	203 663.3	236 189.8	272 546.8
畜产品	15 971.7	24 729.0	24 984.1	37 269.3	56 238.4
猪产品	5 173.1	7 993.1	11 045.3	15 503.3	24 219.6
牛产品	207.1	383.5	873.9	1 775.1	3 111.8
羊产品	751.2	1 052.3	1 148.2	1 639.6	2 017.2
家禽产品	4 144.6	6 200.4	3 390.6	5 937.0	11 767.1
蛋产品	136.7	406.1	154.4	17.8	39.3
乳品	2 671.0	4 931.4	3 924.0	5 166.1	8 057.7
动物生皮	174.0	234.6	423.9	608.9	949.3
动物生毛皮	4.4	6.7	0.6	5.0	15.6
羊毛	393.8	473.4	482.6	536.7	609.4
茶	360.9	878.3	929.5	1 263.2	1 659.3

智利主要农产品出口额（二）

单位：万美元

项　目	2005 年	2006 年	2007 年	2008 年	2009 年	2010 年
农产品	852 922.4	971 128.2	1 103 879.7	1 288 746.3	1 182 750.1	
谷物	10 573.5	12 756.7	13 450.3	19 559.3	21 705.7	
小麦产品	4.3	4.4	7.3	3.9	42.9	
玉米产品	8 055.0	10 265.7	11 750.0	17 741.1	19 665.5	
稻谷产品	40.2	97.7	87.1	194.4	220.1	
棉花		0.7	5.3	2.7		
食用油籽	1 071.8	1 266.8	1 412.4	1 946.0	6 300.7	
大豆	94.0	205.4	247.8	481.7	2 790.1	
花生	7.4	19.6	29.2	41.4	41.7	
油菜子	423.7	258.8	168.3	377.4	2 062.9	
食用植物油	138.9	271.4	484.7	911.1	1 708.5	
豆油						
菜子油	23.3	79.3	161.5	354.0	394.8	
棕榈油			0.8			
食糖	8.5	10.0	9.5	21.0	4.3	
蔬菜	24 174.5	26 857.9	30 837.5	33 754.8	33 134.4	
水果	257 248.8	286 665.4	336 695.0	417 509.4	362 914.2	
苹果	33 559.4	44 148.0	56 598.6	67 729.6	49 729.2	
柑橘	5 319.1	7 184.1	8 708.6	9 150.3	11 232.2	
苹果汁	5 089.0	6 740.2	4 181.3	6 813.0	4 031.8	
柑橘汁	43.5	40.5	51.2	26.9	35.6	
水产品	328 534.9	391 757.3	409 169.4	442 579.4	409 047.0	
畜产品	74 305.3	75 665.7	86 848.3	103 715.5	92 398.6	
猪产品	30 560.2	32 493.3	37 912.8	36 379.2	36 939.1	
牛产品	7 090.9	3 892.8	4 523.5	4 643.5	3 378.3	
羊产品	2 429.6	2 347.8	2 078.9	2 404.8	2 662.1	
家禽产品	15 305.8	16 367.4	15 701.2	23 263.1	23 595.5	
蛋产品	154.6	125.4	239.8	170.4	46.0	
乳品	11 107.0	11 746.2	16 888.7	22 051.1	12 399.5	
动物生皮	591.6	851.7	1 432.3	855.8	560.2	
动物生毛皮	12.1	11.6	10.0	3.0		
羊毛	1 319.5	1 421.1	857.2	911.6	855.9	
茶	1 468.4	1 480.6	2 090.9	2 442.8	1 734.2	

3-22-2 智利主要农产品进口额（一）

单位：万美元

项 目	2000年	2001年	2002年	2003年	2004年
农产品	132 964.4	128 552.5	132 054.6	155 530.5	179 126.9
谷物	24 701.6	21 662.5	22 328.2	26 597.7	23 619.5
小麦产品	6 949.9	4 204.3	5 008.2	8 191.2	4 641.6
玉米产品	13 680.1	13 990.6	13 616.6	12 888.9	14 507.0
稻谷产品	1 895.6	2 171.8	1 875.5	3 048.0	2 334.3
棉花	2 088.6	1 627.2	1 435.4	1 919.5	1 812.0
食用油籽	2 127.8	2 717.0	3 617.1	4 396.9	6 192.1
大豆	1 495.9	2 068.9	3 049.7	3 749.8	5 259.2
花生	494.4	504.0	466.4	551.9	723.0
油菜子			2.2	0.4	10.0
食用植物油	3 126.4	1 067.6	537.8	2 805.2	1 368.1
豆油	1 068.0	295.1	38.1	2 281.4	658.7
菜子油			30.8		3.5
棕榈油	1.3		4.2	1.5	33.0
食糖	5 278.8	4 667.8	5 061.9	4 539.6	6 139.0
蔬菜	3 015.1	2 780.2	2 513.7	2 619.7	2 854.5
水果	6 165.6	5 412.5	5 270.2	5 132.9	5 698.0
苹果	4.5	5.3		1.7	2.1
柑橘	69.8	42.0	17.9	28.8	31.7
苹果汁			4.3	2.0	46.6
柑橘汁	319.0	306.5	352.0	336.8	363.1
水产品	5 953.7	7 020.6	5 068.3	8 599.3	12 839.3
畜产品	25 709.6	22 479.1	22 221.7	31 531.1	35 638.0
猪产品	463.4	253.1	273.4	199.6	439.5
牛产品	17 981.3	16 755.4	17 519.1	21 873.3	26 068.4
羊产品	11.4			22.1	
家禽产品	294.0	258.6	226.8	391.3	1 229.1
蛋产品	134.7	159.2	148.5	155.9	136.3
乳品	5 346.0	3 516.3	2 234.2	6 719.5	4 474.0
动物生皮	53.7	2.7	7.0	5.4	
动物生毛皮			0.1		
羊毛	19.5	10.8	13.1	12.0	21.8
茶	2 375.7	2 554.4	2 316.1	2 068.3	2 366.4

智利主要农产品进口额（二）

单位：万美元

项　目	2005 年	2006 年	2007 年	2008 年	2009 年	2010 年
农产品	200 089.2	251 656.7	330 234.6	440 379.5	325 265.0	
谷物	23 678.8	48 205.7	74 409.9	95 362.7	50 194.2	
小麦产品	3 774.2	17 768.1	28 729.3	31 115.2	16 821.5	
玉米产品	15 023.4	25 779.5	37 430.6	43 696.5	17 399.9	
稻谷产品	3 000.1	3 193.0	3 917.0	8 670.1	5 882.5	
棉花	1 969.4	1 700.7	1 931.5	2 144.4	1 697.6	
食用油籽	6 476.4	5 860.9	7 812.9	8 760.9	2 699.0	
大豆	5 572.7	4 771.1	6 397.2	6 622.5	995.1	
花生	670.1	751.3	1 074.6	1 447.1	1 214.6	
油菜子	9.0	26.9	37.6	60.0	31.9	
食用植物油	1 924.5	3 656.8	2 131.4	3 716.5	2 063.2	
豆油	813.9	1 137.9	203.0	314.6	160.8	
菜子油	0.5	908.0	11.9	1 462.0	6.8	
棕榈油	241.7	586.9	488.4	364.5	97.5	
食糖	7 110.7	9 437.8	15 152.8	22 143.7	25 936.1	
蔬菜	4 096.7	4 450.9	6 337.5	9 525.9	8 187.5	
水果	6 639.7	8 198.7	9 758.2	11 811.6	9 381.0	
苹果		6.5	26.0	13.1	18.7	
柑橘	30.5	43.0	55.9	148.0	131.6	
苹果汁	3.4	6.8	188.1	15.3	8.8	
柑橘汁	394.1	570.5	1 046.7	1 075.9	654.9	
水产品	10 032.7	17 728.4	20 527.3	28 883.4	13 261.4	
畜产品	48 839.3	46 893.3	52 356.2	65 251.4	61 979.8	
猪产品	443.7	695.8	1 118.1	1 088.9	1 445.1	
牛产品	34 923.8	31 140.0	35 976.1	44 303.2	45 233.6	
羊产品		5.0	39.9	10.0	1.4	
家禽产品	1 709.8	2 495.6	3 644.3	4 843.5	6 003.5	
蛋产品	142.2	170.4	173.4	171.2	193.7	
乳品	7 609.4	7 448.4	5 673.4	8 282.3	5 926.4	
动物生皮	5.1	0.2	38.8	1.2	1.0	
动物生毛皮					0.4	
羊毛	20.6	16.0	11.4	11.2	28.8	
茶	2 820.1	3 373.1	3 480.8	4 682.4	4 056.6	

3-22-3 智利主要农产品出口量（一）

单位：吨

项　目	2000年	2001年	2002年	2003年	2004年
农产品					
谷物	80 329.0			145 570.1	185 939.7
小麦产品	16.3	284.9	434.5	119.3	86.8
玉米产品	47 496.1	50 539.4	45 794.3	56 313.5	62 985.3
稻谷产品	766.6	287.6	288.6	1 091.4	1 031.9
棉花				0.3	
食用油籽	8 820.5	11 205.6	9 477.3	4 248.9	3 596.2
大豆	773.1	2 999.3	3 650.1	1 060.1	434.7
花生	5.8	13.9	5.6	25.6	35.7
油菜子			362.5	1.7	148.8
食用植物油	301.6	782.1	292.5	268.3	439.0
豆油	3.3	454.3	51.5	32.7	69.2
菜子油			43.2	69.3	247.1
棕榈油			0.2		
食糖	222.2	95.6	94.0	8.3	177.0
蔬菜	181 261.7			198 775.3	227 914.4
水果					
苹果	387 713.9	467 187.9	416 357.7	596 276.2	739 051.8
柑橘	28 974.7	55 736.7	63 790.3	51 908.2	74 413.7
苹果汁				56 791.8	54 423.9
柑橘汁	304.8			261.8	506.9
水产品					
畜产品					
猪产品					
牛产品					
羊产品					
家禽产品					
蛋产品					
乳品				41 406.5	54 916.5
动物生皮	1 747.0			3 811.5	6 438.0
动物生毛皮	6.6			12.8	66.5
羊毛	3 759.9	2 921.1	2 843.4	2 792.0	3 060.9
茶	699.9	1 732.2	1 833.7	2 599.2	3 303.8

智利主要农产品出口量（二）

单位：吨

项 目	2005 年	2006 年	2007 年	2008 年	2009 年	2010 年
农产品						
谷物	164 002.9	171 614.1	129 562.5	108 633.6	123 724.8	
小麦产品	30.9	32.3	60.2	27.1	92.9	
玉米产品	60 993.8	79 184.0	77 253.5	75 942.0	78 445.1	
稻谷产品	1 253.4	2 701.1	1 915.0	2 429.8	3 815.7	
棉花		0.9	253.9	187.1	0.1	
食用油籽	5 589.8	5 874.7	5 357.3	8 380.1	22 723.4	
大豆	701.3	1 491.5	1 448.5	3 285.9	12 668.1	
花生	13.4	119.9	52.5	74.0	66.5	
油菜子	2 541.4	785.6	652.9	1 943.9	7 170.9	
食用植物油	489.4	1 089.7	1 843.6	2 956.0	6 781.4	
豆油	0.3					
菜子油	214.5	704.3	1 260.8	2 059.7	4 586.4	
棕榈油			3.6			
食糖	138.4	251.0	117.2	417.5	45.8	
蔬菜	209 502.4	212 348.2	230 423.2	219 938.8	160 812.9	
水果						
苹果	639 408.6	725 085.3	775 123.4	770 622.0	678 629.4	
柑橘	78 865.1	87 678.9	94 833.5	104 595.6	109 416.0	
苹果汁	59 802.2	66 191.2	35 824.4	38 730.4	38 146.0	
柑橘汁	450.8	560.2	528.8	307.2	370.2	
水产品						
畜产品						
猪产品						
牛产品						
羊产品						
家禽产品						
蛋产品						
乳品	65 287.3	69 084.5	76 849.6	76 576.6	61 457.1	
动物生皮	4 103.9	6 905.4	9 260.2	6 398.3	7 359.9	
动物生毛皮	23.2	1.8	1.1	0.8		
羊毛	6 970.0	7 999.5	4 383.0	3 662.3	4 494.0	
茶	2 822.7	2 672.1	3 914.0	3 948.7	2 661.3	

3-22-4 智利主要农产品进口量（一）

单位：吨

项　目	2000 年	2001 年	2002 年	2003 年	2004 年
农产品					
谷物	1 948 980.0			1 794 728.4	1 442 049.7
小麦产品	504 085.1	270 136.4	330 066.2	485 829.5	233 922.4
玉米产品	1 221 566.7			1 011 518.0	984 939.8
稻谷产品	68 029.6	60 115.2	51 527.6	134 002.8	87 460.7
棉花	19 121.0	13 255.7	13 936.8	17 299.7	14 282.3
食用油籽	86 388.5	98 287.5	125 660.0	165 369.2	195 440.7
大豆	72 874.1	86 704.3	116 487.2	154 862.5	179 034.0
花生	5 590.6	5 530.9	5 976.7	6 840.6	8 028.7
油菜子			90.5	0.1	10.6
食用植物油	79 677.7	13 283.5	4 068.3	45 262.1	14 482.0
豆油	25 076.5	5 345.4	695.3	42 405.5	10 783.1
菜子油			605.9		27.7
棕榈油	20.4	1.6	80.7	10.8	337.8
食糖	208 194.7	139 063.1	160 353.3	166 161.9	221 856.6
蔬菜	27 083.0			34 782.8	31 102.5
水果					
苹果	60.1	89.4		19.6	17.5
柑橘	1 383.3	799.0	298.6	464.5	377.3
苹果汁				20.9	540.1
柑橘汁	2 822.1			3 077.6	3 992.1
水产品					
畜产品					
猪产品					
牛产品					
羊产品					
家禽产品					
蛋产品					
乳品				39 886.8	29 561.4
动物生皮	332.2	9.9		24.6	
动物生毛皮					
羊毛	116.3	57.9	83.7	46.8	73.1
茶	17 171.5	13 649.5	12 961.5	22 265.0	26 205.6

智利主要农产品进口量（二）

单位：吨

项　目	2005 年	2006 年	2007 年	2008 年	2009 年	2010 年
农产品						
谷物	1 550 294.7	2 980 819.1	3 164 104.9	2 808 710.4	2 266 951.9	
小麦产品	195 483.7	1 032 450.9	1 091 176.5	795 717.8	690 237.2	
玉米产品	1 134 724.0	1 750 838.7	1 768 414.5	1 488 324.2	835 917.2	
稻谷产品	93 248.8	102 360.0	100 459.0	123 748.1	119 283.5	
棉花	18 741.6	14 641.8	15 016.3	13 030.6	12 636.3	
食用油籽	222 520.4	188 851.6	208 874.0	154 764.1	39 424.6	
大豆	207 388.5	168 355.4	188 612.0	133 054.1	21 802.7	
花生	8 298.6	9 101.5	9 850.0	9 305.1	9 794.1	
油菜子	15.7	35.6	45.2	71.0	119.5	
食用植物油	24 021.9	49 125.8	16 812.4	21 234.8	15 190.7	
豆油	15 672.8	21 427.9	2 313.8	2 236.5	1 517.7	
菜子油	3.7	12 738.1	136.9	9 417.5	32.2	
棕榈油	4 326.7	9 103.3	5 511.9	2 530.9	1 017.5	
食糖	230 998.9	218 900.2	393 845.6	546 711.6	558 002.9	
蔬菜	57 617.9	59 758.8	66 252.7	81 632.3	83 480.2	
水果						
苹果		65.6	185.7	82.9	146.3	
柑橘	489.0	679.2	835.8	1 912.1	1 534.5	
苹果汁	37.0	66.7	1 272.1	88.5	89.3	
柑橘汁	4 161.6	3 846.1	5 016.5	5 532.5	4 860.6	
水产品						
畜产品						
猪产品						
牛产品						
羊产品						
家禽产品						
蛋产品						
乳品	44 434.1	43 537.7	23 995.2	29 838.8	25 518.8	
动物生皮	24.1		166.8	3.2	0.2	
动物生毛皮						
羊毛	94.8	52.2	44.1	33.6	102.5	
茶	23 984.3	24 975.8	25 702.3	28 384.5	23 949.3	

3-23 秘鲁主要农产品贸易情况

3-23-1 秘鲁主要农产品出口额（一）

单位：万美元

项 目	2000年	2001年	2002年	2003年	2004年
农产品	178 740.8	178 042.2	183 674.1	188 585.8	252 199.0
谷物	633.8	651.2	802.8	972.5	1 090.8
小麦产品	10.9	31.5	34.6	259.9	185.7
玉米产品	418.8	518.8	640.9	492.2	713.5
稻谷产品	35.2	8.1	10.0	7.2	4.2
棉花	509.9	452.4	239.1	580.0	629.9
食用油籽	48.9	20.5	19.9	19.1	53.4
大豆	1.4	0.3	0.4	1.2	0.6
花生	4.3		2.6	4.3	7.4
油菜子					
食用植物油	48.9	20.5	19.9	19.1	53.4
豆油					
菜子油			0.7		
棕榈油	254.1			0.5	
食糖	1 602.9	1 695.8	1 629.6	1 921.0	1 489.8
蔬菜	20 115.6	23 545.3	28 003.6	31 977.2	42 069.3
水果	4 710.3	6 220.2	8 257.0	10 318.7	12 799.0
苹果					
柑橘	112.8	386.3	656.7	827.9	1 364.7
苹果汁			0.2	0.3	
柑橘汁		0.1	138.1	75.8	66.2
水产品	114 110.0	113 679.3	106 802.9	103 285.3	139 042.5
畜产品	2 559.8	1 932.6	3 172.1	4 567.8	6 514.1
猪产品	3.9	36.6	14.0	5.0	51.4
牛产品				1.6	1.8
羊产品				0.5	
家禽产品	146.1	193.2	283.5	221.8	380.0
蛋产品	102.9	224.7	169.9	189.6	385.4
乳品	300.5	564.2	1 099.2	1 849.5	3 525.1
动物生皮	232.1	251.1	578.4	745.5	634.0
动物生毛皮					
羊毛	113.5	86.9	190.2	765.0	574.7
茶	7.2	8.5	19.9	2.8	7.5

秘鲁主要农产品出口额（二）

单位：万美元

项　目	2005 年	2006 年	2007 年	2008 年	2009 年	2010 年
农产品	297 936.3	357 591.2	394 965.6	505 204.7	471 090.1	574 058.1
谷物	1 222.9	1 536.6	1 681.8	4 519.9	5 451.2	3 651.7
小麦产品	111.6	336.0	172.3	1 047.1	338.7	216.6
玉米产品	879.8	851.0	1 024.5	1 234.4	1 546.7	1 657.2
稻谷产品	20.5	22.8	12.4	1 433.9	2 568.6	140.6
棉花	329.2	699.8	325.4	231.5	269.6	116.0
食用油籽	71.3	60.4	73.1	140.5	92.9	158.8
大豆	5.6	1.7	6.7	3.0	3.8	15.0
花生	7.9	3.6	14.8	39.0	16.0	29.2
油菜子						
食用植物油	71.3	60.4	73.1	140.5	92.9	150.8
豆油		0.6	0.5	0.2	2.3	14.1
菜子油		0.4				
棕榈油	15.1	20.9	66.3	48.9	4.0	2.2
食糖	1 311.3	4 346.4	1 940.5	2 542.2	3 788.4	6 572.0
蔬菜	54 005.3	61 353.8	78 786.5	90 965.7	82 706.9	94 849.4
水果	15 907.9	24 243.7	28 642.8	39 399.9	44 031.0	56 210.8
苹果	1.0	1.3	0.3	1.1	0.3	2.0
柑橘	1 840.0	2 334.8	3 446.6	4 976.7	4 311.7	5 710.9
苹果汁	0.2	0.7	6.1	7.1	8.1	6.1
柑橘汁	52.5	70.2	94.7	251.2	458.9	501.5
水产品	163 638.2	177 674.2	196 690.5	243 864.0	221 851.9	254 746.9
畜产品	6 816.7	7 868.8	9 626.4	13 540.2	10 106.1	13 715.7
猪产品	21.1	25.0	3.7	28.3	105.8	198.6
牛产品	7.5	3.2	14.9	21.7	4.8	7.9
羊产品	0.1	5.6	2.1	1.6	4.6	2.8
家禽产品	485.4	744.4	771.7	1 233.0	1 082.5	1 319.1
蛋产品	543.8	570.3	700.7	1 227.0	1 236.2	1 638.7
乳品	4 067.8	5 159.7	6 550.4	9 068.9	6 158.2	8 279.2
动物生皮	348.6	351.8	373.4	190.2	144.7	307.8
动物生毛皮	10.2					
羊毛	307.8	368.2	535.7	889.2	669.9	1 083.0
茶	2.6	10.0	2.4	1.6	12.0	72.8

3-23-2 秘鲁主要农产品进口额（一）

单位：万美元

项 目	2000年	2001年	2002年	2003年	2004年
农产品	94 292.7	106 543.2	109 998.0	115 973.0	139 484.3
谷物	31 662.5	34 493.8	33 822.5	36 897.9	47 364.6
小麦产品	17 485.5	20 879.7	20 026.8	21 179.5	25 741.5
玉米产品	9 697.8	9 817.7	10 983.9	12 257.8	15 979.0
稻谷产品	2 732.5	1 744.9	982.1	538.2	3 123.5
棉花	4 097.0	5 200.3	5 044.8	5 840.4	6 135.5
食用油籽	1 404.4	2 596.8	3 269.6	4 171.2	2 466.8
大豆	1 288.5	2 440.4	3 058.4	3 939.1	2 104.3
花生	68.0	86.9	121.2	139.2	224.8
油菜子					
食用植物油	1 404.4	2 596.8	3 269.6	4 171.2	2 466.8
豆油	5 198.7	8 360.0	11 003.7	12 518.8	14 618.1
菜子油			4.4	6.5	29.2
棕榈油	51.3	1.2	756.3	1 120.0	1 197.2
食糖	4 679.7	5 639.5	3 462.9	297.0	5 005.7
蔬菜	745.4	878.2	858.4	902.2	1 274.9
水果	2 813.2	4 169.5	3 173.6	3 266.5	3 830.5
苹果	636.1	1 477.2	1 054.7	1 229.6	1 411.5
柑橘	7.9	30.7	19.0	18.4	11.2
苹果汁			4.8	6.5	9.2
柑橘汁	23.0	18.6	31.7	28.3	33.4
水产品	1 676.4	2 282.6	2 423.9	2 587.5	2 794.1
畜产品	10 635.4	10 517.6	9 687.1	9 109.3	11 240.5
猪产品	62.9	47.4	91.1	77.4	115.4
牛产品	1 550.5	1 407.3	1 578.4	1 977.9	1 916.4
羊产品	37.9	5.4	4.4	4.7	8.1
家禽产品	1 132.7	894.3	844.6	865.5	909.1
蛋产品	127.9	124.0	154.7	154.8	79.5
乳品	6 801.4	6 923.4	5 458.9	4 124.3	6 140.8
动物生皮	0.5	0.5		0.4	0.1
动物生毛皮					
羊毛	15.7	10.3	12.2	19.9	28.7
茶	57.3	168.4	176.1	143.8	147.1

秘鲁主要农产品进口额（二）

单位：万美元

项　目	2005 年	2006 年	2007 年	2008 年	2009 年	2010 年
农产品	155 522.1	167 886.3	91 468.3	320 638.7	258 291.1	335 916.2
谷物	50 175.2	53 038.9	755.6	116 004.7	80 808.8	98 627.9
小麦产品	25 418.0	26 551.9	619.3	58 887.9	38 876.0	43 485.7
玉米产品	17 160.5	22 051.9		41 020.9	32 412.7	44 971.1
稻谷产品	4 915.3	1 657.8	61.1	10 116.2	5 575.6	6 194.5
棉花	6 498.5	5 113.3		9 628.4	6 940.4	13 982.8
食用油籽	3 028.6	3 624.2		9 989.5	9 174.5	9 562.5
大豆	2 476.4	3 062.7		8 526.3	8 128.6	8 262.2
花生	317.9	269.8		1 116.9	705.6	917.7
油菜子				0.7	3.1	
食用植物油	3 028.6	3 624.2		9 989.5	9 174.5	36 697.3
豆油	14 242.6	16 705.1	5 830.0	35 446.7	23 033.3	32 571.0
菜子油	54.7	66.3		84.9	25.5	40.7
棕榈油	1 047.7	579.7		4 106.8	2 460.3	2 810.8
食糖	7 435.4	10 667.9	7.6	7 963.5	6 270.1	13 029.9
蔬菜	1 347.9	1 636.1	30 560.0	2 640.9	2 542.2	3 096.4
水果	4 184.1	4 344.9	1 995.2	7 336.4	6 975.0	9 831.3
苹果	1 395.2	1 569.4		2 086.0	2 683.1	3 281.9
柑橘	12.3	9.0		4.2	4.1	3.1
苹果汁	11.9	12.9		45.8	32.6	31.0
柑橘汁	28.9	52.2	15.0	59.7	73.3	61.3
水产品	4 841.9	3 135.0	225.7	7 437.4	8 050.9	16 507.1
畜产品	12 730.1	13 533.7	4 032.3	23 534.7	16 802.8	27 223.4
猪产品	178.8	190.3		353.3	428.3	902.6
牛产品	2 357.1	2 081.2	200.0	3 848.3	2 826.7	4 000.8
羊产品	4.9	8.5		8.9	8.7	13.1
家禽产品	1 197.6	1 198.6	3 656.3	1 851.2	2 851.6	3 802.3
蛋产品	193.9	89.5		196.2	447.3	191.5
乳品	6 552.7	7 572.9	101.1	12 697.0	6 753.1	13 406.6
动物生皮	0.4	0.6		1.4	3.4	4.7
动物生毛皮				0.5		
羊毛	111.5	58.2		31.9	10.1	9.6
茶	144.4	177.2	87.2	720.6	210.9	503.5

3-23-3 秘鲁主要农产品出口量（一）

单位：吨

项 目	2000 年	2001 年	2002 年	2003 年	2004 年
农产品					
谷物	10 199.6	7 892.9	10 124.7	18 446.6	16 852.1
小麦产品	399.8	1 201.1	1 522.5	9 515.3	6 135.3
玉米产品	5 113.7	5 855.4	7 175.2	5 777.6	8 419.6
稻谷产品	2 962.8	32.3	207.9	231.5	31.7
棉花	2 744.7	2 410.6	1 620.3	3 580.3	3 339.9
食用油籽	482.5	188.6	220.8	353.3	444.2
大豆	40.1	5.6	6.0	4.6	3.9
花生	65.5		65.0	208.9	116.3
油菜子					
食用植物油	482.5	188.6	220.8	353.3	444.2
豆油					0.1
菜子油			6.1		
棕榈油	8 296.6			3.9	
食糖	41 716.1	41 917.7	41 829.0	61 146.7	41 724.6
蔬菜		182 340.6	210 686.9	227 018.3	274 485.8
水果					
苹果					0.6
柑橘	1 840.4	6 979.7	11 891.3	12 288.3	20 055.1
苹果汁			2.4	2.6	
柑橘汁			791.2	676.1	566.0
水产品					
畜产品					
猪产品					
牛产品					
羊产品					
家禽产品					
蛋产品					
乳品			12 003.2	20 130.0	36 329.1
动物生皮	1 979.7	1 677.4	2 602.0	5 524.1	4 333.7
动物生毛皮					
羊毛	915.0	755.1	1 805.4	5 508.4	3 543.2
茶	17.2	57.5	60.0	8.7	14.0

秘鲁主要农产品出口量（二）

单位：吨

项　目	2005 年	2006 年	2007 年	2008 年	2009 年	2010 年
农产品						
谷物	15 879.9	24 540.7	17 773.4	52 480.9	70 428.0	25 323.2
小麦产品	4 561.1	13 678.5	4 921.4	22 031.5	8 486.0	5 111.9
玉米产品	8 973.9	7 592.3	8 965.1	8 516.8	9 362.9	11 017.0
稻谷产品	261.6	290.0	162.3	17 589.7	47 974.2	2 074.8
棉花	2 007.0	3 816.1	1 576.5	961.9	1 581.2	535.2
食用油籽	683.6	520.9	495.0	499.4	472.1	584.9
大豆	24.1	13.9	78.8	25.3	34.0	131.7
花生	175.1	62.0	65.4	142.6	74.0	109.2
油菜子						
食用植物油	683.6	520.9	495.0	499.4	472.1	531.7
豆油	0.1	4.1	2.5	1.7	16.3	10.6
菜子油		0.8			0.1	
棕榈油	222.8	300.0	745.4	354.1	40.0	27.9
食糖	32 640.0	109 126.6	48 893.6	71 060.5	86 179.3	112 810.1
蔬菜	339 585.1	369 391.0	431 657.2	476 876.0	497 626.6	580 503.5
水果						
苹果	4.2	6.9	2.1	11.3	3.0	43.6
柑橘	30 085.1	35 626.9	46 319.0	66 544.8	47 206.7	69 323.7
苹果汁	1.3	8.4	91.4	109.1	127.8	102.5
柑橘汁	525.6	768.8	1 372.3	4 607.4	7 554.0	8 356.2
水产品						
畜产品						
猪产品						
牛产品						
羊产品						
家禽产品						
蛋产品						
乳品	39 529.4	50 410.4	51 596.3	62 926.5	50 593.0	67 211.5
动物生皮	3 664.8	3 056.1	2 315.0	1 098.3	929.0	2 332.0
动物生毛皮	2.5					
羊毛	2 198.7	2 706.8	3 242.9	4 261.4	4 963.8	6 159.1
茶	7.6	14.7	4.6	3.6	5.4	95.6

3-23-4 秘鲁主要农产品进口量（一）

单位：吨

项目	2000年	2001年	2002年	2003年	2004年
农产品					
谷物	2 328 811.0	2 446 172.2	2 379 341.9	2 382 220.8	2 680 231.3
小麦产品	1 296 918.4	1 412 298.2	1 330 557.1	1 302 086.7	1 386 492.7
玉米产品	853 078.5	866 712.7	924 194.1	938 112.7	1 097 070.9
稻谷产品	88 218.6	62 893.9	34 090.1	16 557.0	80 222.8
棉花	31 942.5	39 712.0	43 591.7	40 305.5	36 335.9
食用油籽	57 102.0	112 177.8	139 405.6	158 498.1	74 740.1
大豆	55 655.9	110 047.6	136 275.0	155 859.6	70 885.4
花生	508.9	1 194.4	1 897.3	1 773.7	2 509.6
油菜子			0.2		0.1
食用植物油	57 102.0	112 177.8	139 405.6	158 498.1	74 740.1
豆油	117 194.1	203 784.4	237 701.1	220 872.6	230 399.6
菜子油			15.8	33.4	278.3
棕榈油	828.0	22.1	16 048.0	21 662.8	21 097.9
食糖	172 776.2	185 693.8	138 350.2	10 946.6	180 281.0
蔬菜			6 417.6	6 688.9	7 026.8
水果					
苹果	14 990.2	32 374.2	24 176.7	23 503.4	26 206.4
柑橘	107.4	535.3	268.8	263.8	163.1
苹果汁			42.5	55.7	79.5
柑橘汁			246.7	220.4	266.3
水产品					
畜产品					
猪产品					
牛产品					
羊产品					
家禽产品					
蛋产品					
乳品			36 712.6	26 536.4	33 115.9
动物生皮	9.0	1.0		0.7	
动物生毛皮					
羊毛	47.8	25.7	33.2	42.2	56.7
茶	120.9	294.1	334.4	406.2	469.5

秘鲁主要农产品进口量（二）

单位：吨

项　目	2005 年	2006 年	2007 年	2008 年	2009 年	2010 年
农产品						
谷物	3 027 490.5	3 147 543.7	17 709.1	3 192 557.9	3 257 548.1	3 868 253.1
小麦产品	1 464 943.4	1 473 370.7	15 023.0	1 494 620.2	1 513 355.4	1 697 675.7
玉米产品	1 314 342.3	1 503 461.7		1 404 598.7	1 510 558.1	1 918 081.5
稻谷产品	125 618.4	44 699.8	573.6	146 585.7	91 376.3	95 186.4
棉花	46 870.2	38 111.5		53 519.0	47 031.7	70 012.2
食用油籽	99 574.0	116 999.6		167 625.1	185 299.8	196 005.4
大豆	93 651.6	110 751.4		160 426.8	178 733.2	187 362.5
花生	3 965.8	3 900.4		5 654.6	3 722.2	5 316.4
油菜子				1.0	5.0	
食用植物油	99 574.0	116 999.6		167 625.1	185 299.8	395 022.2
豆油	263 056.2	303 305.0	138 348.3	291 855.4	272 091.2	352 015.4
菜子油	413.0	482.0		356.3	116.1	198.5
棕榈油	21 638.7	10 389.9		37 251.3	34 540.8	31 041.1
食糖	251 548.9	243 259.2	100.0	207 506.2	145 719.0	209 901.6
蔬菜	7 936.1	8 704.1	931 911.4	14 403.1	13 901.4	14 989.8
水果						
苹果	25 813.0	28 644.5		28 289.4	39 779.9	47 759.5
柑橘	159.9	105.5		47.0	52.6	35.3
苹果汁	105.8	104.9		205.4	201.4	223.3
柑橘汁	231.5	259.0	5.7	262.5	475.9	371.6
水产品						
畜产品						
猪产品						
牛产品						
羊产品						
家禽产品						
蛋产品						
乳品	31 880.8	37 546.5	818.9	37 888.1	34 819.4	49 746.2
动物生皮	0.2	1.8		11.7	84.3	36.0
动物生毛皮				0.1		
羊毛	233.9	247.2		55.1	36.8	14.2
茶	472.0	293.1	240.0	430.4	400.3	688.6

3-24 澳大利亚主要农产品贸易情况

3-24-1 澳大利亚主要农产品出口额（一）

单位：万美元

项 目	2000年	2001年	2002年	2003年	2004年
农产品	1 596 206.3	1 622 263.4	1 678 353.8	1 585 361.9	2 145 634.1
谷物	290 816.1	280 035.0	299 192.6	208 284.9	422 371.8
小麦产品	224 700.9	228 615.3	230 092.2	162 040.7	315 892.4
玉米产品	865.5	1 019.1	846.7	578.0	634.8
稻谷产品	23 278.9	18 842.2	9 224.6	6 557.4	3 764.3
棉花	88 752.2	103 105.4	68 362.0	59 524.4	71 392.6
食用油籽	9 342.0	9 374.3	40 921.2	24 139.5	46 348.7
大豆	387.4	391.4	508.2	283.5	797.3
花生	244.7	380.3	451.3	468.5	1 931.1
油菜子			32 233.2	18 592.3	38 459.2
食用植物油	2 214.6	1 997.8	2 788.1	2 233.9	4 221.4
豆油	225.8	68.9	153.2	116.4	131.7
菜子油			1 856.0	1 629.5	3 602.0
棕榈油	14.9	2.5	35.7	2.8	3.7
食糖	3 852.0	2 868.6	3 144.1	2 561.6	2 772.4
蔬菜	16 436.1	15 100.0	17 454.6	18 568.2	18 950.2
水果	37 614.9	36 293.7	40 729.3	41 466.5	40 818.5
苹果	2 349.3	2 241.0	1 908.2	2 557.5	1 158.3
柑橘	10 437.8	10 962.7	11 138.1	10 429.0	11 770.8
苹果汁			644.2	652.5	707.8
柑橘汁	1 132.0	1 068.0	1 125.5	1 137.4	1 366.6
水产品	124 018.4	109 371.1	110 837.3	111 556.2	113 344.5
畜产品	711 721.6	755 581.0	773 273.7	758 833.1	976 326.7
猪产品	9 767.4	12 792.9	15 151.8	14 975.8	13 378.8
牛产品	251 635.6	276 384.5	271 074.5	285 589.4	408 167.2
羊产品	62 289.6	77 024.8	84 529.1	89 699.8	100 027.6
家禽产品	1 465.4	1 666.2	1 367.5	1 503.0	1 617.9
蛋产品	162.5	146.2	159.8	149.8	361.1
乳品	155 028.9	155 060.0	154 864.6	132 295.2	171 279.0
动物生皮	34 323.5	42 696.8	35 596.6	41 368.8	50 413.8
动物生毛皮	26.5	36.6	250.9	74.7	47.1
羊毛	159 665.8	152 812.3	171 041.2	147 362.8	175 699.7
茶	633.9	381.1	333.1	385.6	312.7

澳大利亚主要农产品出口额（二）

单位：万美元

项　目	2005 年	2006 年	2007 年	2008 年	2009 年	2010 年
农产品	2 063 063.4	2 160 640.5	2 157 808.8	2 530 177.2	2 304 913.4	2 629 815.9
谷物	301 165.1	357 376.2	234 765.1	456 742.1	453 272.0	471 253.9
小麦产品	234 216.2	261 224.7	171 116.6	331 121.1	378 234.2	380 264.1
玉米产品	553.5	750.2	865.8	2 268.3	1 781.4	1 356.8
稻谷产品	3 803.3	16 928.4	12 269.5	5 557.2	2 728.6	5 680.7
棉花	77 024.1	76 534.6	46 159.0	37 795.7	42 170.6	93 530.6
食用油籽	30 288.2	27 033.4	12 588.8	32 981.2	59 788.5	52 567.5
大豆	461.2	337.0	411.8	415.9	607.3	506.2
花生	521.1	497.9	845.0	1 188.0	747.2	883.8
油菜子	23 687.2	21 555.4	8 517.8	29 045.4	53 157.8	45 863.3
食用植物油	4 015.5	4 744.3	5 327.6	13 605.7	12 189.1	13 575.8
豆油	49.8	63.2	166.8	258.3	416.7	237.0
菜子油	2 511.9	2 315.1	3 435.4	9 935.1	6 947.7	9 382.6
棕榈油	1.5	0.9	12.1	545.2	9.7	6.3
食糖	4 273.0	8 318.5	6 538.4	6 398.4	7 557.9	13 792.6
蔬菜	17 923.9	18 036.8	18 838.1	19 818.3	20 077.2	22 654.0
水果	45 737.7	45 930.4	46 435.8	47 170.5	52 834.7	42 801.0
苹果	1 278.1	935.5	627.9	664.6	616.8	690.4
柑橘	12 504.9	12 350.6	15 349.8	13 020.6	15 059.0	13 091.6
苹果汁	756.7	615.6	790.4	647.3	345.8	383.5
柑橘汁	1 556.4	1 595.0	1 858.7	1 485.7	734.7	865.8
水产品	116 504.6	118 920.8	114 463.7	119 836.2	108 071.0	113 923.6
畜产品	1 018 482.8	1 037 151.0	1 148 739.4	1 224 432.4	1 004 571.2	1 211 559.6
猪产品	11 681.9	12 852.3	12 740.8	11 794.9	10 455.1	10 951.2
牛产品	432 394.0	440 769.1	454 061.3	516 081.4	425 968.9	494 245.1
羊产品	119 852.3	126 526.7	131 703.3	144 169.7	147 183.6	172 511.0
家禽产品	1 870.6	1 859.3	2 954.4	3 739.2	3 862.5	4 084.8
蛋产品	171.0	142.2	119.7	172.2	195.9	85.1
乳品	182 402.6	179 330.5	199 155.0	220 770.9	164 793.8	124 764.7
动物生皮	47 479.9	49 962.3	60 760.3	60 403.8	40 953.0	64 727.0
动物生毛皮	35.6	4.7	39.4	18.5	0.6	4.7
羊毛	168 584.4	173 178.2	221 042.8	186 050.5	142 126.8	197 522.6
茶	405.9	371.5	476.1	480.2	703.9	959.7

3-24-2 澳大利亚主要农产品进口额（一）

单位：万美元

项　目	2000 年	2001 年	2002 年	2003 年	2004 年
农产品	345 457.0	331 123.9	375 076.8	470 976.3	538 406.7
谷物	3 115.2	2 863.3	3 190.0	8 937.2	5 448.1
小麦产品	46.2	29.8	51.7	3 475.8	135.5
玉米产品	163.3	134.2	430.2	1 259.7	589.9
稻谷产品	2 779.1	2 569.6	2 639.3	3 769.8	4 610.7
棉花	129.7	81.9	57.7	74.9	56.6
食用油籽	5 171.7	2 101.4	2 376.9	4 610.1	4 700.1
大豆	3 835.6	972.3	195.0	2 147.5	2 594.4
花生	626.4	385.1	1 482.0	1 670.5	950.5
油菜子			15.8	38.2	21.0
食用植物油	11 860.4	10 707.5	13 417.4	16 723.3	21 098.7
豆油	365.4	361.4	571.7	793.8	920.5
菜子油			250.2	523.5	893.3
棕榈油	3 907.0	3 410.4	4 146.1	4 494.5	5 317.9
食糖	145.6	259.3	239.6	397.7	450.0
蔬菜	19 162.7	18 685.0	20 842.0	27 660.1	32 632.4
水果	20 994.2	19 610.2	19 920.1	25 485.7	33 587.1
苹果	1.1	9.6	5.3		0.8
柑橘	1 343.7	1 249.8	1 270.6	1 350.9	1 607.0
苹果汁			1 397.3	1 681.0	2 851.5
柑橘汁	2 278.7	2 097.6	2 980.1	3 660.0	4 557.0
水产品	65 983.3	61 464.4	68 632.9	75 947.3	84 665.8
畜产品	34 812.3	32 901.2	38 119.7	49 936.5	57 375.3
猪产品	7 994.5	7 764.8	10 483.8	13 134.1	17 964.3
牛产品	764.3	665.3	555.7	1 192.5	1 831.6
羊产品	60.0	41.9	79.8	139.1	138.7
家禽产品	95.8	138.2	211.9	214.7	184.4
蛋产品	166.1	132.2	205.6	241.7	274.4
乳品	14 643.0	15 748.4	14 897.5	18 761.5	23 548.4
动物生皮	73.7	134.1	150.8	135.6	159.8
动物生毛皮	70.8	11.6	61.9	39.0	29.6
羊毛	2 668.4	2 375.9	3 226.9	4 100.5	3 261.5
茶	5 291.8	4 698.2	5 309.8	6 409.7	7 048.7

澳大利亚主要农产品进口额（二）

单位：万美元

项　目	2005 年	2006 年	2007 年	2008 年	2009 年	2010 年
农产品	599 870.9	670 676.4	822 844.7	978 584.0	942 018.4	1 051 851.3
谷物	6 431.3	6 513.3	9 707.6	19 000.9	21 000.9	19 520.3
小麦产品	265.0	166.3	338.4	490.0	898.5	647.3
玉米产品	404.0	364.5	401.5	349.8	480.4	438.6
稻谷产品	5 579.3	5 831.9	8 645.5	17 805.0	19 333.3	18 041.4
棉花	16.0	8.3	10.7	29.4	6.2	25.3
食用油籽	5 160.2	6 671.8	6 161.0	5 190.2	3 906.9	4 326.2
大豆	3 199.5	2 346.1	559.4	425.2	322.5	316.8
花生	825.8	1 374.7	3 236.7	2 523.0	1 837.8	2 490.0
油菜子	21.6	1 820.8	58.8	54.8	123.2	72.6
食用植物油	20 431.6	28 140.7	34 678.3	37 328.3	32 748.0	34 036.4
豆油	664.8	2 017.6	1 821.5	3 038.6	2 033.8	2 876.6
菜子油	839.5	1 269.8	1 240.6	2 044.8	1 332.7	1 711.7
棕榈油	4 665.0	5 769.3	8 111.8	12 974.4	11 191.7	9 382.2
食糖	276.6	408.8	574.6	741.2	2 623.4	5 067.5
蔬菜	35 202.2	38 327.5	48 855.3	61 586.7	56 655.4	61 519.1
水果	35 593.0	39 333.6	50 077.1	56 758.2	54 538.7	57 179.9
苹果	3.7	12.3		6.6	0.3	
柑橘	1 803.2	2 146.4	2 388.5	2 585.4	2 813.4	3 686.8
苹果汁	2 610.6	2 995.1	4 609.3	6 181.4	3 476.8	3 649.7
柑橘汁	3 563.4	4 648.8	7 223.7	6 137.5	5 632.8	5 076.5
水产品	92 549.8	107 023.9	116 731.6	135 142.3	128 997.4	139 063.5
畜产品	69 794.3	74 444.6	91 456.4	116 572.6	100 602.1	126 060.0
猪产品	23 713.0	24 658.5	35 452.9	37 333.7	39 987.8	42 949.0
牛产品	2 661.0	2 656.1	2 226.6	2 402.4	2 597.5	3 520.0
羊产品	86.3	203.1	143.2	278.4	420.1	1 106.4
家禽产品	186.3	234.2	311.7	722.3	1 606.7	3 108.6
蛋产品	282.6	432.3	458.9	697.4	514.0	732.3
乳品	27 380.5	29 915.4	36 055.4	53 807.3	39 042.3	121 762.9
动物生皮	91.9	108.1	163.7	126.1	49.7	63.7
动物生毛皮	45.0	78.4	69.0	78.9	34.5	51.8
羊毛	2 778.4	2 078.2	1 953.0	1 892.7	1 356.6	1 520.9
茶	7 466.1	7 619.6	8 882.1	10 036.3	9 797.0	10 966.5

3-24-3 澳大利亚主要农产品出口量（一）

单位：吨

项 目	2000 年	2001 年	2002 年	2003 年	2004 年
农产品					
谷物	23 073 235.5	21 651 654.5	24 280 331.9	13 552 115.5	26 098 717.2
小麦产品	19 207 052.3	18 548 191.5	19 010 795.5	11 028 615.0	18 957 453.4
玉米产品	50 196.8	59 037.3	114 748.3	23 799.8	12 568.5
稻谷产品	649 951.6	651 887.6	388 912.6	156 618.7	73 649.2
棉花	713 713.0	843 222.0	650 278.5	459 818.2	447 498.5
食用油籽	668 990.5	678 658.4	1 854 572.3	800 644.1	1 410 354.8
大豆	11 730.2	11 789.3	13 444.3	6 496.7	16 984.8
花生	2 672.9	4 304.9	4 554.4	4 340.8	16 497.1
油菜子			1 352 165.5	625 152.9	1 197 679.5
食用植物油	49 711.4	39 327.2	51 934.8	31 432.2	61 365.7
豆油	3 345.9	1 229.1	2 376.1	1 736.3	1 846.2
菜子油			39 958.4	25 994.8	56 409.5
棕榈油	61.6	33.0	1 393.4	21.6	43.0
食糖	141 070.3	96 280.1	214 624.6	127 849.3	116 661.9
蔬菜	242 751.5	249 082.7	323 563.4	341 024.1	259 537.4
水果					
苹果	36 587.5	33 955.5	25 669.9	32 098.6	10 157.9
柑橘	167 995.3	178 216.7	168 960.5	130 961.5	134 368.3
苹果汁					
柑橘汁	15 379.5	16 675.6			
水产品					
畜产品					
猪产品					
牛产品					
羊产品					
家禽产品					
蛋产品					
乳品	945 983.4	838 281.8	1 011 341.2	788 917.5	847 500.3
动物生皮		258 865.9			
动物生毛皮					4.2
羊毛	607 173.7	560 049.6	441 617.3	324 917.6	420 235.5
茶	1 780.1	814.9	791.2	817.8	672.4

澳大利亚主要农产品出口量（二）

单位：吨

项　目	2005 年	2006 年	2007 年	2008 年	2009 年	2010 年
农产品						
谷物	19 784 073.2	21 015 498.6	13 334 454.4	12 282 287.5	24 439 519.5	20 382 802.5
小麦产品	15 487 294.9	15 569 026.8	11 184 163.8	8 330 552.3	20 802 502.4	15 996 741.0
玉米产品	17 707.0	14 244.6	12 372.1	87 231.6	40 549.1	29 632.1
稻谷产品	64 697.2	334 988.8	200 402.5	57 221.1	19 647.2	58 321.4
棉花	599 948.5	580 290.7	328 541.2	225 710.0	317 552.7	474 805.9
食用油籽	1 105 641.8	945 148.4	266 204.2	561 917.0	1 339 156.6	1 234 985.0
大豆	10 102.5	6 816.1	5 877.7	3 747.5	8 138.4	5 081.8
花生	3 989.0	3 574.8	4 703.8	6 213.0	4 643.0	4 205.5
油菜子	842 181.5	763 600.5	209 546.1	530 237.1	1 222 344.0	1 081 497.5
食用植物油	48 264.4	46 906.8	43 624.9	92 718.9	91 938.3	121 507.9
豆油	614.8	806.0	1 700.6	1 697.4	3 262.0	1 851.8
菜子油	39 401.7	32 981.4	36 633.6	74 521.1	67 907.2	98 942.2
棕榈油	14.3	2.8	87.4	7 403.8	45.8	40.8
食糖	155 336.3	187 235.6	222 388.0	196 825.6	192 697.5	273 851.7
蔬菜	225 232.8	204 848.3	182 586.3	167 366.6	202 833.1	205 197.9
水果						
苹果	13 496.4	7 646.9	4 656.3	3 800.5	4 713.1	4 243.7
柑橘	154 747.9	147 764.4	149 531.9	130 104.2	167 107.0	115 225.8
苹果汁	9 879.4		8 036.6	5 923.4	2 687.6	4 089.7
柑橘汁	18 396.2		21 783.4	15 537.2	6 335.4	8 342.2
水产品						
畜产品						
猪产品						
牛产品						
羊产品						
家禽产品						
蛋产品						
乳品	807 605.5	833 952.4	718 507.1	626 857.3	717 388.6	450 612.6
动物生皮	283 093.6					
动物生毛皮						
羊毛	423 048.8	433 885.1	414 065.2	358 634.9	339 202.6	350 998.3
茶	684.1	495.2	693.0	1 507.2	1 904.6	1 959.9

3-24-4 澳大利亚主要农产品进口量（一）

单位：吨

项　目	2000 年	2001 年	2002 年	2003 年	2004 年
农产品					
谷物	62 341.7	66 897.5	78 981.5	460 231.4	109 680.6
小麦产品	1 824.7	532.3	837.0	301 124.7	2 851.5
玉米产品	4 620.9	3 142.8	12 211.8	60 870.3	11 394.7
稻谷产品	53 896.5	60 990.5	64 247.7	79 438.7	93 010.0
棉花	1 148.5	791.7	422.4	479.0	302.0
食用油籽	197 037.4	62 082.5	35 894.8	115 452.0	115 770.1
大豆	181 286.9	47 158.3	3 780.9	84 766.6	94 159.4
花生	7 716.0	5 384.9	23 532.6	21 377.6	10 699.8
油菜子			175.1	260.4	101.4
食用植物油	167 154.9	180 455.0	192 833.4	197 012.2	207 588.1
豆油	8 160.2	8 978.0	12 153.6	12 826.2	13 396.8
菜子油			3 700.4	6 084.2	10 208.6
棕榈油	110 502.6	114 979.2	119 621.2	104 898.6	111 819.7
食糖	3 872.9	4 766.9	6 575.5	11 636.0	12 362.6
蔬菜	191 134.3	211 882.8	196 475.0	245 024.9	265 842.7
水果					
苹果	4.9	48.9	36.9		16.3
柑橘	17 685.3	14 612.9	11 376.8	14 260.7	17 735.5
苹果汁					
柑橘汁	22 115.0	27 334.2			
水产品					
畜产品					
猪产品					
牛产品					
羊产品					
家禽产品					
蛋产品					
乳品	68 852.5	75 039.6	65 475.8	76 886.9	84 138.9
动物生皮		641.3			
动物生毛皮					2.4
羊毛	12 579.2	11 551.1	13 566.0	13 371.9	9 925.2
茶	16 734.2	15 287.0	15 489.8	14 337.4	15 141.7

澳大利亚主要农产品进口量（二）

单位：吨

项　目	2005 年	2006 年	2007 年	2008 年	2009 年	2010 年
农产品						
谷物	126 600.5	116 692.1	161 257.4	218 328.4	239 806.9	221 347.8
小麦产品	4 130.1	3 389.3	6 026.4	5 095.9	14 988.3	10 099.6
玉米产品	7 032.3	4 946.0	5 169.0	5 197.8	7 005.9	6 195.4
稻谷产品	112 139.1	106 049.4	143 626.4	203 642.0	214 904.1	202 460.5
棉花	96.6	111.0	361.1	510.6	83.6	289.5
食用油籽	159 754.7	188 324.8	82 905.2	37 072.9	27 254.9	32 387.9
大豆	141 370.7	105 749.8	16 375.0	6 795.5	4 186.7	4 370.7
花生	8 514.2	14 732.5	29 304.0	16 621.4	12 176.5	18 102.9
油菜子	126.4	57 269.3	265.2	284.1	483.2	315.1
食用植物油	199 215.2	261 195.0	261 971.0	247 682.4	249 279.2	252 318.5
豆油	10 491.5	32 179.0	22 134.2	22 889.0	21 391.7	26 547.0
菜子油	9 380.9	16 200.8	10 765.5	11 266.8	10 064.7	12 526.5
棕榈油	112 104.8	136 528.4	128 230.1	133 976.4	135 144.8	123 348.1
食糖	6 126.3	8 010.7	10 467.8	12 442.3	54 156.9	76 040.3
蔬菜	283 062.0	317 072.7	411 766.6	481 324.5	402 779.1	421 472.2
水果						
苹果	58.8	51.9		27.0	0.3	
柑橘	18 141.9	17 770.0	15 880.7	20 961.8	21 555.8	28 303.3
苹果汁	30 526.9		35 439.5	38 553.2	18 686.6	32 719.7
柑橘汁	38 252.7		29 810.9	29 755.3	37 419.2	33 604.3
水产品						
畜产品						
猪产品						
牛产品						
羊产品						
家禽产品						
蛋产品						
乳品	85 600.5	96 002.1	102 254.4	121 430.2	120 028.3	297 509.9
动物生皮	473.4					410.2
动物生毛皮						
羊毛	8 973.7	7 308.6	6 457.0	6 259.4	5 083.8	5 140.1
茶	15 061.4	14 151.3	14 953.4	15 427.1	14 167.9	15 100.4

3-25 新西兰主要农产品贸易情况

3-25-1 新西兰主要农产品出口额（一）

单位：万美元

项 目	2000年	2001年	2002年	2003年	2004年
农产品	713 472.9	790 242.7	800 035.0	925 257.9	1 142 662.2
谷物	568.0	406.5	312.5	370.0	402.1
小麦产品	52.3	27.1	17.1	20.5	32.7
玉米产品	274.5	281.6	245.6	175.6	178.5
稻谷产品	10.3	28.2	6.0	107.3	86.7
棉花	0.7	0.1	0.3	0.2	0.2
食用油籽	53.3	61.9	59.8	173.4	274.3
大豆	1.0	2.0	1.0	24.7	1.3
花生	11.4	8.8	9.1	8.0	28.0
油菜子			35.2	65.8	164.5
食用植物油	40.6	125.7	117.9	133.7	161.3
豆油	3.3	8.3	5.3	10.5	9.8
菜子油			0.3	2.2	
棕榈油	0.4	0.5	0.2	1.0	0.2
食糖	492.4	543.1	761.4	794.4	947.7
蔬菜	20 412.2	23 008.8	24 641.2	31 065.1	32 891.5
水果	53 524.4	45 825.9	53 453.5	60 809.5	95 652.0
苹果	18 250.3	13 495.9	19 609.3	23 568.3	31 321.4
柑橘	410.6	387.8	489.1	415.1	506.6
苹果汁			1 004.3	915.6	2 043.4
柑橘汁	19.5	23.6	28.9	16.0	33.1
水产品	66 928.1	64 518.6	71 626.2	71 300.6	85 100.1
畜产品	462 871.8	531 091.9	524 003.4	614 857.5	749 622.6
猪产品	95.9	51.5	15.9	106.4	70.1
牛产品	75 397.6	79 982.8	84 127.1	103 642.4	147 572.0
羊产品	85 032.3	91 000.9	106 404.2	129 304.7	148 948.1
家禽产品	139.5	182.7	254.9	385.5	890.7
蛋产品	242.1	229.4	274.0	380.3	376.0
乳品	208 033.8	266 422.9	240 040.4	274 986.9	329 214.9
动物生皮	16 015.5	19 210.0	15 595.8	16 640.3	17 400.4
动物生毛皮	25.0	0.1	0.1	4.8	3.1
羊毛	39 722.9	34 886.6	38 194.5	43 814.2	47 055.5
茶	42.2	28.3	40.5	62.1	67.6

新西兰主要农产品出口额（二）

单位：万美元

项　目	2005年	2006年	2007年	2008年	2009年	2010年
农产品	1 230 722.1	1 243 337.3	1 519 544.5	1 713 271.6	1 453 792.8	1 801 012.6
谷物	416.0	512.6	745.7	1 690.8	1 149.6	1 355.4
小麦产品	35.7	61.0	72.6	73.4	157.0	225.9
玉米产品	214.7	256.6	410.6	460.4	786.5	923.2
稻谷产品	27.9	41.9	38.7	41.5	46.2	45.1
棉花	0.2	1.9	8.9	0.2	0.3	0.4
食用油籽	348.4	312.0	271.6	212.9	261.6	505.7
大豆	1.0	0.6	0.8	0.7	1.3	1.9
花生	18.3	15.7	16.3	16.5	17.4	35.6
油菜子	299.2	209.5	122.5	104.3	158.8	315.1
食用植物油	184.1	110.1	158.9	222.0	172.8	254.0
豆油	18.4	41.4	45.9	65.2	61.9	53.3
菜子油	0.8		2.0	3.6	3.0	4.5
棕榈油	2.0	1.1	1.0	1.2	0.8	6.8
食糖	730.5	903.1	1 173.3	1 131.6	1 135.6	1 971.2
蔬菜	33 680.1	34 142.9	41 701.4	40 759.9	35 884.8	43 072.8
水果	85 855.7	81 426.0	98 701.0	108 125.1	106 579.2	111 736.3
苹果	27 503.1	20 903.8	26 530.3	23 767.7	25 752.4	23 529.9
柑橘	357.3	309.4	629.9	363.1	369.0	466.9
苹果汁	1 417.1	1 838.6	1 634.1	2 311.5	1 091.0	1 399.9
柑橘汁	54.3	63.9	133.5	85.2	65.8	90.6
水产品	89 569.9	88 173.8	93 732.2	98 217.7	90 787.7	107 161.7
畜产品	805 214.4	811 183.1	992 644.1	1 153 790.7	935 807.6	1 228 276.1
猪产品	82.1	209.1	180.7	107.0	46.2	56.7
牛产品	150 371.4	132 887.8	131 867.7	152 778.3	127 440.8	157 852.1
羊产品	167 766.1	155 604.9	175 094.3	194 770.4	182 077.5	194 253.8
家禽产品	1 073.0	960.4	988.4	1 386.5	2 214.5	2 849.2
蛋产品	400.8	463.2	415.8	398.7	401.4	697.9
乳品	363 471.2	401 990.9	552 213.2	656 297.4	503 770.5	732 713.6
动物生皮	14 667.4	12 746.6	15 750.4	17 543.8	10 405.0	13 759.0
动物生毛皮	32.7	13.3	103.8	113.7	22.6	0.7
羊毛	46 065.1	44 904.3	46 855.5	41 444.3	33 354.7	44 447.5
茶	114.7	114.2	136.0	119.0	83.3	136.2

3-25-2 新西兰主要农产品进口额（一）

单位：万美元

项　目	2000年	2001年	2002年	2003年	2004年
农产品	115 751.5	120 488.5	138 752.1	161 937.5	188 626.8
谷物	5 275.2	7 384.0	8 670.2	8 601.0	11 544.4
小麦产品	3 206.4	4 441.2	5 693.9	5 306.1	7 358.6
玉米产品	264.5	453.0	542.4	556.0	371.1
稻谷产品	1 546.6	1 366.4	1 715.8	2 264.9	2 536.0
棉花	15.9	10.3	9.0	11.1	4.4
食用油籽	1 586.5	1 487.2	1 692.3	1 951.1	2 624.5
大豆	681.2	568.3	656.1	752.6	1 152.7
花生	702.3	762.0	887.4	1 038.5	1 197.0
油菜子			3.3	3.6	35.9
食用植物油	3 699.8	3 361.7	5 276.8	5 343.2	7 078.9
豆油	838.8	613.1	1 031.9	1 112.6	1 609.6
菜子油			1 218.3	1 226.2	1 599.6
棕榈油	597.3	554.0	929.9	933.9	1 118.3
食糖	5 017.9	5 058.7	4 693.9	4 920.8	5 365.1
蔬菜	6 249.7	6 469.7	7 404.1	9 016.0	10 678.2
水果	11 902.1	11 929.8	12 960.2	16 842.3	17 800.6
苹果	4.4	6.7	26.9	83.2	37.3
柑橘	960.7	958.5	953.6	1 389.8	1 515.4
苹果汁			228.3	438.9	492.1
柑橘汁	822.8	927.7	1 270.1	1 377.5	1 393.6
水产品	6 727.1	7 325.4	7 477.6	7 676.0	8 988.9
畜产品	13 304.0	14 397.1	16 441.2	16 324.2	18 642.8
猪产品	2 771.4	3 108.3	3 746.6	4 485.6	5 350.5
牛产品	1 805.7	2 078.7	3 149.8	2 751.0	2 761.2
羊产品	658.0	548.0	571.5	409.5	475.4
家禽产品	131.1	146.6	49.0	39.1	44.2
蛋产品	63.0	85.1	95.6	71.6	99.8
乳品	1 775.2	1 658.5	2 241.4	2 239.2	2 894.5
动物生皮	1 313.2	2 210.6	2 073.3	1 738.3	2 374.1
动物生毛皮			1.3		
羊毛	247.3	146.8	129.5	283.0	199.8
茶	1 226.4	1 280.9	1 249.8	1 644.2	1 903.9

新西兰主要农产品进口额（二）

单位：万美元

项　目	2005 年	2006 年	2007 年	2008 年	2009 年	2010 年
农产品	212 212.5	225 249.2	276 231.0	334 938.4	284 605.5	330 989.0
谷物	11 417.2	11 674.9	15 591.6	25 859.8	16 448.7	16 389.6
小麦产品	7 669.4	7 575.5	10 138.1	14 386.4	9 279.8	8 809.0
玉米产品	321.2	363.0	666.8	626.5	513.8	509.4
稻谷产品	2 594.6	2 739.3	3 360.0	4 828.8	4 989.2	5 018.4
棉花	0.6	1.8	3.3	5.6	2.4	3.6
食用油籽	1 914.9	2 761.7	3 207.4	2 649.5	2 431.2	2 896.0
大豆	420.4	1 035.1	1 365.7	223.8	245.6	529.5
花生	1 159.4	1 344.8	1 533.5	1 905.9	1 778.1	1 977.2
油菜子	3.7	69.6	12.2	38.8	4.3	1.5
食用植物油	7 407.2	7 395.8	9 581.8	13 443.1	9 309.9	9 772.1
豆油	1 698.1	1 309.9	1 867.2	3 021.3	1 438.1	1 755.3
菜子油	1 682.6	1 654.1	2 692.9	3 795.9	3 231.5	3 497.8
棕榈油	1 038.8	1 281.9	1 597.7	2 784.4	1 812.2	1 480.6
食糖	5 795.4	8 456.6	6 670.9	6 904.9	9 539.1	11 699.9
蔬菜	11 302.4	12 457.6	14 774.0	16 048.6	15 564.6	16 148.0
水果	21 046.3	21 445.8	26 362.6	29 113.0	26 226.6	28 181.2
苹果	156.1	155.3	238.3	339.7	185.1	167.3
柑橘	1 767.8	1 884.9	2 173.5	2 276.0	2 135.1	2 304.4
苹果汁	545.0	415.3	1 095.4	1 232.8	405.8	448.5
柑橘汁	1 287.4	1 624.5	2 481.8	1 923.0	1 716.1	1 951.5
水产品	10 291.7	11 060.0	11 469.7	13 335.1	11 206.3	13 134.7
畜产品	23 074.6	22 547.4	28 323.4	27 940.4	29 361.3	30 820.9
猪产品	7 554.7	7 454.6	9 798.8	8 974.5	9 308.7	9 549.6
牛产品	2 365.7	2 541.9	3 709.0	3 764.1	2 787.9	3 439.5
羊产品	779.3	803.3	883.6	1 289.3	1 385.3	725.7
家禽产品	51.3	45.1	74.7	206.8	202.5	415.6
蛋产品	109.9	106.9	179.6	254.0	154.7	165.4
乳品	4 776.2	4 892.1	7 330.4	7 526.0	7 849.8	8 413.9
动物生皮	1 132.7	419.0	294.3	261.3	291.7	246.8
动物生毛皮						0.1
羊毛	200.6	156.7	286.1	338.8	266.5	193.3
茶	1 987.9	2 110.8	2 225.4	2 490.2	2 107.9	2 174.3

3-25-3 新西兰主要农产品出口量（一）

单位：吨

项　目	2000年	2001年	2002年	2003年	2004年
农产品					
谷物	30 503.0	13 771.6	8 697.0	5 941.6	6 654.7
小麦产品	2 014.0	1 067.2	600.2	483.6	784.1
玉米产品	11 408.4	9 925.3	6 769.4	3 336.2	3 200.3
稻谷产品	232.6	453.4	145.0	977.7	1 077.8
棉花	0.8	0.3	0.9	2.3	0.3
食用油籽	1 022.1	1 534.1	662.4	2 091.1	1 720.6
大豆	22.1	40.0	23.5	761.6	16.4
花生	115.9	82.9	84.8	37.8	272.2
油菜子			387.8	471.9	854.0
食用植物油	611.5	1 961.5	1 710.2	1 200.9	1 670.4
豆油	41.4	141.7	81.3	114.3	116.1
菜子油			5.3	27.1	0.4
棕榈油	6.1	9.6	6.6	9.5	2.1
食糖	18 977.6	17 290.0	25 513.1	21 647.6	25 738.9
蔬菜	550 849.6	534 521.6	496 450.2	549 488.6	529 846.0
水果					
苹果	373 834.6	295 475.7	354 332.7	359 364.2	393 347.2
柑橘	2 390.3	2 853.2	3 311.2	2 542.9	2 685.4
苹果汁			11 126.9	8 876.0	19 368.4
柑橘汁	238.3	249.2	315.9	169.6	318.7
水产品					
畜产品					
猪产品					
牛产品					
羊产品					
家禽产品					
蛋产品					
乳品	1 296 534.3		1 695 384.7		1 693 109.5
动物生皮	49 146.1	46 070.1	46 369.1	44 571.3	54 261.6
动物生毛皮	50.0	0.9	0.3	1.8	3.1
羊毛	185 591.3	176 398.9	157 619.6	150 109.7	153 021.5
茶	114.4	56.9	103.1	98.7	139.3

新西兰主要农产品出口量（二）

单位：吨

项　目	2005 年	2006 年	2007 年	2008 年	2009 年	2010 年
农产品						
谷物	6 839.5	8 357.6	8 426.1	32 528.0	25 995.1	21 231.1
小麦产品	814.4	1 700.5	1 282.9	1 023.5	7 036.4	7 901.4
玉米产品	3 716.4	4 010.5	5 532.2	8 468.5	18 098.7	11 950.7
稻谷产品	439.1	365.3	216.8	429.3	526.7	354.2
棉花	0.4	5.5	24.1	0.2	0.5	0.3
食用油籽	1 721.1	1 837.4	1 809.7	1 239.2	1 081.8	1 814.6
大豆	12.6	8.1	8.7	6.8	8.0	8.1
花生	132.6	121.9	111.4	79.9	91.9	162.8
油菜子	1 419.8	993.0	697.1	653.4	639.2	1 114.2
食用植物油	1 465.8	998.4	864.6	1 052.1	821.5	1 722.7
豆油	178.2	733.4	251.9	404.2	455.8	461.8
菜子油	4.0	0.7	14.9	23.6	23.4	34.3
棕榈油	32.8	16.9	15.4	19.9	13.5	71.0
食糖	18 754.8	19 115.5	25 643.8	21 622.4	19 616.8	26 121.3
蔬菜	536 500.0	513 131.2	589 929.7	544 904.5	475 302.7	487 248.4
水果						
苹果	345 175.1	292 661.9	322 488.9	285 107.2	332 076.3	259 682.7
柑橘	2 275.7	2 241.4	3 734.5	2 600.1	2 450.9	2 531.5
苹果汁	12 866.5	15 845.2	12 031.1	12 643.8	8 931.0	12 688.1
柑橘汁	406.3	526.9	838.1	486.4	356.9	598.0
水产品						
畜产品						
猪产品						
牛产品						
羊产品						
家禽产品						
蛋产品						
乳品	1 626 395.5	1 907 058.4	1 925 805.7	1 704 166.3	2 272 524.0	2 193 429.0
动物生皮	50 069.2	56 150.8	72 720.0	65 891.2	57 664.7	
动物生毛皮	29.3	24.6	16.8	18.4	9.4	
羊毛	154 798.2	159 821.5	154 022.4	135 650.3	129 631.9	134 530.2
茶	265.4	298.2	382.6	203.6	144.9	115.8

3-25-4 新西兰主要农产品进口量（一）

单位：吨

项　目	2000年	2001年	2002年	2003年	2004年
农产品					
谷物	257 510.9	412 095.3	452 973.0	358 638.4	470 123.5
小麦产品	204 518.8	283 621.8	343 082.4	281 629.1	359 049.4
玉米产品	9 318.9	24 604.3	26 160.1	19 665.4	5 646.1
稻谷产品	32 458.7	32 758.3	38 638.5	39 893.0	39 805.9
棉花	78.0	44.0	105.8	73.0	23.0
食用油籽	39 101.1	32 110.7	37 734.0	39 405.1	45 240.2
大豆	27 999.7	22 699.2	27 935.5	29 822.3	33 877.9
花生	6 828.7	7 375.6	8 128.4	8 036.1	8 261.5
油菜子			34.2	14.2	1 030.9
食用植物油	60 996.4	61 050.5	83 943.0	67 344.1	81 175.2
豆油	16 383.3	13 110.8	19 364.4	16 725.4	21 564.1
菜子油			21 680.4	17 231.2	20 807.6
棕榈油	14 586.9	15 605.6	22 629.5	18 883.7	21 027.1
食糖	230 136.3	228 009.9	268 938.2	246 289.3	264 615.1
蔬菜	59 142.3	69 879.0	72 635.2	73 605.3	81 609.3
水果					
苹果	28.3	68.6	275.1	820.8	386.8
柑橘	15 753.1	14 755.1	13 180.5	18 723.0	17 805.8
苹果汁			3 624.6	6 327.8	6 940.0
柑橘汁	7 798.0	12 369.1	13 779.6	13 845.0	15 189.9
水产品					
畜产品					
猪产品					
牛产品					
羊产品					
家禽产品					
蛋产品					
乳品	13 053.4		14 642.5		17 489.9
动物生皮	7 746.8	11 418.8	8 085.2	3 081.0	5 163.9
动物生毛皮			1.2		
羊毛	1 173.0	730.3	493.1	1 038.2	666.6
茶	4 368.1	5 157.2	4 528.4	4 553.9	5 508.2

新西兰主要农产品进口量（二）

单位：吨

项　目	2005 年	2006 年	2007 年	2008 年	2009 年	2010 年
农产品						
谷物	486 828.4	455 586.5	452 818.8	547 540.0	373 094.0	417 648.2
小麦产品	405 302.1	366 574.8	357 165.8	319 100.6	275 991.2	302 242.2
玉米产品	3 378.5	3 987.8	11 248.1	4 904.5	3 935.8	3 664.8
稻谷产品	38 255.2	41 293.4	43 089.4	45 685.5	46 568.4	45 493.7
棉花	1.0	9.0	13.8	13.5	10.0	8.8
食用油籽	22 652.9	46 487.3	49 701.6	14 640.3	14 219.7	20 708.8
大豆	12 231.6	32 036.6	38 314.9	2 579.9	2 474.8	9 419.7
花生	7 881.4	8 762.5	9 133.5	9 464.2	9 468.3	9 031.9
油菜子	12.3	3 111.1	12.5	43.4	1.3	0.7
食用植物油	86 935.6	83 964.3	82 485.8	85 631.0	75 129.4	73 380.7
豆油	25 151.6	18 497.9	18 639.1	20 503.8	14 651.2	14 971.8
菜子油	22 362.1	23 669.5	26 286.7	24 535.2	27 859.3	28 440.7
棕榈油	21 029.4	25 460.5	20 395.7	25 875.5	19 485.0	15 816.7
食糖	225 059.3	234 756.8	231 833.5	238 650.4	248 746.4	214 567.5
蔬菜	83 027.7	90 261.0	96 036.0	107 757.8	105 752.5	86 735.3
水果						
苹果	1 463.4	1 126.3	1 528.3	1 756.6	1 353.1	1 151.3
柑橘	19 981.2	20 702.0	17 596.7	21 108.9	17 798.9	18 204.3
苹果汁	7 404.5	4 419.0	9 712.5	8 390.8	5 075.0	4 317.2
柑橘汁	14 037.9	15 180.2	16 590.4	15 106.8	13 700.6	12 397.1
水产品						
畜产品						
猪产品						
牛产品						
羊产品						
家禽产品						
蛋产品						
乳品	23 771.1	21 174.8	24 956.4	22 751.4	30 425.1	26 140.3
动物生皮	3 282.0	1 764.0	1 228.6	889.5	1 477.9	
动物生毛皮						
羊毛	738.9	597.3	971.6	1 082.9	922.2	626.6
茶	5 003.4	4 871.3	4 742.9	4 949.7	4 528.1	2 161.9

3-26 南非主要农产品贸易情况

3-26-1 南非主要农产品出口额（一）

单位：万美元

项 目	2000年	2001年	2002年	2003年	2004年
农产品	250 336.0	263 695.2	279 293.7	351 456.7	396 968.0
谷物	12 215.8	15 815.0	21 292.3	18 573.8	14 880.7
小麦产品	3 329.8	5 662.0	4 149.5	2 626.9	2 223.5
玉米产品	7 941.3	8 945.5	16 457.1	15 321.0	12 072.9
稻谷产品	741.7	667.1	510.7	386.0	449.4
棉花	716.7	591.7	131.4	625.1	1 079.2
食用油籽	2 336.7	2 574.8	3 331.1	2 704.5	2 478.2
大豆	90.1	40.6	205.7	347.2	125.1
花生	2 100.8	2 377.1	2 813.1	2 078.8	2 217.7
油菜子			2.8		1.9
食用植物油	2 506.2	2 180.4	2 002.8	1 611.9	1 599.0
豆油	262.5	438.7	240.9	97.0	86.8
菜子油				2.0	1.7
棕榈油	77.9	245.1	78.8	146.3	90.7
食糖	25 845.9	30 690.2	21 015.9	22 347.7	22 177.7
蔬菜	4 745.1	5 457.5	5 570.6	7 743.2	8 010.8
水果	76 591.5	70 970.4	74 209.0	109 758.0	137 402.1
苹果	6 694.8	7 130.9	8 360.3	14 286.1	18 174.0
柑橘	20 474.0	20 454.4	21 155.5	33 830.5	45 388.2
苹果汁			713.3	1 544.8	1 928.3
柑橘汁	1 014.4	996.2	2 414.9	2 119.7	2 017.0
水产品	27 151.3	28 929.2	32 157.0	39 527.5	42 372.1
畜产品	23 255.5	24 617.4	30 934.4	33 412.6	34 961.6
猪产品	209.4	145.1	222.9	277.6	210.5
牛产品	1 489.9	1 577.2	1 940.7	2 401.2	3 238.9
羊产品	23.2	44.6	99.5	145.0	113.8
家禽产品	1 259.0	1 254.1	1 508.4	1 330.7	1 466.2
蛋产品	402.3	517.6	876.6	772.2	402.3
乳品	3 504.8	2 649.5	4 334.3	3 674.0	3 733.2
动物生皮	5 524.5	6 582.7	7 666.1	8 780.4	9 855.0
动物生毛皮	2.1	1.1	4.6	6.0	19.9
羊毛	5 447.3	5 113.9	7 641.4	8 923.6	9 292.5
茶	2 036.0	1 509.1	1 858.8	1 354.4	1 303.9

南非主要农产品出口额（二）

单位：万美元

项 目	2005 年	2006 年	2007 年	2008 年	2009 年	2010 年
农产品	456 369.7	433 317.4	493 609.8	622 094.3	600 948.3	685 922.7
谷物	39 838.1	17 715.3	7 109.3	75 541.8	59 426.5	43 118.3
小麦产品	1 160.2	942.6	1 702.8	14 060.0	5 266.0	4 561.0
玉米产品	37 696.4	15 390.4	4 657.0	59 310.3	51 893.1	36 290.8
稻谷产品	698.5	1 150.2	426.0	1 730.2	1 560.7	1 683.9
棉花	2 652.2	717.3	641.5	562.6	2 191.7	1 971.4
食用油籽	2 603.3	1 321.1	1 313.1	9 428.4	9 071.2	8 848.1
大豆	257.0	64.5	56.9	938.5	6 829.8	5 305.7
花生	2 094.2	1 127.2	1 115.4	2 456.8	1 609.8	3 380.8
油菜子				6.0	4.9	19.0
食用植物油	2 151.3	1 598.0	1 282.6	9 462.5	7 279.8	13 455.9
豆油	54.4	330.0	55.2	328.7	894.9	2 890.3
菜子油	2.0	2.0		6.9	4.8	13.3
棕榈油	47.9	62.0	93.2	305.6	477.2	262.0
食糖	27 516.4	37 326.2	28 077.5	22 032.9	36 884.9	24 818.6
蔬菜	7 989.1	8 176.3	9 338.0	10 299.7	11 220.7	14 207.4
水果	142 285.6	134 152.8	167 211.5	178 463.2	182 447.3	233 010.8
苹果	15 395.4	15 797.6	21 266.2	24 194.1	23 215.7	24 930.5
柑橘	48 386.1	49 503.9	60 704.6	66 334.4	63 109.9	89 691.3
苹果汁	1 493.6	1 950.1	1 967.4	2 600.6	1 909.8	2 676.3
柑橘汁	3 369.5	5 765.5	4 604.8	4 980.3	4 779.7	7 233.1
水产品	44 555.0	40 252.4	51 707.5	54 315.0	44 058.9	56 874.1
畜产品	30 396.0	34 105.0	43 318.2	44 874.1	47 373.6	56 459.8
猪产品	333.2	309.7	415.5	641.1	961.3	857.0
牛产品	2 594.8	1 999.1	2 658.3	2 924.7	3 229.1	3 505.0
羊产品	214.2	115.5	411.0	426.4	334.5	321.1
家禽产品	994.7	1 172.6	1 231.5	854.3	3 071.9	4 117.5
蛋产品	137.6	80.8	151.3	314.5	801.0	1 685.8
乳品	2 481.9	3 121.9	3 420.8	5 166.8	6 652.9	6 531.6
动物生皮	8 626.6	7 723.4	9 316.1	8 061.7	6 495.5	9 715.3
动物生毛皮	12.1	10.6	4.5	3.3	12.0	1.2
羊毛	9 370.2	11 378.9	16 337.0	15 367.0	15 618.1	18 361.2
茶	700.5	1 035.5	1 029.5	1 193.0	1 562.5	1 509.3

3-26-2 南非主要农产品进口额（一）

单位：万美元

项　目	2000年	2001年	2002年	2003年	2004年
农产品	144 031.6	129 959.5	149 332.9	195 976.1	267 880.2
谷物	27 815.2	18 450.7	35 353.7	36 793.7	50 293.0
小麦产品	8 599.0	3 211.4	8 886.6	11 386.2	19 963.6
玉米产品	3 088.8	1 588.3	10 560.0	6 740.8	7 502.2
稻谷产品	13 481.4	11 115.9	11 853.1	15 792.3	20 761.4
棉花	3 250.1	4 749.9	6 016.9	7 686.3	11 784.0
食用油籽	3 193.3	1 694.0	1 304.6	2 782.1	3 139.4
大豆	1 902.3	274.0	591.4	582.0	491.6
花生	531.9	590.8	170.6	1 387.5	1 060.1
油菜子			2.6	4.6	3.5
食用植物油	10 546.3	12 896.8	14 177.8	20 349.1	29 944.3
豆油	610.4	2 606.8	4 137.3	6 567.0	10 020.9
菜子油			5.0	42.0	9.8
棕榈油	4 648.1	5 002.4	7 228.6	9 802.4	12 266.6
食糖	183.6	20.8	544.7	1 260.5	1 383.3
蔬菜	4 280.0	3 409.1	2 978.4	5 545.8	6 796.6
水果	2 402.0	1 695.4	1 502.1	2 256.3	3 143.4
苹果				4.8	
柑橘	77.7	67.6	45.0	101.8	84.9
苹果汁			126.0	395.6	309.8
柑橘汁	19.2	15.3	7.5	21.8	37.8
水产品	6 100.3	6 363.9	5 113.2	8 143.4	10 745.2
畜产品	22 415.8	17 804.3	17 413.5	26 176.1	35 138.7
猪产品	1 508.4	1 431.5	1 192.8	2 326.9	4 103.1
牛产品	1 560.4	881.5	787.8	1 439.7	2 676.8
羊产品	2 003.9	1 203.4	619.3	870.0	1 371.5
家禽产品	4 614.4	3 982.6	3 824.4	7 702.0	11 785.4
蛋产品	2.5	9.2	15.7	36.8	58.8
乳品	4 379.3	2 925.4	3 179.2	4 067.4	3 766.7
动物生皮	2 775.9	2 698.1	1 535.3	2 869.7	2 533.7
动物生毛皮	43.5			1.2	
羊毛	540.4	623.9	698.5	614.2	517.7
茶	1 731.8	1 623.6	1 674.2	1 641.8	2 044.5

南非主要农产品进口额（二）

单位：万美元

项　目	2005 年	2006 年	2007 年	2008 年	2009 年	2010 年
农产品	272 503.8	322 878.6	441 754.3	491 829.0	443 591.3	507 212.8
谷物	45 807.6	54 050.7	79 888.0	96 304.9	76 506.3	73 359.6
小麦产品	18 367.7	15 275.5	26 624.9	43 817.5	27 869.4	27 911.1
玉米产品	1 022.3	11 394.9	21 034.2	2 702.4	2 211.5	1 215.2
稻谷产品	23 302.3	24 699.6	29 924.5	46 499.0	44 479.3	41 458.4
棉花	6 818.0	5 348.6	5 577.7	5 119.7	4 717.1	5 018.4
食用油籽	2 118.3	3 016.3	7 050.5	3 272.2	6 098.7	3 416.8
大豆	330.9	252.9	3 440.0	496.8	118.1	110.9
花生	346.1	1 843.8	2 030.6	1 569.3	1 354.1	755.2
油菜子	1.4	18.7	51.0	1.7	25.7	74.2
食用植物油	26 275.6	33 836.3	56 687.5	65 966.5	45 052.2	72 117.2
豆油	10 929.1	12 878.8	20 921.8	28 341.4	11 020.7	27 547.6
菜子油	7.1	12.5	500.7	630.9	137.3	1 561.9
棕榈油	10 436.6	11 656.3	19 611.5	29 187.5	22 728.7	29 885.3
食糖	1 206.0	1 258.9	3 671.4	5 668.0	5 148.4	5 700.3
蔬菜	7 331.4	9 939.7	12 504.2	12 149.7	11 203.3	16 338.7
水果	4 042.3	4 529.0	6 005.3	6 525.5	6 185.6	7 144.5
苹果		2.3	12.3	8.6	18.9	38.1
柑橘	110.5	190.3	200.0	307.8	187.6	157.9
苹果汁	895.9	1 140.8	3 144.5	1 963.0	3 132.2	3 215.9
柑橘汁	68.9	35.5	104.9	252.4	112.9	74.8
水产品	12 764.7	15 341.0	19 774.8	23 915.0	26 066.4	24 728.7
畜产品	45 138.8	50 004.4	61 843.9	55 489.0	48 465.5	63 330.5
猪产品	5 702.2	5 026.1	5 527.2	4 354.6	5 271.7	6 659.9
牛产品	4 046.6	3 971.8	3 927.2	2 665.5	3 318.4	3 110.7
羊产品	2 079.7	3 420.7	3 319.4	3 109.6	1 426.2	1 649.5
家禽产品	15 209.1	19 087.8	24 140.2	20 210.9	19 321.0	25 106.5
蛋产品	96.4	73.8	86.7	25.9	32.3	28.2
乳品	6 753.9	6 500.0	11 786.8	9 589.0	7 243.7	10 018.8
动物生皮	1 140.2	378.2	496.9	464.6	93.1	145.5
动物生毛皮		1.9		1.1		0.6
羊毛	591.1	639.8	690.0	518.8	360.1	318.1
茶	2 503.6	3 260.1	2 750.0	3 078.4	4 313.8	5 055.5

3-26-3 南非主要农产品出口量（一）

单位：吨

项　目	2000年	2001年	2002年	2003年	2004年
农产品					
谷物	953 697.1	1 113 661.6	1 182 359.1	971 662.2	577 076.8
小麦产品	251 998.2	376 151.2	249 662.5	103 022.3	82 230.3
玉米产品	664 198.3	669 807.5	906 850.4	852 136.9	479 303.5
稻谷产品	33 949.7	35 531.7	21 982.6	12 963.3	13 930.0
棉花	11 827.7	9 545.8	2 853.1	7 272.1	10 501.6
食用油籽	34 508.0	45 568.3	61 332.3	35 685.1	20 435.1
大豆	3 191.6	1 293.5	5 284.8	8 864.2	2 178.4
花生	29 623.1	42 276.2	52 945.7	24 678.1	17 571.1
油菜子			136.0		1.2
食用植物油	47 939.9	40 281.1	32 930.0	17 826.2	14 840.8
豆油	6 646.5	10 161.0	5 701.8	2 049.1	1 378.5
菜子油				14.6	5.9
棕榈油	1 480.5	6 620.0	1 615.2	1 579.6	781.2
食糖	1 414 828.9	1 513 909.2	1 135 904.8	979 292.3	962 510.4
蔬菜	72 102.2	115 435.6	109 365.5		108 408.0
水果					
苹果	207 495.7	238 614.1	256 466.5	325 809.6	305 189.5
柑橘	588 353.0	933 304.2	995 227.2	1 083 714.7	1 127 630.4
苹果汁			10 269.7		20 898.9
柑橘汁	12 938.2	14 571.3	27 971.3		24 199.6
水产品					
畜产品					
猪产品					
牛产品					
羊产品					
家禽产品					
蛋产品					
乳品		22 460.0	34 160.3		23 676.6
动物生皮	29 317.0	33 319.6	34 965.2	38 118.4	43 393.1
动物生毛皮	8.2		2.4	4.0	16.5
羊毛	62 479.5	21 207.1	24 680.2	24 748.0	27 867.5
茶	11 133.6	8 222.0	11 825.9	67 816.8	5 765.1

南非主要农产品出口量（二）

单位：吨

项 目	2005年	2006年	2007年	2008年	2009年	2010年
农产品						
谷物	2 563 564.7	737 084.7	176 202.7	1 453 138.2	1 998 494.8	1 518 041.6
小麦产品	54 602.0	35 576.9	65 699.9	171 858.4	122 118.1	83 223.0
玉米产品	2 474 494.5	678 945.7	98 375.7	1 252 754.1	1 832 605.1	1 397 299.8
稻谷产品	28 986.0	20 719.5	8 763.4	24 922.5	33 794.6	31 660.2
棉花	25 288.6	7 374.4	5 917.6	4 507.2	19 648.4	13 708.2
食用油籽	91 338.2	14 140.1	10 141.8	111 549.8	176 869.9	149 814.5
大豆	68 662.3	561.9	417.3	14 551.0	162 412.4	123 050.5
花生	21 201.5	12 967.6	9 184.5	15 777.3	12 787.8	26 190.2
油菜子				6.8	8.6	41.4
食用植物油	23 377.3	27 384.8	12 709.4	62 474.4	73 571.0	103 425.0
豆油	685.6	7 695.0	726.3	1 940.7	8 001.3	22 386.6
菜子油	24.3	4.0		17.1	21.3	60.5
棕榈油	510.4	804.7	1 001.1	2 165.3	5 685.1	2 428.8
食糖	1 072 790.2	2 155 244.8	1 032 489.2	684 935.7	905 229.7	421 178.4
蔬菜	78 123.0	112 026.0	128 482.1	113 727.0	109 802.6	155 247.5
水果						
苹果	262 745.3	267 863.1	334 335.7	358 118.6	338 829.3	305 782.9
柑橘	2 151 429.8	1 460 552.4	1 477 930.7	1 508 700.4	1 629 912.8	1 542 166.4
苹果汁	15 988.9	19 135.1	19 205.0	20 824.4	19 894.9	25 475.1
柑橘汁	43 806.0	32 430.8	34 796.0	39 272.4	80 106.1	47 843.9
水产品						
畜产品						
猪产品						
牛产品						
羊产品						
家禽产品						
蛋产品						
乳品	17 647.5		19 013.0	42 387.6	42 195.0	35 036.2
动物生皮	45 374.6	40 615.1	45 807.0	35 461.8	47 890.6	45 398.6
动物生毛皮		24.1	11.7	6.5	67.6	0.6
羊毛	42 689.9	34 668.4	36 057.9	36 559.9	43 581.8	37 462.1
茶	2 309.2	3 795.6	5 186.8	9 487.3	5 486.1	7 036.1

3-26-4 南非主要农产品进口量（一）

单位：吨

项 目	2000年	2001年	2002年	2003年	2004年
农产品					
谷物	1 724 653.4	1 152 270.6	2 775 249.9	2 208 054.2	2 669 274.8
小麦产品	746 306.5	324 439.3	686 976.0	725 708.9	1 197 810.5
玉米产品	249 957.7	109 379.6	1 043 880.9	505 028.9	600 310.2
稻谷产品	536 121.3	544 497.2	747 769.9	794 377.4	748 631.0
棉花	28 341.4	38 348.1	57 498.9	73 735.4	91 547.9
食用油籽	181 597.3	88 608.3	74 124.4		117 874.3
大豆	97 529.4	13 841.5	33 231.9	23 736.9	18 603.4
花生	9 927.0	12 745.2	2 852.1	24 185.1	17 594.9
油菜子			38.1	40.0	53.1
食用植物油	321 604.4	451 883.8	398 778.3	424 723.8	541 758.2
豆油	18 990.8	84 785.4	106 343.9	127 499.6	175 322.9
菜子油			47.5	498.9	64.6
棕榈油	167 955.4	216 597.7	237 712.7	241 764.0	266 361.9
食糖	7 757.2	479.6	22 367.2	38 546.1	38 727.3
蔬菜	77 677.9	36 020.4	25 241.5		67 696.5
水果					
苹果			20.3	6.7	2.3
柑橘	18 676.0	10 938.0	7 998.0	10 051.3	3 111.4
苹果汁			2 571.0		4 321.1
柑橘汁	167.1	158.8	97.1		450.1
水产品					
畜产品					
猪产品					
牛产品					
羊产品					
家禽产品					
蛋产品					
乳品		17 744.5	24 611.5		18 299.2
动物生皮	14 657.5	12 369.9	8 547.6	13 253.0	10 181.9
动物生毛皮	7.5				
羊毛	2 680.6	3 099.8	3 024.0	2 494.2	1 890.0
茶	15 267.4	15 723.6	17 520.7	16 645.7	17 959.4

南非主要农产品进口量（二）

单位：吨

项　目	2005 年	2006 年	2007 年	2008 年	2009 年	2010 年
农产品						
谷物	2 311 004.4	2 971 556.0	3 397 591.2	2 313 669.7	2 168 536.8	2 091 380.8
小麦产品	1 277 260.3	982 271.4	1 110 491.0	1 438 098.8	1 323 013.8	1 265 661.4
玉米产品	91 165.3	1 055 759.3	1 243 227.8	103 843.9	31 564.3	5 679.4
稻谷产品	772 932.7	816 611.3	962 694.2	654 146.5	747 806.6	733 960.6
棉花	62 046.3	47 789.8	46 153.7	35 467.1	36 925.5	30 099.7
食用油籽	138 896.4	115 091.2	241 588.5	70 369.2	173 457.8	79 760.1
大豆	14 980.7	10 590.6	118 046.4	18 421.3	3 139.2	2 523.7
花生	4 693.4	27 518.4	27 364.9	12 425.9	11 774.0	4 451.2
油菜子	26.2	118.8	195.8	16.3	73.3	116.5
食用植物油	543 457.5	686 366.3	758 416.2	625 173.7	593 669.4	760 057.5
豆油	218 510.9	261 203.2	272 707.2	247 887.6	137 801.1	272 962.7
菜子油	40.6	49.1	4 115.7	5 527.2	1 281.1	14 587.2
棕榈油	273 583.5	292 370.2	299 092.2	314 198.5	324 949.5	350 928.4
食糖	38 495.8	31 199.9	102 544.4	158 090.5	120 311.2	103 569.6
蔬菜	76 909.4	106 435.0	113 785.2	93 448.6	84 002.0	127 920.9
水果						
苹果		49.5	69.0	94.3	234.8	374.2
柑橘	3 191.9	18 846.7	7 845.5	8 127.0	3 463.1	2 638.1
苹果汁	13 225.6	11 401.4	22 431.4	13 105.5	32 428.7	34 714.9
柑橘汁	887.7	470.5	887.1	1 818.0	717.5	607.6
水产品						
畜产品						
猪产品						
牛产品						
羊产品						
家禽产品						
蛋产品						
乳品	30 770.2		44 309.3	34 223.1	32 351.3	35 187.5
动物生皮	4 180.1	1 418.6	2 384.6	2 257.6	1 079.6	2 159.8
动物生毛皮			1.0	1.3		
羊毛	2 078.5	2 341.0	2 597.4	1 967.7	1 832.4	1 227.2
茶	19 702.3	22 282.1	20 740.8	21 279.2	27 432.4	27 674.0

3－27 埃及主要农产品贸易情况

3－27－1 埃及主要农产品出口额（一）

单位：万美元

项　目	2000年	2001年	2002年	2003年	2004年
农产品	62 022.7	64 842.9	80 560.6	95 111.6	133 927.1
谷物	10 627.1	14 856.1	10 865.3	15 617.0	23 374.9
小麦产品	99.3	435.1	206.4	502.6	53.2
玉米产品	98.0	107.4	19.3	49.4	48.1
稻谷产品	10 423.0	14 304.8	10 623.9	15 025.0	23 225.5
棉花	19 398.8	18 719.1	33 108.8	36 589.3	48 292.9
食用油籽	471.7	418.7	885.2	845.8	1 760.8
大豆			1.7		3.2
花生	222.6	194.2	546.0	502.5	1 153.5
油菜子					
食用植物油	112.1	47.9	211.3	667.7	650.2
豆油		4.1	7.0	254.0	111.8
菜子油					
棕榈油	1.7	8.5	27.2	10.3	18.2
食糖	2.6	970.5	713.9	1 734.1	1 916.4
蔬菜	8 398.7	8 965.3	12 479.6	13 672.8	19 756.0
水果	6 592.9	6 370.1	4 699.1	6 715.0	12 115.8
苹果			13.9		3.0
柑橘	5 119.2	5 216.4	3 652.1	4 203.8	8 873.6
苹果汁					
柑橘汁	1.1	4.7	12.5	46.8	13.5
水产品	124.1	135.1	232.9	308.7	345.7
畜产品	1 449.9	1 463.7	2 054.2	3 641.6	4 465.1
猪产品				1.9	
牛产品	47.8	41.3	49.4	66.2	69.5
羊产品	4.5	29.2	16.5	46.5	9.7
家禽产品	135.1	158.3	161.5	473.7	980.4
蛋产品	10.1	49.7	225.4	818.7	695.3
乳品	553.1	538.7	931.9	1 470.0	1 874.7
动物生皮	26.3	29.2	67.4	3.8	37.5
动物生毛皮					
羊毛	3.1	2.0	1.4	33.4	66.0
茶	448.8	546.8	905.6	953.2	815.3

埃及主要农产品出口额（二）

单位：万美元

项　目	2005 年	2006 年	2007 年	2008 年	2009 年	2010 年
农产品	118 486.2	110 921.9	151 886.3	327 299.0		516 551.0
谷物	32 227.9	31 189.8	41 389.4	20 275.5		43 484.4
小麦产品	667.1	436.2	501.7	1 217.3		3 845.1
玉米产品	118.4	237.5	147.8	245.9		662.7
稻谷产品	31 324.1	30 226.0	40 399.0	18 303.5		36 783.9
棉花	18 067.0	13 286.8	15 237.4	19 671.5		26 772.9
食用油籽	1 544.9	1 236.1	1 176.3	4 356.2		5 844.6
大豆	1.0	1.1		97.6		49.7
花生	1 025.8	633.1	609.7	2 496.1		4 047.1
油菜子						1.1
食用植物油	1 644.3	1 306.8	969.3	13 780.5		9 814.2
豆油	310.1	294.5	173.0	2 783.5		2 930.8
菜子油						3.7
棕榈油	313.9	65.4	29.3	401.0		2 408.5
食糖	2 673.2	2 921.5	5 793.5	1 594.7		31 411.4
蔬菜	21 609.2	21 015.2	30 468.4	62 402.9		86 546.3
水果	14 439.8	14 184.1	24 837.4	77 745.5		110 713.9
苹果		2.6	1.1	8.5		28.1
柑橘	8 252.3	7 250.4	10 639.0	39 895.3		51 841.0
苹果汁				5.4		14.1
柑橘汁	22.0	13.9	52.2	431.6		236.9
水产品	430.8	346.9	453.3	1 132.7		1 547.8
畜产品	5 516.4	4 357.4	5 181.3	41 065.4		57 441.5
猪产品		16.8		15.7		28.1
牛产品	86.9	70.8	76.3	103.9		46.1
羊产品	33.1	8.3		15.2		16.9
家禽产品	389.5	40.5	38.6	543.2		648.1
蛋产品	709.3	154.6	5.8	63.9		81.3
乳品	3 452.8	3 340.2	4 093.5	36 401.4		51 223.9
动物生皮	2.0	23.0	92.5	277.8		453.8
动物生毛皮	8.1			1.7		3.6
羊毛	54.6	42.0	64.6	101.0		359.6
茶	977.8	1 294.1	1 385.4	2 176.5		2 794.6

3-27-2 埃及主要农产品进口额（一）

单位：万美元

项目	2000年	2001年	2002年	2003年	2004年
农产品	361 691.1	338 194.3	354 794.3	277 931.8	312 392.0
谷物	126 315.9	123 533.1	142 324.2	115 043.2	110 030.7
小麦产品	69 980.4	67 339.5	82 239.0	60 738.7	72 858.8
玉米产品	56 094.9	55 996.6	59 809.0	54 085.0	36 857.0
稻谷产品	88.6	72.8	86.4	91.4	148.2
棉花	2 537.8	2 396.7	654.0	1 675.8	9 727.6
食用油籽	10 697.5	14 180.5	12 164.2	6 731.7	9 596.5
大豆	4 667.6	7 948.1	7 193.4	3 531.8	6 448.0
花生	2.1	19.9	8.9	7.7	4.1
油菜子					
食用植物油	26 857.7	16 125.7	16 892.8	14 312.7	34 293.1
豆油	9 685.1	7 118.8	7 773.1	5 689.7	5 559.7
菜子油					
棕榈油	10 315.3	5 092.3	6 363.9	610.4	20 270.6
食糖	3 911.0	9 999.4	11 357.5	7 337.2	6 309.6
蔬菜	9 343.3	5 470.7	5 937.8	6 248.1	4 613.4
水果	5 464.7	4 947.8	3 917.2	3 101.0	3 091.5
苹果	2 907.6	2 735.1	1 846.0	1 441.7	2 606.3
柑橘			2.5	1.4	2.1
苹果汁					
柑橘汁	33.7	17.0	17.1	9.9	3.3
水产品	17 292.0	16 300.9	10 783.7	9 898.1	13 388.8
畜产品	66 832.1	53 508.7	53 386.5	39 225.4	37 725.0
猪产品			11.1	33.8	3.2
牛产品	42 117.1	29 361.1	30 355.4	19 645.9	19 879.5
羊产品	1 438.1	1 051.9	455.8	517.4	37.7
家禽产品	391.8	548.8	953.9	497.7	58.9
蛋产品	26.9	33.5	15.3	10.0	3.0
乳品	16 569.8	14 260.0	13 068.6	12 379.7	12 215.2
动物生皮	102.5	128.8	92.1	22.7	33.3
动物生毛皮				1.9	
羊毛	280.7	342.6	214.5	220.3	293.0
茶	10 030.5	10 017.4	14 204.7	6 218.1	442.0

埃及主要农产品进口额（二）

单位：万美元

项 目	2005年	2006年	2007年	2008年	2009年	2010年
农产品	410 177.4	406 097.7	547 776.0	927 994.6		1 051 831.3
谷物	164 018.8	152 217.0	253 325.6	311 833.2		349 929.7
小麦产品	93 626.2	96 766.4	155 808.0	211 373.2		218 422.8
玉米产品	69 990.1	54 941.6	94 006.9	98 684.2		128 301.7
稻谷产品	239.9	352.7	3 307.1	795.5		912.5
棉花	5 391.6	7 385.3	7 257.3	16 039.4		16 384.3
食用油籽	21 047.0	18 240.4	43 581.6	58 126.0		78 721.3
大豆	19 398.1	16 342.0	42 551.5	51 749.3		69 513.0
花生	14.9	10.7	29.7	618.0		726.8
油菜子				2.4		9.1
食用植物油	41 864.7	45 417.9	32 986.3	141 380.1		94 225.9
豆油	4 998.3	2 447.8	6 946.7	44 621.3		12 694.5
菜子油				5.4		4.2
棕榈油	26 743.0	33 354.8	13 092.0	65 337.3		52 619.2
食糖	14 509.5	14 840.1	13 438.9	55 097.2		47 071.7
蔬菜	7 388.4	6 085.0	5 614.8	15 597.5		20 419.6
水果	5 555.2	5 857.2	5 734.6	11 274.6		19 690.1
苹果	3 066.4	3 334.6	2 228.1	5 495.8		9 404.9
柑橘	2.4	7.3	6.0	4.0		20.6
苹果汁				35.4		35.4
柑橘汁	7.6	31.0	24.2	199.8		104.3
水产品	15 007.6	16 806.5	22 434.2	37 929.7		50 052.5
畜产品	57 210.9	68 884.8	70 662.6	123 116.4		173 947.9
猪产品		13.4	143.3			16.4
牛产品	33 966.0	48 782.7	48 856.1	59 469.3		98 829.4
羊产品	191.1	308.8	316.9	1 316.8		1 384.3
家禽产品	41.3	1 443.2	1 304.3	2 947.3		16 557.8
蛋产品	114.5	24.3	25.5	166.0		221.7
乳品	16 895.1	12 400.4	13 986.3	48 137.6		46 218.7
动物生皮	70.8	28.7	300.0	1 366.0		2 231.2
动物生毛皮						
羊毛	222.9	188.0	117.1	480.9		62.8
茶	1 030.6	980.7	2 421.1	22 950.9		22 163.5

3-27-3 埃及主要农产品出口量（一）

单位：吨

项 目	2000 年	2001 年	2002 年	2003 年	2004 年
农产品					
谷物		726 854.4		613 221.5	848 247.7
小麦产品		15 930.2		22 970.7	6 812.7
玉米产品		1 428.0		1 318.9	2 151.5
稻谷产品		708 709.3		587 077.5	837 646.9
棉花		81 764.4			183 735.7
食用油籽		10 210.1		17 722.9	27 467.8
大豆		6.4		10.9	85.1
花生		4 025.8		9 327.9	16 953.8
油菜子					
食用植物油		593.5		8 988.5	7 927.8
豆油		70.5		3 281.1	1 997.6
菜子油					
棕榈油		130.5		169.7	273.1
食糖		34 130.6		72 059.2	70 852.7
蔬菜				702 730.5	851 761.0
水果					
苹果		10.3		1.0	72.5
柑橘		274 294.9		186 255.1	301 269.4
苹果汁					
柑橘汁					205.1
水产品					
畜产品					
猪产品					
牛产品					
羊产品					
家禽产品					
蛋产品					
乳品					
动物生皮					
动物生毛皮					
羊毛		15.0		1 169.4	1 313.9
茶		737.3		2 146.4	1 443.8

埃及主要农产品出口量（二）

单位：吨

项 目	2005年	2006年	2007年	2008年	2009年	2010年
农产品						
谷物	1 153 695.6	1 020 754.9	1 260 671.7	387 170.4		741 853.5
小麦产品	24 608.1	16 941.9	13 229.9	43 296.5		105 827.2
玉米产品	4 523.6	5 326.6	5 588.6	8 862.7		27 197.2
稻谷产品	1 119 798.1	983 885.9	1 232 529.8	262 761.0		575 838.6
棉花	126 995.5	55 241.1	68 836.6	60 744.3		79 030.7
食用油籽	27 845.8	20 759.6	16 400.6	28 714.2		43 367.7
大豆	27.9	20.0	50.0	1 120.4		1 796.4
花生	18 278.6	9 617.2	8 026.4	13 392.6		25 643.5
油菜子						2.2
食用植物油	20 078.9	15 728.2	11 663.2	154 861.7		84 005.1
豆油	4 333.1	4 558.3	2 903.0	84 781.2		27 428.5
菜子油						25.3
棕榈油	7 476.5	1 370.4	443.6	4 698.1		19 773.4
食糖	113 560.0	101 110.6	252 433.1	34 291.7		493 539.0
蔬菜	850 505.3	773 383.3	800 893.0	1 163 458.9		1 332 693.5
水果						
苹果	26.9	80.9	11.8	89.4		184.9
柑橘	241 334.1	312 205.8	294 423.6	540 983.2		864 320.8
苹果汁				66.2		207.8
柑橘汁	303.5	148.4	597.3	5 310.3		2 245.8
水产品						
畜产品						
猪产品						
牛产品						
羊产品						
家禽产品						
蛋产品						
乳品	23 215.7	19 551.7	28 037.7	195 031.9		199 904.4
动物生皮				755.8		4 519.8
动物生毛皮	467.4			25.0		15.3
羊毛	550.2	297.9	595.6	1 799.4		3 078.8
茶	1 433.1	1 878.7	2 125.4	3 117.8		3 348.6

3-27-4 埃及主要农产品进口量（一）

单位：吨

项 目	2000年	2001年	2002年	2003年	2004年
农产品					
谷物		9 261 706.9		8 199 238.8	6 827 501.1
小麦产品		4 433 055.5		4 060 960.7	4 370 958.6
玉米产品		4 822 140.2		4 133 038.7	2 442 742.2
稻谷产品		2 094.4		1 996.6	3 139.5
棉花					88 161.1
食用油籽		440 592.1		191 609.1	259 740.0
大豆		349 944.9		132 214.5	214 892.9
花生		169.0		40.5	24.8
油菜子					
食用植物油		466 759.8		262 756.4	843 216.7
豆油		179 554.3		107 262.6	91 702.6
菜子油					
棕榈油		210 100.5		16 696.8	618 802.5
食糖		390 988.4		361 820.1	295 056.7
蔬菜					
水果					
苹果		51 447.0		30 566.0	49 083.9
柑橘				25.2	38.8
苹果汁					
柑橘汁					52.7
水产品					
畜产品					
猪产品					
牛产品					
羊产品					
家禽产品					
蛋产品					
乳品					
动物生皮					
动物生毛皮				4.0	
羊毛		1 552.1		553.3	1 057.8
茶		56 431.2		38 358.2	2 667.5

埃及主要农产品进口量（二）

单位：吨

项　目	2005 年	2006 年	2007 年	2008 年	2009 年	2010 年
农产品						
谷物	10 873 950.1	9 617 970.2	10 524 387.8	54 004 056.1		15 395 862.0
小麦产品	5 755 196.8	5 819 307.2	5 911 194.3	49 319 057.7		9 930 500.5
玉米产品	5 109 173.6	3 786 760.1	4 488 654.2	4 123 641.8		5 298 902.9
稻谷产品	4 760.3	5 819.0	118 025.1	330 787.6		17 703.3
棉花	36 855.3	22 722.7	19 962.6	47 051.0		55 450.2
食用油籽	597 742.6	604 567.7	1 148 718.9	348 627.3		552 522.2
大豆	574 040.7	573 170.9	1 136 646.9	316 026.7		496 714.9
花生	155.6	197.4	178.8	3 205.9		5 291.0
油菜子				40.1		16.9
食用植物油	1 011 753.7	1 155 736.5	527 513.2	626 717.2		455 067.5
豆油	88 212.0	45 173.3	95 884.6	222 548.2		34 067.8
菜子油				5.6		22.0
棕榈油	754 516.6	957 304.2	260 667.1	244 766.9		253 342.9
食糖	577 994.5	394 215.9	432 438.3	1 302 475.3		868 839.8
蔬菜	90 098.8	88 719.1	48 350.7	416 850.5		396 856.0
水果						
苹果	58 081.0	63 955.5	38 673.4	613 815.1		256 234.7
柑橘	36.9	637.8	138.6	5 817.9		668.2
苹果汁				144.6		212.2
柑橘汁	192.2	266.0	793.2	1 480.3		1 710.9
水产品						
畜产品						
猪产品						
牛产品						
羊产品						
家禽产品						
蛋产品						
乳品	93 192.3	70 186.5	72 271.0	117 216.9		274 663.1
动物生皮				4 297.9		
动物生毛皮		6.4				
羊毛	759.4	758.9	478.4	868.2		596.5
茶	9 243.9	8 865.4	21 327.0	52 780.1		141 243.1

3-28 津巴布韦主要农产品贸易情况

3-28-1 津巴布韦主要农产品出口额（一）

单位：万美元

项　目	2000 年	2001 年	2002 年	2003 年	2004 年
农产品	112 993.3	80 092.9	78 672.0		85 759.5
谷物	2 065.1	223.6	1 165.8		11.6
小麦产品	1 163.0	114.2	127.3		
玉米产品	860.8	62.0	815.6		7.1
稻谷产品	2.5	40.2	82.6		
棉花	17 801.9	11 318.7	11 708.6		23 931.6
食用油籽	1 859.7	26.1	44.0		183.6
大豆	970.2				2.3
花生	213.9		38.7		18.4
油菜子					
食用植物油	84.8	13.9	292.4		45.8
豆油	34.7		49.1		
菜子油					
棕榈油	6.5				
食糖	9 037.1	7 002.9	4 439.5		3 711.0
蔬菜	2 847.2	158.3	5 907.1		2 335.8
水果	1 985.6	31.3	3 275.4		797.9
苹果	2.9	3.1	192.0		2.3
柑橘	1 492.2	1.6	1 271.1		527.3
苹果汁					
柑橘汁	58.4	5.8	768.1		53.4
水产品	441.5	27.8	447.5		252.8
畜产品	5 478.4	357.7	7 209.1		2 715.4
猪产品	461.7	7.4	503.3		383.3
牛产品	1 794.4	103.3	645.2		60.2
羊产品	22.2				
家禽产品	394.8	33.3	1 171.3		206.7
蛋产品	340.9	36.7	1 670.6		706.4
乳品	876.8	119.6	843.3		494.7
动物生皮	1 031.1	28.5	1 373.7		569.1
动物生毛皮					5.3
羊毛			156.9		
茶	1 890.1	655.9	3 024.8		1 341.2

津巴布韦主要农产品出口额（二）

单位：万美元

项　目	2005 年	2006 年	2007 年	2008 年	2009 年	2010 年
农产品	45 370.1	179 398.6	86 966.2	57 236.2	85 663.1	
谷物	32.6	47.5	28.8	2.9	50.1	
小麦产品	16.1		10.4			
玉米产品	8.7	41.3	1.4	2.4	32.5	
稻谷产品			1.1		17.6	
棉花	5 029.5	8 978.5	9 493.8	9 035.9	10 281.3	
食用油籽	65.1	60.2	72.3	163.2	682.5	
大豆	3.3	4.0	7.1	86.2	80.1	
花生	13.2	27.5	24.0	43.0	17.1	
油菜子						
食用植物油	2.5	9.2	35.6	4.2	5.8	
豆油						
菜子油						
棕榈油						
食糖	5 847.6	5 527.4	3 518.6	3 932.7	7 352.3	
蔬菜	512.6	45 842.1	14 614.3	3 907.0	638.1	
水果	3 640.4	5 085.6	919.7	4 356.5	343.3	
苹果		1.8				
柑橘	1 736.9	405.2	315.2	1 641.0	179.7	
苹果汁						
柑橘汁	88.2	183.2	197.8	58.4	51.0	
水产品	192.1	1 246.9	1 121.4	147.2	221.8	
畜产品	1 692.9	2 253.2	3 439.0	1 702.7	1 564.3	
猪产品	333.9	387.9	461.1	217.8	6.4	
牛产品	1.8	22.0	43.8	7.9	10.3	
羊产品						
家禽产品	262.0	164.3	307.5	66.4	110.6	
蛋产品	369.3	472.0	1 574.0	347.1	181.1	
乳品	280.3	488.6	500.6	174.2	233.6	
动物生皮	391.1	305.1	318.3	861.6	944.1	
动物生毛皮						
羊毛						
茶	283.3	1 354.9	838.4	315.9	815.6	

3－28－2 津巴布韦主要农产品进口额（一）

单位：万美元

项　目	2000年	2001年	2002年	2003年	2004年
农产品		7 326.6	29 778.2		43 127.8
谷物		1 151.7	8 126.5		22 452.7
小麦产品		472.6	270.0		9 316.5
玉米产品		50.1	6 486.9		11 610.8
稻谷产品		486.6	1 225.2		793.6
棉花		4.5	41.6		1 096.2
食用油籽		274.9	881.0		796.7
大豆		259.0	513.8		437.5
花生			301.7		312.8
油菜子					3.4
食用植物油		1 703.8	4 036.2		4 297.7
豆油		913.8	992.7		1 580.5
菜子油					
棕榈油		578.6	2 159.0		1 931.3
食糖		2.5	4.3		104.2
蔬菜		249.8	786.8		330.3
水果		205.7	1 622.0		469.8
苹果		87.5	744.4		200.8
柑橘					
苹果汁					10.3
柑橘汁		7.6	227.8		19.2
水产品		399.3	380.3		343.4
畜产品		1 037.2	1 658.7		1 064.0
猪产品		4.6	3.4		59.2
牛产品		7.8	5.4		40.4
羊产品					
家禽产品		87.9	114.9		152.1
蛋产品					
乳品		202.1	716.8		508.4
动物生皮		17.2	9.3		29.7
动物生毛皮					4.1
羊毛			1.8		
茶		21.6	128.0		8.7

津巴布韦主要农产品进口额（二）

单位：万美元

项　目	2005 年	2006 年	2007 年	2008 年	2009 年	2010 年
农产品	24 797.0	46 091.4	38 591.6	49 616.0	79 632.2	
谷物	5 095.2	14 848.1	22 126.5	28 443.6	36 573.5	
小麦产品	792.8	2 411.2	3 864.7	5 525.0	15 627.7	
玉米产品	3 100.3	10 183.7	16 401.0	19 566.6	15 753.6	
稻谷产品	1 082.9	690.5	1 110.3	1 216.1	2 694.0	
棉花	3 984.0	19.0	52.4	7.0	21.3	
食用油籽	714.3	614.1	374.2	204.5	967.5	
大豆	120.7	153.3	234.7	86.4	579.1	
花生	49.5	73.8	93.8	98.9	341.3	
油菜子	2.3	6.8	1.1			
食用植物油	1 200.6	19 324.5	1 859.6	3 788.9	9 974.3	
豆油	326.6	227.6	73.4	234.3	153.0	
菜子油	6.0			4.1	0.9	
棕榈油	658.6	565.1	482.8	124.7	195.2	
食糖	1 841.7	1.3	7.9	325.4	2 667.2	
蔬菜	617.7	295.5	347.2	598.8	1 304.8	
水果	71.4	249.1	414.8	315.7	1 096.2	
苹果	11.6	82.6	91.5	43.3	426.5	
柑橘		1.0	1.4	1.3	35.6	
苹果汁		2.3	8.1	6.1	23.5	
柑橘汁	4.5	78.7	171.5	53.6	183.8	
水产品	266.4	523.2	356.0	484.0	601.1	
畜产品	627.3	617.3	952.1	2 493.8	7 031.9	
猪产品	3.4	22.0	95.7	32.7	291.9	
牛产品	84.4	67.2	48.6	29.0	113.5	
羊产品	1.5		1.8	1.3	1.3	
家禽产品	88.4	77.8	186.3	248.5	3 032.5	
蛋产品	3.1	4.5		4.2	638.3	
乳品	279.3	207.9	300.5	1 922.3	2 114.8	
动物生皮	85.6	18.0	32.6	14.6	2.6	
动物生毛皮						
羊毛						
茶	1.0	13.9	14.9	46.3	78.2	

3-28-3 津巴布韦主要农产品出口量（一）

单位：吨

项 目	2000年	2001年	2002年	2003年	2004年
农产品	142 429.9				
谷物	66 387.1				1 019.8
小麦产品	53 514.8				
玉米产品	10 684.5				32.4
稻谷产品	171.2				485.5
棉花	140 555.2				173 788.6
食用油籽	88 461.3				11 877.5
大豆	42 665.8				408.6
花生	3 274.7				136.1
油菜子					1.9
食用植物油	1 298.2				274.8
豆油	511.0				
菜子油					
棕榈油	100.0				
食糖	270 713.8				102 603.8
蔬菜					
水果					
苹果	32.5				98.8
柑橘	101 758.4				95 529.4
苹果汁					
柑橘汁					
水产品					
畜产品					
猪产品					
牛产品					
羊产品					
家禽产品					
蛋产品					
乳品					
动物生皮	2 390.3				1 024.0
动物生毛皮					1.8
羊毛					18.4
茶	16 915.7				14 969.2

津巴布韦主要农产品出口量（二）

单位：吨

项　目	2005年	2006年	2007年	2008年	2009年	2010年
农产品						
谷物	789.9	1 590.0		21.1	409.2	
小麦产品	623.0		768.6			
玉米产品	92.3	1 559.8	40.9	12.8	89.1	
稻谷产品		2.8	38.9		320.0	
棉花	71 475.9	83 538.8	92 057.7	78 736.3	91 255.8	
食用油籽	7 389.7	5 400.7		9 333.3	40 448.8	
大豆	95.3	204.0	170.3	6 441.9	1 732.7	
花生	157.6	362.5	236.6	455.3	182.2	
油菜子	5.2					
食用植物油	55.2	113.6		242.5	35.6	
豆油						
菜子油						
棕榈油						
食糖	180 838.8	173 309.4	57 814.2	79 389.1	138 173.0	
蔬菜	7 077.7	211 491.4		5 342.5	3 871.9	
水果						
苹果	50.2	64.9		60.7	16.6	
柑橘	26 895.0	67 672.6	5 799.7	34 229.3	31 500.7	
苹果汁				1.5		
柑橘汁	1 434.1	5 125.8	886.9	2 732.6	562.8	
水产品						
畜产品						
猪产品						
牛产品						
羊产品						
家禽产品						
蛋产品						
乳品	2 649.9	5 153.0	4 899.3	3 099.2	550.3	
动物生皮	835.3	434.4		214.8	327.2	
动物生毛皮						
羊毛	4.6	1.3				
茶	5 027.4	11 602.4	3 575.8	7 153.3	7 873.6	

3-28-4 津巴布韦主要农产品进口量（一）

单位：吨

项 目	2000年	2001年	2002年	2003年	2004年
农产品					
谷物					673 866.2
小麦产品					257 336.2
玉米产品					347 412.0
稻谷产品					34 404.4
棉花					11 751.2
食用油籽					18 869.5
大豆					13 175.4
花生					2 866.1
油菜子					4.0
食用植物油					57 734.0
豆油					21 962.8
菜子油					
棕榈油					28 231.4
食糖					1 995.7
蔬菜					
水果					
苹果					4 136.4
柑橘					45.6
苹果汁					
柑橘汁					
水产品					
畜产品					
猪产品					
牛产品					
羊产品					
家禽产品					
蛋产品					
乳品					
动物生皮					226.8
动物生毛皮					29.2
羊毛					6.5
茶					83.9

津巴布韦主要农产品进口量（二）

单位：吨

项 目	2005 年	2006 年	2007 年	2008 年	2009 年	2010 年
农产品						
谷物	228 813.7	516 681.7		1 973 637.3	1 328 891.1	
小麦产品	51 712.4	55 211.7		90 101.4	297 670.4	
玉米产品	137 823.5	378 401.2		558 036.4	949 756.1	
稻谷产品	31 071.6	19 302.8	36 469.8	1 287 129.0	37 761.3	
棉花	37 594.9	2 174.4	406.1	62.4	177.8	
食用油籽	52 047.5	28 601.2		3 480.1	9 664.9	
大豆	5 775.3	4 555.2	5 571.3	2 224.7	7 805.1	
花生	319.1	1 094.3		889.6	1 678.8	
油菜子	36.0	35.1	37.3			
食用植物油	38 665.1	28 926.5		24 175.0	62 590.8	
豆油	12 779.7	2 828.7	1 035.3	1 335.1	1 286.9	
菜子油	79.4			5.9	5.5	
棕榈油	22 596.2	11 437.4	8 745.1	1 142.6	1 790.0	
食糖	30 746.4	11.6	123.9	3 624.0	38 838.9	
蔬菜	6 861.2	5 375.3		5 854.8	15 060.8	
水果						
苹果	654.0	1 584.7	1 146.2	627.7	6 934.2	
柑橘	3.6	13.3	16.0	11.5	793.7	
苹果汁	8.2	23.8	77.2	74.7	200.5	
柑橘汁	74.5	561.0	705.6	346.1	1 372.5	
水产品						
畜产品						
猪产品						
牛产品						
羊产品						
家禽产品						
蛋产品						
乳品	1 681.1	880.2	1 359.9	1 384.0	13 632.5	
动物生皮	554.3	33.6		37.2	6.4	
动物生毛皮						
羊毛				1.3	1.0	
茶	8.9	39.5	44.0	154.0	227.3	

3－29 尼日利亚主要农产品贸易情况

3－29－1 尼日利亚主要农产品出口额（一）

单位：万美元

项 目	2000年	2001年	2002年	2003年	2004年
农产品	3 906.4	451.9	17 102.6	762.4	
谷物	89.4	63.1		60.2	
小麦产品	59.7	19.2		4.2	
玉米产品	19.9				
稻谷产品				46.5	
棉花	56.6	98.8	81.7	27.6	
食用油籽	1 002.6	14.0	9.2		
大豆					
花生					
油菜子					
食用植物油	115.1	22.8	80.6		
豆油	16.0				
菜子油					
棕榈油	2.2	22.8	80.6		
食糖	68.0	88.5	29.8	207.1	
蔬菜	4.4	4.4		1.3	
水果	4.5		2.1	8.1	
苹果					
柑橘					
苹果汁					
柑橘汁					
水产品	199.9		20.4	13.7	
畜产品	144.2	24.6	5 180.9	121.9	
猪产品					
牛产品	2.1	2.1			
羊产品					
家禽产品					
蛋产品					
乳品	131.3	22.3	27.9	111.3	
动物生皮					
动物生毛皮					
羊毛					
茶	7.4	8.6			

尼日利亚主要农产品出口额（二）

单位：万美元

项 目	2005 年	2006 年	2007 年	2008 年	2009 年	2010 年
农产品		22 228.3	100 007.3	121 292.7	256 266.9	350 996.9
谷物			402.1	295.2	69.9	90.9
小麦产品			394.4	266.4	30.7	29.7
玉米产品			4.6		34.4	22.0
稻谷产品					4.7	
棉花		43.7	4 732.6	7 262.6	6 245.8	33 657.0
食用油籽		262.3	12 014.1	15 198.0	19 494.3	64 208.9
大豆			6.7	12.1		94.3
花生					1.2	6.2
油菜子			94.8			
食用植物油			2.8	54.9	58.4	108.7
豆油						45.8
菜子油						
棕榈油			2.8	54.9	30.2	14.9
食糖			151.5		42.9	55.4
蔬菜		1.3	1 518.3	1 861.1	2 326.1	5 898.7
水果		1.0	1 207.7	1 287.1	661.1	492.9
苹果						
柑橘						
苹果汁				9.2		2.5
柑橘汁						10.6
水产品		44.3	5 713.1	7 325.5	33 706.1	32 408.8
畜产品		23.7	675.8	1 160.6	1 121.1	3 756.2
猪产品			23.0			
牛产品			12.5			
羊产品		5.6	5.4			
家禽产品						
蛋产品				7.7		
乳品			476.9	869.0	1 072.5	3 588.1
动物生皮			25.1	75.1	1.3	61.1
动物生毛皮			30.9	1.5	22.4	84.7
羊毛				34.7		
茶				4.6		

3-29-2 尼日利亚主要农产品进口额（一）

单位：万美元

项目	2000年	2001年	2002年	2003年	2004年
农产品	121 573.0	195 056.6	184 795.0	240 880.1	
谷物	38 160.6	56 139.0	59 277.9	63 131.9	
小麦产品	25 184.2	34 188.1	35 277.1	39 469.7	
玉米产品	7.6	10.6	281.9	199.4	
稻谷产品	12 101.8	20 637.6	23 482.4	23 253.1	
棉花	2 010.9	16 238.7	2 068.3	1 443.9	
食用油籽	260.3	319.9	34.0	660.1	
大豆	258.5	309.2	13.6	647.5	
花生			13.4	9.4	
油菜子					
食用植物油	361.1	1 205.2	911.1	2 493.8	
豆油	8.0	2.7	8.1	1 526.7	
菜子油					
棕榈油	108.0	1 146.5	816.4	915.6	
食糖	13 638.4	20 565.2	25 600.1	16 233.9	
蔬菜	338.2	910.9	809.2	259.2	
水果	327.4	508.1	615.8	2 459.1	
苹果			128.1	8.3	
柑橘					
苹果汁					
柑橘汁	23.4	52.7	56.2	54.6	
水产品	26 168.5	44 205.0	36 576.6	48 979.6	
畜产品	15 506.4	19 687.5	20 754.3	34 310.4	
猪产品	46.0	9.6	8.1	101.7	
牛产品	31.3	17.9	30.1	54.9	
羊产品	9.7	7.7	12.4	40.3	
家禽产品	53.9	174.4	318.5	4 327.9	
蛋产品	12.8	37.5	22.9	5.2	
乳品	13 661.2	17 521.7	17 848.5	23 746.3	
动物生皮	14.3	31.1	17.2	219.3	
动物生毛皮			3.5	5.8	
羊毛			122.6	3.7	
茶	721.4	693.8	1 341.4	930.5	

尼日利亚主要农产品进口额（二）

单位：万美元

项　目	2005 年	2006 年	2007 年	2008 年	2009 年	2010 年
农产品		424 489. 3	683 550. 5	291 459. 9	420 626. 6	477 360. 1
谷物		179 338. 5	266 441. 2	77 584. 3	158 600. 4	134 787. 7
小麦产品		136 580. 1	217 907. 3	67 123. 1	110 779. 9	84 706. 6
玉米产品		61. 3	97. 4	39. 5	246. 0	419. 4
稻谷产品		42 356. 9	48 095. 8	9 598. 1	47 189. 5	49 485. 0
棉花		1. 0	27. 9	1. 9	5. 6	81. 3
食用油籽		162. 2	70. 6	489. 5	292. 5	13 809. 7
大豆		157. 6	13. 9	23. 3	201. 3	12 534. 8
花生			52. 2	424. 7	61. 0	1 218. 8
油菜子						
食用植物油		6. 2	960. 3	166. 2	1 342. 3	1 057. 8
豆油					107. 7	6. 4
菜子油				1. 3	12. 8	0. 3
棕榈油			754. 9		1 002. 7	938. 4
食糖		9 562. 8	27 865. 4	5 438. 8	30 472. 8	37 279. 5
蔬菜		8 774. 8	9 835. 5	5 208. 7	7 355. 4	13 208. 1
水果		1 969. 8	2 850. 8	2 505. 0	3 740. 9	1 763. 0
苹果					59. 7	59. 8
柑橘					1. 1	5. 0
苹果汁			442. 0	301. 9	225. 7	726. 1
柑橘汁			1 573. 7	720. 2	305. 8	251. 0
水产品		80 096. 1	128 055. 3	69 530. 1	82 016. 0	100 364. 9
畜产品		71 927. 2	112 074. 8	49 361. 1	34 329. 3	41 729. 3
猪产品		2. 7			4. 8	18. 7
牛产品		184. 7		293. 5	9. 0	45. 7
羊产品				5. 2	11. 4	163. 0
家禽产品					6. 2	4. 0
蛋产品		24. 6			30. 2	83. 3
乳品		66 274. 2	101 647. 4	38 746. 4	30 038. 3	34 317. 2
动物生皮		38. 7	5. 6	903. 2	45. 0	119. 1
动物生毛皮			9. 5			1. 5
羊毛				1. 9	9. 7	
茶		1 938. 3	3 174. 9	1 152. 2	1 806. 7	2 490. 4

3-29-3 尼日利亚主要农产品出口量（一）

单位：吨

项　目	2000年	2001年	2002年	2003年	2004年
农产品					
谷物	323.6	6 712.8		234.7	
小麦产品	63.5	2 117.5		158.1	
玉米产品	10.1	1 692.5			
稻谷产品				74.2	
棉花	458.9	755.0	1 068.2	441.8	
食用油籽	1 197.0	7 000.0	5 000.0		
大豆					
花生					
油菜子					
食用植物油	534.0	20.0	215.0		
豆油	198.6				
菜子油					
棕榈油	139.1	20.0	215.0		
食糖	8 107.9	11 285.6	1 342.3	7 294.8	
蔬菜	381.6	397.0	80.0	96.0	
水果					
苹果					
柑橘					
苹果汁					
柑橘汁					
水产品					
畜产品					
猪产品					
牛产品					
羊产品					
家禽产品					
蛋产品					
乳品					
动物生皮	5.0				
动物生毛皮					
羊毛					
茶	849.0	928.7	40.0	87.8	

尼日利亚主要农产品出口量（二）

单位：吨

项　目	2005 年	2006 年	2007 年	2008 年	2009 年	2010 年
农产品						
谷物		22.0			16 479.5	190.4
小麦产品		22.0		5 093.5	16 411.6	57.6
玉米产品			115.9		52.1	118.8
稻谷产品					13.4	
棉花		225.9	39 799.5	57 359.4	40 462.8	45 146.1
食用油籽		11 925.2			112 012.9	233 520.2
大豆			280.9	306.9		879.5
花生				6.1	1.5	26.4
油菜子						
食用植物油			64.0	772.6	137.0	1 397.6
豆油						1 000.5
菜子油						
棕榈油			64.0	772.6	44.0	34.2
食糖			3 183.3		214.7	158.1
蔬菜		6.3			12 610.3	26 917.0
水果						
苹果						
柑橘				16.3		
苹果汁				57.9		33.7
柑橘汁						79.7
水产品						
畜产品						
猪产品						
牛产品						
羊产品						
家禽产品						
蛋产品						
乳品		87.0	2 301.7	2 351.4	5 011.4	11 992.2
动物生皮		46.5			39.5	53.0
动物生毛皮						314.5
羊毛				122.9		
茶		4.2		9.0	1.5	

3-29-4 尼日利亚主要农产品进口量（一）

单位：吨

项　目	2000年	2001年	2002年	2003年	2004年
农产品					
谷物	5 291 991.7	2 292 561.6	2 585 519.8	3 835 462.5	
小麦产品	2 219 709.7	1 170 289.6	1 327 749.7	1 358 986.3	
玉米产品	211.4	144.5	18 545.2	8 564.0	
稻谷产品	3 026 892.7	1 100 114.4	1 232 847.8	2 460 088.0	
棉花	18 889.1	32 419.2	37 388.9	9 767.3	
食用油籽	10 964.3	433.3	3 050.1	21 708.7	
大豆	10 914.6	387.9	14.6	21 355.9	
花生	5.7	3.4	24.2	211.3	
油菜子					
食用植物油	4 411.2	21 420.0	8 047.6	11 533.8	
豆油	167.6	54.0	103.9	1 007.7	
菜子油					
棕榈油	1 087.9	20 508.9	6 426.5	9 984.5	
食糖	692 257.8	1 251 601.1	395 382.0	1 059 581.1	
蔬菜					
水果					
苹果	22.0		52.0	136.7	
柑橘	4.6	1.0	10.1	2.1	
苹果汁					
柑橘汁					
水产品					
畜产品					
猪产品					
牛产品					
羊产品					
家禽产品					
蛋产品					
乳品					
动物生皮	270.7	76.6	73.2	530.0	
动物生毛皮	1.3		50.4	46.6	
羊毛	3.1	2.8	372.1	49.1	
茶	7 982.9	9 372.6	9 157.1	10 278.7	

尼日利亚主要农产品进口量（二）

单位：吨

项　目	2005 年	2006 年	2007 年	2008 年	2009 年	2010 年
农产品						
谷物		15 929 828. 3			1 734 031. 4	2 299 121. 4
小麦产品		13 341 249. 5	11 408 423. 4	2 428 477. 9	1 323 283. 3	1 438 648. 8
玉米产品		1 994. 8			1 735. 8	143 966. 5
稻谷产品		2 551 812. 1	1 014 420. 5	160 394. 2	398 092. 9	711 364. 4
棉花		2. 0	216. 1	19. 3	11. 2	655. 1
食用油籽		5 074. 7			1 305. 3	5 643. 8
大豆		4 624. 4	281. 0	507. 9	715. 5	3 013. 4
花生				1 842. 2	261. 5	2 113. 4
油菜子						
食用植物油		43. 1	14 498. 5	431. 5	11 345. 7	2 990. 5
豆油			4. 6		1 802. 6	500. 0
菜子油				10. 5	132. 4	12. 0
棕榈油			13 632. 5	5. 1	6 091. 0	2 035. 3
食糖		188 427. 4	533 607. 7	113 396. 8	544 687. 4	440 097. 5
蔬菜		328 064. 4			96 748. 9	112 095. 0
水果						
苹果					15. 6	381. 3
柑橘					14. 9	17. 9
苹果汁			5 021. 3	2 671. 8	1 470. 3	1 336. 6
柑橘汁			9 890. 8	3 228. 8	6 578. 0	1 420. 3
水产品						
畜产品						
猪产品						
牛产品						
羊产品						
家禽产品						
蛋产品						
乳品		1 060 859. 6	440 167. 4	125 820. 1	510 223. 4	1 763 229. 1
动物生皮		104. 0			657. 2	4 370. 8
动物生毛皮					2. 2	16. 6
羊毛				7. 3	35. 8	
茶		8 357. 5	9 797. 3	4 419. 3	11 387. 1	6 388. 6

3-30 阿尔及利亚主要农产品贸易情况

3-30-1 阿尔及利亚主要农产品出口额（一）

单位：万美元

项　目	2000年	2001年	2002年	2003年	2004年
农产品	3 774.9	3 242.4	4 637.7	5 667.2	6 385.7
谷物			1.6		171.8
小麦产品			1.5		171.8
玉米产品					
稻谷产品					
棉花			1.5		
食用油籽					
大豆					
花生					
油菜子					
食用植物油	3.2	5.4	650.9	251.6	698.5
豆油					
菜子油			49.5		
棕榈油					
食糖					
蔬菜	56.0	490.2	56.6	116.1	233.2
水果	1 480.6	1 068.4	1 649.5	1 668.4	1 477.6
苹果					
柑橘					
苹果汁					
柑橘汁	1.2	2.6		2.7	1.2
水产品	470.5	535.9	601.2	695.0	950.8
畜产品	173.2	372.7	309.0	1 021.6	780.3
猪产品					
牛产品	6.9		1.5	2.1	8.2
羊产品			2.8		
家禽产品					
蛋产品					
乳品			40.8	539.6	554.4
动物生皮	163.1	372.1	261.7	478.4	215.8
动物生毛皮	3.0				
羊毛					
茶	1.2				

阿尔及利亚主要农产品出口额（二）

单位：万美元

项　目	2005 年	2006 年	2007 年	2008 年	2009 年	2010 年
农产品	7 104.1	9 053.5	10 036.9	13 042.5	11 696.1	32 363.9
谷物	301.2	144.8	244.7	660.0	180.9	157.6
小麦产品	301.1	144.5	242.1	660.0	173.3	0.1
玉米产品						0.1
稻谷产品			1.8		2.5	0.5
棉花	2.2	5.8			2.8	0.3
食用油籽		6.6				
大豆						
花生						
油菜子						
食用植物油	428.6	1 478.0	64.4	896.0	174.4	723.0
豆油			33.9	830.9	92.2	39.9
菜子油		1 049.8				
棕榈油						
食糖		273.7	171.2	11.2	658.6	23 135.2
蔬菜	95.0	415.7	660.9	656.7	1 621.0	529.6
水果	1 957.9	2 040.4	2 351.2	2 061.1	1 471.0	2 305.2
苹果						2.9
柑橘				2.7		0.1
苹果汁						
柑橘汁		5.3	4.3	15.1	11.7	17.7
水产品	1 192.8	1 298.5	1 431.9	1 511.0	974.8	684.3
畜产品	596.3	671.8	451.3	496.7	280.6	481.2
猪产品						
牛产品		11.2	14.0			
羊产品		3.3	47.8			0.4
家禽产品		1.1	8.1			2.7
蛋产品						0.6
乳品	538.5	394.8	201.0	296.3	227.5	109.8
动物生皮	51.7	243.8	168.9	194.3	46.5	364.4
动物生毛皮						
羊毛						
茶						

3-30-2 阿尔及利亚主要农产品进口额（一）

单位：万美元

项　目	2000年	2001年	2002年	2003年	2004年
农产品	262 325.0	264 087.3	306 707.2	308 895.1	406 173.3
谷物	107 690.1	99 778.3	128 910.1	112 701.8	137 681.4
小麦产品	80 553.5	72 887.8	95 228.5	88 059.4	104 263.1
玉米产品	17 634.6	20 605.0	24 136.7	21 313.4	29 928.9
稻谷产品	2 238.6	1 174.9	2 694.6	2 019.3	2 870.1
棉花	1 917.1	1 186.1	1 464.3	1 495.7	1 481.2
食用油籽	191.8	901.3	2 358.9	2 498.9	3 779.4
大豆		36.4	190.8	364.1	1 497.0
花生	16.0	623.6	1 871.3	1 685.8	1 872.7
油菜子			4.4	8.0	4.2
食用植物油	13 869.6	17 105.7	21 748.4	28 173.2	30 922.0
豆油	602.6	649.4	1 043.9	5 302.3	5 422.9
菜子油			8 923.0	2 302.1	2 968.2
棕榈油	1 051.5	2 156.1	3 635.6	6 743.1	7 365.0
食糖	21 957.0	29 469.8	26 125.3	22 230.0	25 603.8
蔬菜	6 050.2	3 831.6	8 535.4	6 694.4	9 389.7
水果	800.4	3 880.5	9 439.2	10 378.4	12 484.0
苹果		244.3	1 183.4	1 600.9	2 359.4
柑橘	1.4		14.7	2.3	10.0
苹果汁			2.5		2.9
柑橘汁	107.2	89.0	129.9	174.3	261.9
水产品	1 722.8	1 413.7	945.6	1 699.8	2 390.7
畜产品	48 942.0	55 722.2	54 305.6	64 315.3	108 667.2
猪产品	1.6	4.1	10.1	17.8	18.0
牛产品	3 560.4	905.5	3 138.5	9 667.4	21 731.3
羊产品	930.8	119.6	444.6	656.6	2 909.3
家禽产品	716.6	766.1	822.4	1 311.1	1 460.1
蛋产品	545.8	381.9	449.7	691.2	489.0
乳品	42 410.5	53 072.1	48 773.3	51 384.7	81 659.2
动物生皮	226.6	159.9	209.3	129.4	105.6
动物生毛皮					
羊毛	10.8	11.1	9.0	17.3	28.1
茶	1 400.2	1 149.1	739.0	857.7	923.4

阿尔及利亚主要农产品进口额（二）

单位：万美元

项　目	2005 年	2006 年	2007 年	2008 年	2009 年	2010 年
农产品	398 734.9	417 762.2	555 343.4	855 591.2	650 926.8	679 808.4
谷物	142 872.6	138 731.0	196 050.6	401 871.7	231 737.5	195 380.9
小麦产品	102 498.7	99 724.5	139 447.1	317 444.3	183 048.7	125 191.0
玉米产品	35 568.1	33 892.0	51 921.8	67 370.7	41 092.1	64 029.5
稻谷产品	2 267.9	2 488.3	3 058.1	6 287.8	4 498.3	5 808.5
棉花	1 389.6	1 261.2	918.8	1 474.2	1 305.3	1 133.0
食用油籽	3 118.5	2 223.8	2 723.5	3 414.3	3 619.5	3 375.4
大豆	65.2	53.3	171.4	113.2	135.8	120.7
花生	2 472.2	1 906.1	2 175.5	2 676.5	2 913.4	2 461.0
油菜子	3.1	5.9	4.5	6.5	1.1	9.3
食用植物油	24 500.2	30 816.1	43 197.6	64 052.9	48 346.3	57 531.9
豆油	14 926.1	18 464.9	25 840.4	40 665.4	31 549.2	39 846.6
菜子油	813.6		1.8	8.3	6.4	751.7
棕榈油	2 830.6	7 672.9	4 988.1	16 783.2	3 895.1	5 102.3
食糖	28 107.1	42 747.6	41 298.2	41 051.1	54 053.7	64 642.2
蔬菜	7 050.1	10 896.0	17 420.1	15 767.9	19 214.2	17 867.2
水果	10 528.2	10 494.6	13 428.1	16 408.2	20 268.8	22 761.0
苹果	2 997.4	3 141.0	3 870.7	4 443.9	6 852.4	6 627.3
柑橘	86.9	36.2	150.5	132.8	454.6	547.5
苹果汁	2.6	8.9	6.9	32.9	49.9	40.6
柑橘汁	312.0	345.3	484.1	723.0	772.4	1 160.6
水产品	2 675.2	3 285.7	2 804.6	3 177.7	5 447.8	7 356.0
畜产品	101 990.5	92 487.7	123 116.2	148 208.1	110 668.5	126 844.0
猪产品	13.3	8.2	6.4	9.5	5.2	11.7
牛产品	21 425.0	16 478.8	12 652.6	16 664.1	21 713.3	24 455.1
羊产品	4 097.3	1 890.8	1 909.0	1 129.6	5.1	232.4
家禽产品	1 778.4	2 915.8	1 742.3	2 058.8	2 298.4	2 582.8
蛋产品	178.3	179.9	87.8	117.2	343.2	62.7
乳品	74 150.3	70 686.6	106 253.3	127 379.8	85 812.8	99 236.4
动物生皮	10.7	3.2	1.3	14.3	18.1	0.0
动物生毛皮						
羊毛	19.5	9.0	24.2	28.2	19.2	11.6
茶	1 199.9	1 179.3	1 182.5	1 364.2	1 405.1	1 537.8

3-30-3 阿尔及利亚主要农产品出口量（一）

单位：吨

项 目	2000 年	2001 年	2002 年	2003 年	2004 年
农产品					
谷物			46.2	2.5	4 763.8
小麦产品			45.4	2.2	4 763.8
玉米产品					
稻谷产品					
棉花					1.4
食用油籽					
大豆					
花生					
油菜子					
食用植物油	32.5	33.0	8 387.2	3 582.9	5 387.6
豆油					
菜子油			1 647.9		
棕榈油					
食糖			1.5	0.4	
蔬菜	277.9	35 300.5	346.4	2 463.5	2 738.2
水果					
苹果					
柑橘		1.0	1.2		
苹果汁					
柑橘汁	12.6	57.0	6.1	39.9	39.5
水产品					
畜产品					
猪产品					
牛产品					
羊产品					
家禽产品					
蛋产品					
乳品	2.4		711.0	8 203.8	7 798.0
动物生皮	800.2	1 984.4	1 790.8	2 249.8	1 027.2
动物生毛皮	71.3				
羊毛					
茶	1.5				

阿尔及利亚主要农产品出口量（二）

单位：吨

项　目	2005 年	2006 年	2007 年	2008 年	2009 年	2010 年
农产品						
谷物	10 059.7	5 130.0	5 208.0	8 718.6	4 343.9	10 991.5
小麦产品	10 058.7	5 126.6	5 109.3	8 718.0	4 289.6	0.5
玉米产品					1.1	0.1
稻谷产品	1.0	2.3	91.4		24.8	5.0
棉花	7.0	25.6			5.1	0.7
食用油籽		100.2			1.5	
大豆						
花生						
油菜子						
食用植物油	3 557.3	17 004.3	483.7	5 167.2	1 281.4	5 323.4
豆油			370.7	4 850.0	763.9	281.3
菜子油		13 847.5	2.4	1.4		
棕榈油						
食糖		6 323.2	4 601.4	204.9	13 820.2	366 783.7
蔬菜	1 470.8	1 570.1	2 737.0	3 247.8	5 292.3	2 913.8
水果						
苹果						21.1
柑橘	3.6	3.0	1.0	21.5		0.4
苹果汁			1.6	11.7		
柑橘汁	2.9	88.8	63.8	201.7	146.3	240.0
水产品						
畜产品						
猪产品						
牛产品						
羊产品						
家禽产品						
蛋产品						
乳品	8 545.4	5 008.3	2 254.4	2 651.5	2 164.7	1 067.7
动物生皮	531.8	2 670.1	1 104.7	1 107.8	331.3	3 727.2
动物生毛皮						
羊毛						
茶						

3-30-4 阿尔及利亚主要农产品进口量（一）

单位：吨

项 目	2000年	2001年	2002年	2003年	2004年
农产品					
谷物	7 514 150.7	6 680 654.1	8 632 335.5	6 905 673.7	6 953 613.5
小麦产品	5 369 471.8	4 554 398.5	6 021 817.2	5 189 559.3	5 047 834.8
玉米产品	1 486 343.5	1 683 009.5	1 904 762.8	1 547 209.4	1 793 090.0
稻谷产品	72 150.9	39 099.3	96 783.0	65 306.9	71 297.7
棉花	15 378.1	9 566.1	13 647.5	20 737.3	9 234.6
食用油籽	2 970.2	18 740.7	55 813.9	60 553.4	90 844.9
大豆		130.8	6 898.5	12 747.2	44 646.1
花生	417.2	14 338.1	43 765.6	41 411.2	41 213.2
油菜子			29.3	102.7	67.5
食用植物油	358 757.9	430 955.3	442 867.3	504 376.4	506 730.0
豆油	17 219.9	16 695.3	24 922.7	92 402.2	92 924.6
菜子油			184 655.6	37 920.1	44 560.0
棕榈油	32 639.8	66 970.0	90 039.2	132 940.1	135 385.2
食糖	834 301.7	962 719.6	1 024 028.2	946 833.4	1 075 353.6
蔬菜	166 777.3	105 812.0	198 918.0	126 645.6	172 153.4
水果					
苹果		7 696.7	43 683.9	49 968.4	59 354.4
柑橘	149.8	5.1	627.1	69.9	422.1
苹果汁			149.8	39.9	115.2
柑橘汁	657.4	746.7	1 722.7	1 913.2	2 347.4
水产品					
畜产品					
猪产品					
牛产品					
羊产品					
家禽产品					
蛋产品					
乳品	213 201.5	246 453.9	269 918.7	236 742.9	293 297.4
动物生皮	1 216.8	700.0	1 010.1	555.5	542.7
动物生毛皮					
羊毛	91.2	62.7	70.1	116.5	136.5
茶	5 909.9	6 700.0	6 944.7	8 273.5	8 230.0

阿尔及利亚主要农产品进口量（二）

单位：吨

项 目	2005年	2006年	2007年	2008年	2009年	2010年
农产品						
谷物	8 343 732.3	10 227 590.3	7 283 142.3	9 117 285.2	7 906 855.4	8 126 320.7
小麦产品	5 685 906.6	7 804 616.9	4 856 163.4	6 486 751.5	5 719 898.9	5 232 704.6
玉米产品	2 455 245.7	2 198 167.7	2 287 529.8	2 203 735.8	2 001 489.9	2 788 377.3
稻谷产品	54 439.7	67 379.4	73 745.9	97 650.6	75 948.9	95 017.6
棉花	11 377.1	7 455.6	6 457.4	7 818.1	9 610.3	6 096.4
食用油籽	58 372.9	45 343.9	57 008.2	60 767.2	63 142.9	55 494.3
大豆	354.0	517.2	3 134.9	878.6	1 095.3	1 036.9
花生	51 597.6	40 872.3	47 226.9	53 290.8	57 084.4	46 846.7
油菜子	59.1	85.3	71.6	66.7	16.9	132.5
食用植物油	442 174.2	559 861.9	546 139.3	515 695.1	597 955.1	621 792.9
豆油	278 328.5	328 177.1	309 327.0	330 991.3	391 095.5	426 777.7
菜子油	12 161.4		3.9	40.1	26.3	7 003.2
棕榈油	58 240.1	151 009.3	66 538.1	135 140.9	51 214.3	56 004.9
食糖	993 375.9	1 052 440.4	1 189 303.3	1 096 650.7	1 214 719.4	1 225 837.4
蔬菜	120 943.6	193 946.9	290 969.6	1 386 217.4	234 512.3	228 653.7
水果						
苹果	76 093.5	82 691.4	91 365.1	92 565.2	118 388.0	113 550.8
柑橘	2 631.2	1 095.7	4 314.2	3 237.4	10 828.2	12 828.9
苹果汁	83.4	77.6	278.9	687.2	638.0	512.7
柑橘汁	3 322.6	2 661.2	3 992.1	5 888.6	6 852.7	7 742.4
水产品						
畜产品						
猪产品						
牛产品						
羊产品						
家禽产品						
蛋产品						
乳品	287 517.3	288 099.8	293 223.5	293 630.3	324 601.8	298 898.2
动物生皮	58.8	29.7	2.1	16.8	102.4	0.1
动物生毛皮						
羊毛	112.6	70.6	90.5	120.7	132.9	60.7
茶	10 631.9	11 189.1	10 822.5	11 257.5	11 813.4	12 671.5

3-31 肯尼亚主要农产品贸易情况

3-31-1 肯尼亚主要农产品出口额（一）

单位：万美元

项 目	2000年	2001年	2002年	2003年	2004年
农产品	106 460.6	110 180.7	59 138.2	135 506.6	139 187.0
谷物	383.6	223.7	804.6	1 074.0	440.4
小麦产品	263.9	140.1	41.2	76.7	26.3
玉米产品	49.1	30.7	707.1	797.6	323.2
稻谷产品	16.0	26.7	40.9	47.0	8.0
棉花	56.6	15.0	108.0	126.7	87.4
食用油籽	46.4	119.5	33.3	254.8	324.9
大豆		23.1	16.7	62.6	44.0
花生	17.5	51.3	8.7	13.6	3.8
油菜子					
食用植物油	859.1	776.8	1 240.5	3 269.3	3 082.1
豆油	91.7	218.1	514.4	954.9	465.1
菜子油					
棕榈油	714.9	530.4	652.3	2 211.3	2 566.2
食糖	181.4	338.3	1 379.9	2 039.3	32.4
蔬菜	11 468.6	11 657.7	8 283.9	16 051.8	18 634.2
水果	5 460.4	6 821.4	5 047.7	7 136.6	6 418.9
苹果	12.5	1.4	2.5	5.2	0.6
柑橘	14.0	9.2	4.5	5.0	7.5
苹果汁					7.3
柑橘汁	108.3	46.3	21.3	24.3	24.1
水产品	4 012.6	5 043.8	2 559.0	5 768.3	5 301.7
畜产品	1 150.8	1 364.1	836.9	1 752.3	2 443.3
猪产品	142.5	154.8	76.0	171.5	282.5
牛产品	11.7	26.9	22.5	46.4	65.9
羊产品	6.2	2.6	2.9	2.9	11.9
家禽产品	23.5	49.3	43.8	68.7	122.1
蛋产品	4.0	14.6	6.4	19.9	12.3
乳品	150.3	147.0	109.2	177.1	260.3
动物生皮	648.1	807.6	365.1	879.0	1 356.3
动物生毛皮					
羊毛	98.9	111.3	64.6	198.6	163.7
茶	46 706.0	45 173.4	14 118.2	48 789.9	46 842.2

肯尼亚主要农产品出口额（二）

单位：万美元

项 目	2005 年	2006 年	2007 年	2008 年	2009 年	2010 年
农产品	163 102.6	191 271.3	222 315.7	272 798.6	253 918.7	
谷物	771.1	634.9	1 592.8	1 384.2	1 108.5	
小麦产品	13.8	68.2	45.4	231.0	318.7	
玉米产品	424.4	439.6	1 314.0	890.5	442.4	
稻谷产品	52.8	47.6	66.5	103.8	155.2	
棉花	40.8	10.4	14.8	0.4	11.2	
食用油籽	368.1	587.2	698.9	581.8	624.7	
大豆	35.5	335.1	222.3	166.9	2.7	
花生	8.9	4.5	3.0	16.5	65.5	
油菜子		4.8				
食用植物油	2 755.2	2 794.3	4 211.4	5 777.4	5 183.8	
豆油	336.3	192.5	389.4	375.4	167.7	
菜子油				1.5		
棕榈油	2 270.1	2 527.2	3 716.1	5 221.3	4 726.7	
食糖	744.4	802.0	1 416.3	2 905.9	150.0	
蔬菜	21 645.6	23 922.8	27 521.8	29 911.1	25 012.1	
水果	6 868.6	6 764.3	8 176.1	10 785.9	8 160.8	
苹果	10.4	3.9	2.7	10.8	26.2	
柑橘	6.7	12.9	23.1	48.7	21.6	
苹果汁	33.2	53.5	69.3	55.3	56.0	
柑橘汁	33.4	58.4	209.6	316.0	248.2	
水产品	6 187.2	5 596.4	6 210.5	7 576.6	5 740.3	
畜产品	2 569.1	2 742.2	3 208.4	3 301.1	3 283.9	
猪产品	354.5	397.0	476.6	581.5	599.3	
牛产品	107.3	130.4	130.6	216.7	306.3	
羊产品	31.3	39.1	47.4	49.9	99.0	
家禽产品	82.4	37.7	88.2	130.3	118.6	
蛋产品	17.5	9.4	8.3	5.7	12.4	
乳品	436.4	860.7	1 662.1	1 599.0	1 366.6	
动物生皮	1 146.2	862.3	212.8	57.7	38.2	
动物生毛皮						
羊毛	188.9	193.0	343.5	222.8	260.6	
茶	56 832.8	66 142.9	69 862.2	93 176.5	89410. 8	

3-31-2 肯尼亚主要农产品进口额（一）

单位：万美元

项　目	2000 年	2001 年	2002 年	2003 年	2004 年
农产品	41 628.4	55 014.5	38 873.0	44 167.9	49 891.5
谷物	18 163.4	18 847.0	9 612.3	13 671.1	19 273.3
小麦产品	9 342.6	10 843.8	6 617.3	8 114.6	8 627.2
玉米产品	6 172.6	4 380.5	294.2	1 791.4	6 224.5
稻谷产品	2 586.5	3 546.4	2 685.4	3 728.7	4 376.6
棉花	159.9	44.9	44.8	198.4	256.0
食用油籽	125.8	73.7	32.1	73.4	391.2
大豆	92.7	54.0	22.7	31.2	247.6
花生	20.6	8.8	2.3	8.2	33.3
油菜子					
食用植物油	9 275.0	11 644.2	15 591.9	15 735.7	10 529.9
豆油	326.5	534.2	388.1	1 289.4	265.5
菜子油					
棕榈油	8 704.8	11 034.6	14 999.1	14 332.4	10 211.2
食糖	3 137.6	9 391.2	3 278.7	4 801.0	4 585.6
蔬菜	658.9	1 003.3	562.7	742.4	825.5
水果	380.5	364.0	363.3	360.8	535.5
苹果	93.7	103.4	61.2	88.3	172.3
柑橘	52.9	49.2	53.1	59.9	62.8
苹果汁			17.7	6.7	16.0
柑橘汁	33.3	24.0	35.7	19.8	36.8
水产品	501.3	537.1	301.0	352.7	600.5
畜产品	944.6	1 328.8	797.2	472.6	693.0
猪产品	74.4	24.7	10.6	7.5	16.1
牛产品	12.8	19.2	25.4	27.7	41.8
羊产品	18.9	18.1	9.0	4.6	5.1
家禽产品	17.8	29.6	29.4	29.3	40.1
蛋产品	17.0		2.7	8.9	107.1
乳品	499.6	980.9	353.2	162.7	330.0
动物生皮	9.7	8.6	16.7	31.7	35.9
动物生毛皮					
羊毛		12.0	1.6		
茶	40.9	466.3	607.9	782.0	1 513.4

肯尼亚主要农产品进口额（二）

单位：万美元

项 目	2005 年	2006 年	2007 年	2008 年	2009 年	2010 年
农产品	58 777.1	71 257.5	103 729.2	134 336.0	161 257.5	
谷物	18 603.5	20 780.6	28 507.0	40 909.5	79 320.7	
小麦产品	10 626.9	11 186.3	17 394.3	21 189.1	19 899.7	
玉米产品	2 339.3	2 582.7	2 975.5	10 272.8	45 959.4	
稻谷产品	5 257.3	6 392.4	7 124.8	8 655.8	9 959.6	
棉花	331.2	589.8	465.5	448.2	502.2	
食用油籽	490.0	409.5	2 154.1	1 957.8	2 937.9	
大豆	430.7	355.5	1 718.5	733.3	1 666.3	
花生	19.9	19.9	387.0	349.6	548.2	
油菜子						
食用植物油	17 247.4	22 509.9	32 542.7	48 231.8	34 124.2	
豆油	113.5	463.0	661.1	1 386.5	3.7	
菜子油				2.5		
棕榈油	16 819.2	21 622.5	31 390.4	45 876.0	33 261.9	
食糖	4 851.0	6 722.2	10 843.8	9 955.2	9 377.6	
蔬菜	1 115.4	1 673.4	1 708.8	2 151.0	1 833.0	
水果	512.6	718.2	954.8	1 011.3	1 191.0	
苹果	148.2	162.1	236.6	343.3	401.7	
柑橘	61.8	94.2	129.3	172.3	183.3	
苹果汁	42.7	86.8	84.3	99.9	89.0	
柑橘汁	41.2	100.7	79.1	37.1	32.8	
水产品	737.0	818.8	1 127.3	995.8	1 014.8	
畜产品	568.3	954.7	1 277.9	1 332.8	1 716.6	
猪产品	65.2	107.3	167.9	146.1	77.3	
牛产品	6.8	19.1	17.2	6.6	15.9	
羊产品		8.6	14.1			
家禽产品	15.9	16.7	23.8	42.8	38.2	
蛋产品	49.6	21.8	70.7	19.6	8.8	
乳品	226.3	411.6	466.0	623.1	1 121.1	
动物生皮	131.8	293.2	427.7	362.7	327.9	
动物生毛皮						
羊毛	3.5					
茶	810.9	1 121.3	838.5	514.7	469.7	

3-31-3 肯尼亚主要农产品出口量（一）

单位：吨

项　目	2000年	2001年	2002年	2003年	2004年
农产品					
谷物	13 291.8	8 541.6	59 296.0	37 280.6	28 811.6
小麦产品	11 073.3	6 398.7	1 888.5	3 049.0	974.3
玉米产品	622.0	558.8	55 448.4	27 657.0	24 497.9
稻谷产品	302.6	849.6	1 501.4	2 410.3	142.3
棉花	172.8	71.3	1 242.4	895.9	679.1
食用油籽	847.9	2 155.7	986.0	5 152.0	7 948.4
大豆		670.5	585.5	1 883.4	808.0
花生	165.1	293.6	182.6	233.1	35.4
油菜子					
食用植物油	12 709.6	13 624.7	17 011.7	41 952.2	39 734.5
豆油	1 246.2	3 801.4	6 456.7	7 608.9	5 321.2
菜子油					
棕榈油	10 870.5	9 469.8	9 573.0	33 152.1	33 865.3
食糖	3 717.9	8 109.7	38 797.2	38 197.2	2 901.9
蔬菜			44 053.8		
水果					
苹果	279.5	9.1	25.7	51.3	4.2
柑橘	425.3	199.3	53.9	82.2	25.6
苹果汁					
柑橘汁					
水产品					
畜产品					
猪产品					
牛产品					
羊产品					
家禽产品					
蛋产品					
乳品					
动物生皮	7 554.8	9 997.5	2 040.2	17 210.1	20 839.2
动物生毛皮		34.9			
羊毛	1 223.4	1 262.2	916.2	1 864.5	1 274.6
茶	219 378.4	276 143.1	113 737.6	295 328.9	284 382.7

肯尼亚主要农产品出口量（二）

单位：吨

项　目	2005 年	2006 年	2007 年	2008 年	2009 年	2010 年
农产品						
谷物	17 266.4	23 237.4	56 781.9	33 764.1	18 201.1	
小麦产品	488.9	3 211.6	2 944.9	4 364.2	5 413.1	
玉米产品	11 751.9	17 800.6	50 027.7	24 858.4	5 940.3	
稻谷产品	783.5	1 043.2	697.9	1 540.8	2 510.2	
棉花	426.5	83.2	122.0	3.0	27.3	
食用油籽	7 317.1	10 689.2	7 428.9	7 655.2	6 154.1	
大豆	919.7	6 325.8	4 374.4	1 933.7	75.9	
花生	112.4	60.8	23.4	83.0	243.7	
油菜子	2.1					
食用植物油	36 642.8	36 562.1	38 837.0	38 840.4	47 890.1	
豆油	3 798.2	2 134.7	3 339.4	2 202.8	1 222.3	
菜子油				9.6		
棕榈油	31 510.7	33 731.8	34 564.7	35 542.2	44 624.7	
食糖	11 978.3	14 518.9	22 267.0	45 095.2	2 135.9	
蔬菜	86 314.1	90 190.1	120 183.4	99 975.8	87 713.8	
水果						
苹果	137.3	87.6	12.3	251.7	138.2	
柑橘	82.4	101.3	78.4	315.6	458.9	
苹果汁	424.0	702.8	970.6	721.3	732.1	
柑橘汁	428.0	743.2	2 076.4	3 020.5	2 826.0	
水产品						
畜产品						
猪产品						
牛产品						
羊产品						
家禽产品						
蛋产品						
乳品	6 479.5	7 522.8	11 812.7	10 721.4	9 177.9	
动物生皮	15 683.0	11 875.4	2 415.6	841.3	716.9	
动物生毛皮						
羊毛	1 456.7	1 372.8	1 973.5	1 326.6	1 842.4	
茶	348 215.2	325 145.6	374 416.8	390 294.5	331 607.4	

3-31-4 肯尼亚主要农产品进口量（一）

单位：吨

项 目	2000年	2001年	2002年	2003年	2004年
农产品					
谷物	1 163 441.8	1 203 094.6	613 222.6	790 232.4	842 684.3
小麦产品	642 657.4	668 141.1	455 857.7	485 521.4	381 356.2
玉米产品	411 104.8	320 460.1	16 398.3	105 875.7	250 607.6
稻谷产品	105 956.9	209 816.2	140 591.7	196 029.9	207 836.1
棉花	1 583.9	1 585.2	2 306.9	2 343.7	3 148.9
食用油籽	5 032.0	4 399.8	2 998.0	5 160.5	84 148.7
大豆	3 573.5	3 204.0	1 614.5	2 670.0	76 123.4
花生	675.3	316.6	39.6	164.4	1 148.5
油菜子					
食用植物油	242 007.6	372 662.2	353 093.0	313 751.9	194 665.2
豆油	9 054.2	14 385.6	9 051.2	22 971.0	4 928.8
菜子油				1.4	3.1
棕榈油	229 345.2	357 287.8	341 329.3	289 575.5	189 513.9
食糖	109 084.8	331 268.6	109 170.0	163 644.9	157 662.6
蔬菜					
水果					
苹果	2 405.1	2 818.7	2 348.1	2 550.2	2 637.7
柑橘	1 084.5	1 039.5	1 170.1	1 168.0	1 261.3
苹果汁					
柑橘汁					
水产品					
畜产品					
猪产品					
牛产品					
羊产品					
家禽产品					
蛋产品					
乳品					
动物生皮	259.3	130.0	193.4	1 062.8	733.9
动物生毛皮					
羊毛		136.2	17.9		
茶	245.6	4 712.8	7 682.4	10 275.4	19 064.6

肯尼亚主要农产品进口量（二）

单位：吨

项　目	2005 年	2006 年	2007 年	2008 年	2009 年	2010 年
农产品						
谷物	952 305.3	1 014 987.5	1 068 061.1	1 112 332.0	2 748 229.0	
小麦产品	624 566.2	652 678.7	619 752.2	563 181.8	802 913.3	
玉米产品	82 809.1	82 351.8	137 739.9	258 846.8	1 545 338.0	
稻谷产品	228 979.2	260 935.9	261 711.4	266 220.8	302 802.7	
棉花	3 742.8	4 732.2	3 782.4	2 701.6	4 243.4	
食用油籽	13 664.3	14 038.1	84 472.9	29 278.5	48 670.8	
大豆	8 588.1	10 236.7	59 904.8	14 876.0	34 797.6	
花生	965.1	861.5	21 865.5	5 865.5	7 658.7	
油菜子	20.1			1.1		
食用植物油	379 617.3	462 125.8	427 276.0	431 204.5	495 715.4	
豆油	3 522.7	6 648.4	7 257.9	10 201.7	13.9	
菜子油	7.4	4.6		12.1	7.7	
棕榈油	372 310.1	450 788.5	415 970.5	415 757.1	487 061.8	
食糖	149 663.4	166 325.2	230 013.0	220 526.4	184 537.4	
蔬菜	8 961.8	21 807.8	31 978.0	55 583.0	22 516.8	
水果						
苹果	2 654.0	3 098.9	4 244.4	5 050.7	5 372.1	
柑橘	1 103.8	1 756.4	2 428.9	3 343.4	4 166.6	
苹果汁	388.4	595.9	700.4	837.2	757.7	
柑橘汁	20 392.5	720.3	720.9	466.3	381.6	
水产品						
畜产品						
猪产品						
牛产品						
羊产品						
家禽产品						
蛋产品						
乳品	1 151.8	2 221.2	2 899.7	3 394.4	5 164.5	
动物生皮	1 448.0	2 834.5	3 505.7	2 804.6	2 370.1	
动物生毛皮	1.0					
羊毛	14.8					
茶	11 181.7	12 102.7	8 682.9	4 935.8	4 334.6	